ROBERTO GÓMEZ BOLAÑOS

Sin querer queriendo

punto de lectura

SIN QUERER QUERIENDO
D.R. © Roberto Gómez Bolaños, 2006

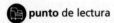 punto de lectura

D.R. © Punto de Lectura, SA de CV
Av. Río Mixcoac 274, Col. Acacias
CP 03240, México, D.F.
Teléfono: 54-20-75-30
www.puntodelectura.com.mx

Primera edición en Punto de Lectura (formato MAXI): junio 2008
Primera reimpresión: marzo de 2012

ISBN: 978-970-812-072-2

Diseño de cubierta: César Rattoni
Lectura de pruebas: Carlos Chávez
Cuidado de la edición: Jorge Solís Arenazas

Impreso en México

 PRISA EDICIONES

Roberto Gómez Bolaños

Sin querer queriendo

I

Fue mi tío Gilberto quien me contó la anécdota: me dijo que le había hablado por teléfono una paciente a quien él había atendido ya en ocasiones anteriores, para decirle que padecía un resfriado muy fuerte, a pesar de lo cual no se quería perder un baile al que estaba invitada para esa misma noche. Pero aclaró que el motivo de su llamada no era solicitar un permiso médico, sino una receta que le ayudara a cortar el fuerte resfriado que tenía. Y resultó inútil que mi tío le explicara que lo único recomendable era meterse a la cama y guardar reposo, ya que, para colmo, se habían pronosticado fuertes aguaceros para esa noche. No obstante, ella había tomado ya la decisión de ir y no hubo razonamiento que la hiciera cambiar de idea. Por lo tanto, mi tío Gilberto terminó por recetarle un medicamento, además de recomendarle que no se expusiera a chiflones, que no saliera a la intemperie cuando estuviera sudando, etcétera.

Ella prometió acatar las recomendaciones, pero algunas horas después volvió a hablar por teléfono para decir que se sentía casi al borde de la tumba. Eso fue suficiente para que el responsable médico que era mi tío se trasladara como de rayo hasta el hogar de la mujer, donde ésta le preguntó si la causa de su enorme malestar podría ser la medicina que le había recetado él, a lo que el doctor le respondió que no, a menos que estuviera embarazada. ¡Y eso era precisamente lo que sucedía!

—¡Es que ese medicamento contiene quinina —exclamó mi tío—, que es un abortivo sumamente poderoso!

—¿Pero yo como podía imaginar eso? —preguntó la mujer esforzándose en soportar el dolor que la aquejaba.

Entonces mi tío tuvo que aceptar su responsabilidad, reconociendo que debía haber sido él quien indagara antes de recetar la medicina en cuestión. Sin embargo añadió que, de cualquier modo, el caso no admitía otro remedio más que "la expulsión del producto".

Las palabras del médico parecían haber producido el efecto de un golpe en el cerebro de la mujer, quien apenas pudo balbucear:

—Es que… es que ya perdí un hijo el año pasado.

—Lo sé —respondió el doctor—; y eso mismo hace que en esta ocasión aumente el peligro.

—¿Peligro para mí?

—Por supuesto.

La mujer guardó silencio durante algunos segundos, reflexionando acerca de lo que había dicho el médico, y después señaló tajantemente:

—No. No haré eso.

—¿Qué es lo que no harás?

—Permitir que le suceda algo a mi bebé.

La respuesta era categórica, amén de haber sido pronunciada en un tono de firmeza y convicción que no admitía réplica. Aunque, el galeno se empecinó en tratar de convencer a la enferma de que era preciso deshacerse del producto, para lo cual recurrió a todos los argumentos posibles, pero no hubo poder humano capaz de persuadirla, de modo que, consciente de los riesgos a que estaban sujetos ella y su bebé, incluidos los padecimientos y las privaciones concernientes, la mujer decidió afrontarlos a cambio de continuar con la gestación del ser al que no quiso arrancar la oportunidad de vivir.

Y así fue como pude nacer yo el 21 de febrero de 1929.

* * *

Mi tío, el doctor Gilberto Bolaños Cacho, era ampliamente conocido en los diversos campos en que desarrollaba su profesión de médico, entre los que se encontraba la jefatura de servicios en la Comisión de Boxeo, mismo puesto que ocupaba en los servicios médicos brindados a los jockeys en el Hipódromo de las Américas aparte de su práctica como médico general en un consultorio bastante modesto, donde atendía básicamente a los boxeadores de escasos recursos (es decir, a 95 por ciento de los pugilistas) y a sus parientes. Él mismo se encargaba de surtir las medicinas que recetaba, obsequiándolas casi siempre.

También ocupaba un puesto de singular importancia y enorme responsabilidad: la Dirección General del Tribunal de Menores. Y seguramente fue ahí donde se hizo más evidente su apostólica labor, ya que se supo ganar la admiración y el respeto absoluto de quienes conformaban la triste población del Reclusorio para Menores. Tanto que, cuando falleció, todos los internos pidieron permiso para marchar en el cortejo fúnebre que iría desde el tribunal hasta el panteón Francés, situado a varias cuadras de distancia, bajo la promesa de que ninguno aprovecharía la ocasión para escaparse, lo que cumplieron cabalmente.

En el desempeño de esta última actividad, por cierto, tuvo que intervenir en el caso de un niño de cinco o seis años que fusiló (literalmente) a una muchacha del servicio doméstico de su casa, acto que ejecutó con un rifle dejado a su alcance por el descuido de su padre. Por razón de la corta edad del pequeño, el doctor Bolaños Cacho determinó que no debería ser recluido y remitió a tribunales de adultos la aplicación de una sanción a los padres del niño (por cierto, el pequeño se llamaba Carlos Salinas de Gortari).

Hago esta brevísima semblanza porque en el transcurso de mi narración habré de mencionar más de una vez a mi querido tío.

* * *

Pero poco antes de mi nacimiento, el embarazo de mi madre había tenido una complicación más: la angustia que compartió con el país entero cuando se esparció la noticia de que habían asesinado al presidente electo, Álvaro Obregón. Como autor material se identificó inmediatamente a León Toral, un fanático que le disparó a quemarropa en el transcurso de un banquete organizado en honor del afamado general. Hubo quien aseguraba que el cadáver mostraba evidencias de haber recibido los impactos, no de una, sino de varias armas de diferentes calibres. Y aunque esto jamás fue confirmado oficialmente, también se comentaba que, al preguntarle quién podría haber sido el autor intelectual, la gente respondía "Cállese, no hable", en inequívoca alusión a Plutarco Elías Calles, en aquel entonces aún presidente.

Todo esto sucedió, repito, mientras yo estaba en el vientre de mi madre, quien todavía sufrió más de un contratiempo (entre los cuales no faltó alguna infidelidad de mi padre) hasta que, como ya dije, vi la primera luz en este México, Distrito Federal.

En el año de mi nacimiento (1929) sucedieron cosas importantes. Por ejemplo: fue el año en que el eminente astrónomo Edwin Hubble descubrió que el universo se encuentra en continua expansión; y fue también el año en que nació el cine hablado; pero igualmente fue el año en que ocurrió el tristemente célebre crack de la bolsa de Wall Street, acompañado por una crisis económica sin precedentes y aderezado con el suicidio de más de un magnate financiero. En el ámbito de este México, que es mi país, se instituyó la autonomía de la Universidad Nacional, la cual emplea desde entonces el lema: "Por mi raza hablará el espíritu", creación de José Vasconcelos. (Aunque a últimas fechas parece haber cambiado por el más folclórico de "Por mi raza hablará el Che Guevara".) Y ese mismo año fue fundado el discutidísimo PRI, partido político que inicialmente se llamó PRN y luego PRM, mismo que rigió el destino de México (algunas veces para bien y muchas veces para mal) durante largos 71 años. Este nacimiento aconteció a principios de marzo del mencionado 1929, lo que significa que yo soy un par de semanas mayor que el susodicho partido, a pesar de lo cual éste jamás me ha guardado el debido respeto.

Todo parece indicar que el principal responsable del desaguisado (me refiero a la fundación del partido) fue precisamente aquel Plutarco Elías Calles, quien pensó que ya se hacía necesario poner fin a esa lucha despiadada de todos contra todos que se había desatado a partir del asesinato de Francisco I. Madero. Para conseguirlo, Calles determinó que lo ideal sería reunir a todos los caciques de la revolución en un solo conglomerado (lo llamó partido) pues ésta sería la mejor manera de evitar el acceso de advenedizos que pretendieran fraccionar el pastel en un mayor número de tajadas.

* * *

Elsa Bolaños Cacho de Gómez Linares era el nombre de mi madre. Había nacido el 4 de abril de 1902 en la entonces muy importante ciudad de Oaxaca, capital del estado de mismo nombre, en el seno de una familia que podía considerarse de clase media alta. Su padre, Ramón Bolaños Cacho, era un médico militar que había alcanzado buen prestigio como apóstol de la medicina. Fue quizá este apostolado lo que provocó su temprana muerte en el año de 1906, como consecuencia de una neumonía fulminante, producto de una visita médica a una familia de escasos recursos económicos, efectuada a altas horas de una noche en que campeaba una helada y cruda tormenta. Él (mi abuelo materno) se había casado con la bella zacatecana María Aguilar, con quien procreo siete hijos: Eva, Ramón, Fernando, Roberto, Ernesto, Emilia y Elsa, mi mamá. Con excepción de Roberto, quien murió atropellado por un tranvía "de mulitas" en los azarosos inicios de la revolución, los demás fallecieron a edades que podría calificar como "razonables".

Fueron precisamente los peligros de la revuelta armada los que motivaron el éxodo familiar, encabezado por mi abuela, con destino a Nueva York, ciudad que ya entonces emergía como una de las principales metrópolis del mundo. Ahí se instalaron en el tumultuoso y agitado barrio de Brooklyn, a orillas del East River, lugar que habría de ser la residencia de mi madre desde que tenía 10 años hasta cerca de los 20. Dicho lugar llegó a convertirse en algo así como el "refugio neoyorkino" de amistades y parientes que emigraban a la populosa urbe, y que encontraban ahí el asilo que les permitía sobrevivir mientras buscaban la manera de ganarse el sustento personal. El factor anecdótico cobra mayor trascendencia al destacar que uno de los parientes que recibieron tal beneficio se llamaba Gustavo Díaz Ordaz, quien llegaría a ser el controvertido presidente de México durante el periodo de 1964 a 1970. Éste era primo de mi madre, y ambos tenían el mismo parentesco con el eminente y queridísimo doctor Gilberto Bolaños Cacho, que fue precisamente quien intervino en mi aventura prenatal.

* * *

En la iglesia, el sacerdote hizo la advertencia rutinaria:

—Si entre los presentes hay alguien que tenga algún impedimento para la celebración de este matrimonio, que hable hoy o que calle para siempre.

Lo que no resultó tan rutinario fue la exclamación de una señora que se puso de pie diciendo:

—¡Yo! ¡Yo tengo un impedimento!

Y ante la consternación (o curiosidad) de la concurrencia, la mujer avanzó llevando de la mano a un niño de siete u ocho años, hasta acercarse a los contrayentes para dar la explicación correspondiente:

—El impedimento es este niño —dijo—, que es hijo mío y del novio.

Obviamente, los murmullos invadieron el sacro recinto, al tiempo que la novia (quien luego llegaría a ser mi madre) miraba inquisitivamente al novio (quien llegaría a ser mi padre). Éste hizo un gesto de resignación que implicaba un tácito reconocimiento a lo afirmado por la mujer; y entonces, a sugerencia del sacerdote que oficiaba la ceremonia, los principales actores pasaron a la sacristía.

¿Qué fue exactamente lo que se dijo o discutió ahí? Lo ignoro, pues mi madre, que fue quien me contó el hecho muchos años después, no ahondó en detalles. Lo único concreto era que, tanto eclesiástica como civilmente, esto no constituía un impedimento legal para la celebración del matrimonio, de modo que tras alguna disculpa pronunciada frente a los concurrentes, la ceremonia continuó hasta llegar a feliz (¿feliz?) término.

* * *

Mi padre, Francisco Gómez Linares, nació en Guanajuato en 1892 o 1893. Aunque su familia había pertenecido a un estrato de buen rango socioeconómico, a la fecha de mi nacimiento conservaba apenas algunas reminiscencias de la antigua abundancia; eso sí: un caudal de recato, pudor, decoro y demás virtudes que caracterizaban a la llamada gente "decente". Habían sido cinco hermanos: Joaquín, coronel de las tropas federales que se suicidó al ser derrotado por la terrible División del Norte, comandada por Pancho Villa; Ricardo, quien murió a temprana edad, a diferencia de Lola y Esperanza quienes fallecieron mucho después —sobre todo mi tía Esperanza, quien sobrepasó los 90 años, por lo que constituyó el último contacto que tuve con mi familia paterna—. Y el menor de los hermanos fue mi papá, Francisco, excelente pintor y dibujante, actor de teatro a escondidas de la mojigata familia que consideraba, como muchos en aquellos tiempos, que pertenecer al ambiente teatral era algo así como adquirir un pasaporte para ir al infierno. De cualquier manera, lo suyo era el arte en muchas de sus manifestaciones, pues aparte de pintar y dibujar, también cantaba, tocaba la mandolina, declamaba y, por si fuera poco, era un hombre culto, guapo, simpático, magnífico contador de chistes y habitual centro de atracción en fiestas y reuniones. Y sin lugar a dudas fue todo esto lo que, irónicamente, lo condujo a ser víctima constante de dos excesos: el alcohol y las mujeres. Entre ambos lo mataron a la temprana edad de 42 o 43 años.

Como pintor había destacado ampliamente. Su prestigio de estupendo retratista, por ejemplo, lo llevó a realizar, entre otros muchos, el retrato de doña Carmen, la esposa de Emilio Portes Gil, cuando éste era presidente de la república, lo mismo que el retrato del presidente Harding, de Estados Unidos (retrato que aún figura en la Galería de Presidentes que se encuentra en el hotel Gunter de San Antonio, Texas). Mi padre llegó también a ser director artístico de *El Universal*, que era entonces el periódico de mayor prestigio en el país, y pintó o dibujó las portadas de *El Continental* y *El Universal Gráfico*, dos de las revistas más importantes de su época, al mismo tiempo que, también en *El Universal*, ilustraba los cuentos que enviaba semanalmente el conocido escritor don Martín Luis Guzmán.

Sin embargo, al parejo de su capacidad para el arte estaba su capacidad para la bohemia, esa tendencia que suscita la veneración y hasta el elogio de no pocos intelectuales, pero que casi siempre consume la salud y el dinero de quien la practica. En el caso de mi padre, esto derivó en una viuda sin dinero y tres huérfanos sin lo mismo. O quizá fueron dos (o más) las viudas y cuatro (o más) los huérfanos, pues durante el velorio se presentó aquella señora que había interrumpido la boda de mi mamá, acompañada por su hijo (mi medio hermano) convertido ya en un muchacho de 16 o 17 años. La buena señora llegó a solicitar la parte de la herencia que debería corresponderles, pero optó por retirarse cuando vio las condiciones en que habíamos quedado. Debo señalar que, por circunstancias que ignoro, jamás llegué a ver en persona a aquel medio hermano, de cuya existencia me enteré mucho tiempo después, cuando mi mamá me contó las dos anécdotas: la de la boda y la del velorio. Pasado el tiempo me enteré de su fallecimiento por esquelas y notas publicadas en los periódicos, en las que se destacaba que había sido un hombre íntegro y honesto, apreciado y respetado por todos aquellos que lo habían conocido. Llevaba el apellido completo de mi padre: Gómez Linares.

* * *

Víctima de un derrame cerebral, mi papá murió el 7 de septiembre de 1935, cuando mi mamá tenía 33 años; mi hermano mayor (Paco) se acercaba a los nueve, yo tenía seis y medio y mi hermano menor (Horacio) apenas rebasaba los cinco. Vivíamos en la calle del Carmen (ahora González de Cossío) de la que entonces era la lejana y escasamente poblada colonia del Valle, en una casa que había construido mi mamá valiéndose, literalmente, de lo que ahorraba en las compras del mercado y similares. Pero esto sucedió mientras el éxito artístico de mi padre auguraba un próspero futuro, lo que estuvo muy lejos de acontecer. Al contrario: entre el derroche que prodigaba su bohemia y los gastos que generaba su dolorosa agonía, mi padre no dejó más herencia que una casa hipotecada y deudas, muchas deudas. Por lo tanto, mi mamá tuvo que vender la casa, con la mala suerte de que aún estaban vigentes los estragos de la gran crisis económica, razón por la cual recibió una mínima cantidad por la venta.

En consecuencia, nos fuimos a vivir en el piso superior de una casa de las llamadas "dúplex", que distaba muchísimo de tener las comodidades de la anterior. Pero estaba precisamente a un lado de ella, de modo que con mucha frecuencia pasábamos por enfrente de la habitación que había hecho las veces de estudio de mi padre, y por cuya ventana seguía escapándose aquel olor de guache u óleo, que para mí sigue siendo inconfundible generador de esa otra nostalgia: la de un padre con el que conviví muy poco tiempo y que, a pesar de ello, dejó en mí una profunda huella. Era, además, la ventana por donde yo acostumbraba asomarme para esperar la llegada de mi papá. Y esto, por cierto, fue algo que seguí haciendo durante algunos días después de su muerte, pues consideraba que debió haber algún error en aquella frase que pronunció mi mamá para informarme: "Tu papá ya se fue al cielo".

Pero no tardé en darme cuenta de que ésa era la verdad, porque mi papá ya nunca regresó.

* * *

No habían terminado aún las aflicciones de mi mamá, pues tan sólo unos días después recibió la noticia de que mi abuela había sufrido un ataque que la dejó casi totalmente paralítica durante el resto de su vida. En razón de su precario estado de salud, la familia decidió ocultarle el deceso de mi papá, pero mi torpeza se puso de manifiesto cuando repetí frente a ella el mismo eufemismo que había usado mi mamá para darme la noticia: "Mi papá ya se fue al cielo". Entonces supe que la parálisis suele ser insuficiente para impedir que ruede una lágrima por la mejilla de quien la padece.

II

El olor de la tinta recién impresa en papel barato me conduce inexorablemente a un pasado tan remoto en el tiempo como imborrable en mi memoria, ya que ése era el aroma que exhalaban los volantes donde se anunciaba el regreso del pequeño, pero fascinante Circo Alegría, que sería instalado una vez más en un terreno cercano al parque central de la colonia del Valle. ¡Y quienes iban repartiendo los volantes eran nada menos que los mismísimos artistas, quienes desfilaban portando el vestuario que solían usar en la pista de la carpa! ¡Caravana multicolor conformada por trapecistas, alambristas, domadores, magos, acróbatas, etcétera; acompañados por un par de caballos, una cebra, media docena de perritos (que a ratos caminaban en dos patas) y hasta un gigantesco y parsimonioso elefante! Pero entre todos ellos, ataviados con la extravagancia, la magia y la fantasía que los convierte en paradigma del arte circense, ¡los adorables payasos! Sonrisas y lágrimas pintadas sobre los blanqueados rostros; narices de pelota; peluquines de matices absurdos; en suma la risa disfrazada de persona.

El principal de todos tenía el mismo nombre que el circo, pues se le anunciaba como el Payaso Alegría. No sé si esto se debía a que fuera el propietario del circo o algo así; pero en caso de que la respuesta fuera afirmativa, estoy seguro de que el hombre se lo merecía sobradamente, pues además era un trapecista y alambrista insuperable, tocaba varios instrumentos musicales, bailaba, cantaba y quién sabe cuántas cosas más. Pero, por encima de todo, el Payaso Alegría era el protagonista de la deliciosa pantomima que cerraba el espectáculo, misma que yo corría a representar frente a mi mamá o quien estuviera en la casa; sin imaginar siquiera que mi vida entera giraría alrededor de algo muy parecido a eso.

* * *

Mi hermano Paco fue inscrito en el Colegio Americano para cursar el segundo año de primaria, mientras que Horacio y yo fuimos inscritos en kinder y preprimaria, respectivamente, en una escuela que cobró alguna fama mucho tiempo después, cuando se publicó que por sus aulas habían pasado José López Portillo, su hermana Margarita y Luis Echeverría Álvarez, entre otros. La escuela se llamaba Brígida Alfaro, y estaba situada en la calle Mier y Pesado, casi enfrente de donde luego viví durante varios años. De dicha escuela mis recuerdos son obviamente vagos; entre ellos un par de pleitos a trompadas, situaciones que me acompañarían durante toda mi infancia y casi toda mi juventud.

Alguna enfermedad (no sé cuál) me hizo pasar un año sin ir a la escuela; al recuperarme fui a vivir a Guadalajara con mi tía Emilia (hermana de mi mamá) y su esposo, Óscar Brun. Ahí ingresé al primer año de primaria en el Colegio Cervantes de los hermanos maristas, y el primer día de clases tuve mi primer encuentro a trompadas. ¿Por qué esa costumbre de liarme a golpes a cada rato? De ser cierto lo que llegué a suponer con el paso del tiempo, la respuesta constituye una auténtica paradoja: se debía a que yo era bajo de estatura y de constitución débil. Sí, porque la desventaja física me generaba un complejo de inferioridad que sólo podía ser superado (o al menos compensado) de esa manera: demostrando, a fuerza de golpes, que los más altos y los más pesados no eran superiores a mí. De cualquier modo, la práctica me proporcionó una cierta habilidad para eso de intercambiar golpes con otro cristiano. (Y por cierto, el día en que el otro no era cristiano sino judío, el intercambio fue muy disparejo pues yo me limité a recibir, sin acertar a dar. Aunque en cierta forma se podría decir que me porté como un auténtico cristiano: poniendo la otra mejilla después de que me habían golpeado en la primera.)

* * *

Muchos años después, durante una gira de trabajo, mi grupo de actores se hospedó en un pequeño hotel de Guadalajara llamado Lafayette. Apenas nos habíamos instalado en los cuartos respectivos y, como hace uno comúnmente, me asomé por la ventana para contemplar el exterior. Pero apenas había echado el primer vistazo, cuando sentí una extraña inquietud.

—¿Te pasa algo? —preguntó mi mujer, quien se había dado cuenta de mi reacción.

—Es curioso —le respondí—; tengo la sensación de haber estado aquí anteriormente. ¿Tú sabes como se llama esta calle en la que estamos ahora?

—Sí —me dijo encogiéndose de hombros—: es la Avenida de la Paz.

¡Claro está: la Avenida de la Paz! La calle donde estaba la casa de mis tíos cuando viví con ellos en Guadalajara. Bueno, en aquel entonces se trataba de una calle empedrada, no de una finamente pavimentada como ahora. ¡Pero esa construcción: la de la esquina... podría jurar que era la casa donde vivía Miguel, mi vecino y condiscípulo del Colegio Cervantes! Sin embargo, había algo que no concordaba: contigua a esa casa había estado la de mis tíos, donde yo viví, y ese espacio estaba ocupado ahora por el atrio de una iglesia. Sí: es verdad que entonces también había una pequeña iglesia, pero no ahí, sino en el siguiente predio. A menos que... a menos que hubieran agrandado la iglesia hasta ocupar el terreno contiguo: el que entonces había ocupado la casa de mis tíos. Pero había algo más: algo que no podía definir, pero que debía estar relacionado con la repentina inquietud que me invadió cuando me asomé a contemplar el lugar. ¿Otras casas? ¿Las aceras? ¿Los árboles? No sé, pero ese lugar estaba alojado en algún rincón de mi memoria.

—Si mis especulaciones fueran ciertas, dos cuadras más allá debería estar el Colegio Cervantes. Si lo quiero comprobar, todo será cosa de que salgamos a echar una pequeña caminata —me dije.

Y así lo hicimos. Nos enfilamos por la calle que formaba la esquina donde estaba la casa de mi amigo Miguel, y dos cuadras más allá topamos con la amplia avenida donde aún estaba, erguido y señorial, el magnífico edificio que había sido mi colegio. Lo contemplé largo rato intentando evocar algo de aquel remoto pasado, lo que sólo pude conseguir de manera vaga, pero con la fuerza suficiente para incrementar la estimulante inquietud que seguía sacudiendo mi espíritu.

Regresamos por la otra calle, donde todo me parecía familiar; aunque es probable que dicha impresión estuviera siendo ya fabricada por una nostalgia subconsciente. Tanto, que por ahí me pareció ver el árbol donde en cierta ocasión había estado el inocente zanate que derribé con mi rifle de municiones. El "juguete" había sido un regalo de mi tío Óscar, gran aficionado a la cacería, y a quien me habría gustado presumir el zanate muerto, como trofeo que avalaba mi calidad de cazador. Pero en ese momento mi tío estaba en su oficina, de modo que decidí mostrar el trofeo a mi tía Emilia, quien había ido a charlar con una amiga que vivía en la casa de enfrente, ¡justo en el lugar que ahora ocupaba el hotel! Y eso sí lo recuerdo muy bien: entré corriendo a dicha casa y, mostrando con orgullo el zanate, muerto, exclamé ufano:

—¡Mira, tía: lo cacé yo solito!

Pero eso también lo recuerdo bien: la expresión de reproche y tristeza que impregnó su rostro, así como las palabras que dieron mayor énfasis a la admonición que implicaba su gesto:

—¿Por qué hiciste eso? —me preguntó—. ¿Acaso te había hecho algún daño ese pobre pajarito?

* * *

En Guadalajara permanecí un año, durante el cual mis tíos me trataron con mucho cariño. Sin embargo, este buen trato no era suficiente para amortiguar lo muchísimo que extrañaba a mi mamá y a mis hermanos. Por tal razón, mi regreso a la Ciudad de México se tradujo en uno de mis más entrañables recuerdos. Aquí entré a segundo de primaria en el Colegio México, que venía siendo lo mismo que el Cervantes de Guadalajara, incluidos los hermanos maristas en el cuerpo docente. Y el primer día de clases, como debía ser, tuve mi primer agarrón a golpes con otro niño.

En aquellos años, a todas las escuelas (incluyendo las particulares) las obligaban a impartir una educación de corte socialista, ignorando descaradamente la neutralidad a la que aludía la constitución. Pero se trataba de una obligación que nadie respetaba: por una parte, las instituciones oficiales confundían el concepto del laicismo, que significa ausencia de contenidos religiosos, con el concepto de antirreligioso (generalmente anticatólico). Por el lado contrario, en muchas escuelas particulares se impartían clases de religión, solapadas por inspectores que a cambio de una dádiva se hacían de la vista gorda. En algunos casos, inclusive, ni siquiera hacía falta la dádiva; era suficiente el cristianismo (quizá no confesado) del inspector. Aunque también había inspectores estrictos, en cuya presencia se hacía necesario aplicar maniobras que ocultaran o disfrazaran lo que ahí se enseñaba. Asimismo era común tener un profesor laico durante la mañana y un marista por la tarde. Y era precisamente el caso del Colegio México, donde los profesores vespertinos (maristas) nos decían que era falso lo que nos habían dicho los matutinos (laicos) quienes, a su vez, nos decían que no hiciéramos caso de lo que nos habían dicho los maristas durante la tarde del día anterior. Toda esta situación estaba inmersa en el conflicto religioso, aún vigente en aquel entonces, que había sacudido al país hasta convertirse en una auténtica guerra de facciones: fue la llamada cristiada o revolución cristera, de tristes recuerdos, que se desató a partir de dos fanatismos opuestos: el "¡Viva Cristo rey!" que gritaban unos y el "¡Mueran los curas!" que contestaban los otros, con las fatales consecuencias que generan irremediablemente los fanatismos desbocados. Tal era el caso, por ejemplo, de Garrido Canabal, un gobernador de Tabasco que mandó a sus esbirros, los llamados "camisas rojas", a que ametrallaran a la gente que salía de un templo.

Es verdad que el presidente Lázaro Cárdenas había tenido el acierto de expulsar del país a Plutarco Elías Calles, generador principal de aquel enfrentamiento, pero también es verdad que la determinación de don Lázaro obedeció a razones muy diferentes. Al presidente no le interesaba calmar los ánimos exacerbados de los creyentes; él lo que quería era deshacerse del caciquismo que representaba Calles, quien había impuesto a tres presidentes a su personal elección: Pascual Ortiz Rubio, Emilio Portes Gil (quien no resultó tan dócil como Calles se había imaginado) y el general Abelardo Rodríguez, militar que dominaba a la perfección la estrategia… pero la estrategia del juego de apuestas, pues se hizo rico instalando casinos a lo largo y lo ancho de la república. A continuación, Calles seleccionó a Lázaro Cárdenas como sucesor, sin imaginar que éste pagaría el favor con la ingratitud de agarrarlo, ponerlo en un avión y mandarlo al extranjero, con boleto de ida solamente.

Ese fue, sin lugar a dudas, el primer acierto de Lázaro Cárdenas como gobernante supremo de México. También fue un acierto (político, en este caso) la expropiación petrolera del 18 de marzo de 1938, acto que le fue suficiente para convertirse en receptor del cariño y la admiración del pueblo, que pensaba que esa era una forma de recuperar al menos un poquito de lo mucho que nos habían quitado los gringos, ignorando que el país más afectado por la expropiación no era Estados Unidos sino Inglaterra. Por si fuera poco, la gente también se equivocaba al suponer que aquello había sido una expropiación, cuando en realidad no pasaba de ser un contrato de compraventa que nos imponía la obligación de pagar la deuda correspondiente. En el aspecto económico, por tanto, la expropiación quedó muy lejos de alcanzar lo que las expectativas habían señalado, aunque esto se debió principalmente a la ignominiosa corrupción de los líderes sindicales, coludidos con la mayoría de los directivos de lo que se convirtió en Pemex.

Pero uno de los mayores aciertos de Cárdenas fue la decisión de abrir las puertas del país a los incontables refugiados que huían de la guerra civil española o eran expulsados por las fuerzas franquistas, incluyendo a multitud de niños. Aparte del acto de caridad que implicó dicha acción, esto aportó a nuestro país un valiosísimo capital intelectual, ya que muchos de los refugiados eran auténticas eminencias en los terrenos de la ciencia y el arte. (Florinda, mi futura mujer, trabajó de jovencita a las órdenes de uno de aquellos sabios: el doctor Isaac Costero, distinguido pilar de la anatomía patológica en México. En España había sido alumno y ayudante distinguido del celebérrimo doctor Santiago Ramón y Cajal, premio Nobel de Fisiología y Medicina.)

Después, en lo referente al conflicto religioso, don Lázaro le pasó la estafeta a su sucesor, Manuel Ávila Camacho, quien solucionó la cuestión recurriendo simplemente a una breve pero oportuna declaración: "Soy creyente", dijo, y colorín colorado.

Sin embargo, ya que mencionamos a Ávila Camacho, se hace necesario señalar que este general formó parte de lo que mayormente se le puede reprochar a Cárdenas: la institución del tristemente célebre "dedazo", pues don Manuel fue el primero que obtuvo el cargo de presidente de México tan sólo por haber sido señalado por su antecesor (Cárdenas). Fueron 11 los presidentes que ejercieron esa atribución de gran elector, seleccionando a sus sucesores mediante el simple señalamiento de su dedo índice. Pero en el caso de Ávila Camacho, lo más negativo no fue el resultado de la votación, sino la sangre que se derramó para llegar a dicho resultado, ya que en ocasiones se llegó al extremo de asesinar a balazos a humildes papeleros que pegaban en las paredes la propaganda del candidato opositor. (Candidato, por cierto, que de cualquier modo no habría podido acceder al puesto ni habría ameritado llegar a él.)

* * *

Mi mamá trabajaba como secretaria en la compañía de petróleos El Águila, de capital inglés, pero la expropiación petrolera de 1938 la convirtió en empleada de la naciente Pemex, con el mismo cargo que ya ostentaba. Tuvo, además, la ventaja que representaba su dominio de la lengua inglesa, lo que para ella significó el puesto de secretaria bilingüe; esto, aunado a un excelente manejo de la redacción en ambos idiomas, le valió el reconocimiento y el aprecio de muchos de sus superiores; ello no se traducía en aumento de sueldo, pero le proporcionaba ciertos privilegios, como poder salir si tenía alguna urgencia. Como sucedió una vez cuando se le acercó una compañera de trabajo que tenía fama de ser clarividente y le preguntó:

—¿Tú tienes un hijo que en estos momentos no se encuentra en buen estado de salud?

Mi madre respondió afirmativamente, ya que mi hermano Horacio había faltado al colegio precisamente por estar enfermo. Y estuvo a punto de desmayarse cuando la mujer aquella añadió:

—Me duele ser yo quien te lo diga, pero debes resignarte a lo peor.

Como era de esperarse, mi mamá corrió a tomar el primer teléfono que tuvo a su alcance y marcó el número de la casa, pero estaba ocupado. Hizo el intento varias veces más, pero con el mismo resultado: alguien estaba usando el teléfono y, obviamente, con urgencia (¿o con emergencia?). Entonces pidió permiso para ir a su casa (se lo concedieron al instante) y tomó un taxi que la condujo con toda rapidez al hogar... donde Horacio estaba fuera de la cama, tranquilo y rozagante, hablando por teléfono con Susana, su novia de 11 años (él tenía 10), a la que estaba invitando para que lo viera jugar futbol al día siguiente.

No sé qué habrá sucedido después con la estúpida mujer que le metió semejante susto a mi madre. Pero estoy seguro de que su "clarividencia" tampoco le permitió a ella saber lo que sucedería después.

* * *

Mis hermanos y yo llegábamos un día a casa, cuando vimos que en la acera de enfrente había un alboroto enorme. Nos acercamos a curiosear hasta descubrir que la razón de aquello era un perro que yacía en el suelo sin vida, pero aún desangrándose. A poca distancia estaban los dos policías que habían dado muerte al animal mediante sendos balazos, lo que ocurrió, según comentaba la gente, más o menos media hora antes. Esa misma gente, por cierto, elogiaba la buena puntería de los policías y la oportunidad de su llegada, pues aquel perro había alcanzado a morder a un par de niños del kinder que estaba enfrente. Y aunque se trataba de mordidas leves que no dejarían cicatrices, los pequeños no podrían evitar el tratamiento antirrábico, pues el animal estaba evidentemente contagiado de hidrofobia. Sin embargo, todavía faltaba mi cuota de torpeza; la que cometí al preguntar:

—¿Qué no es el Tarzán?

Lo dije señalando al perro, el cual era, sin el menor asomo de duda, una mascota de nuestra propiedad.

—¡No! —exclamó entonces mi hermano Paco al tiempo que me daba un codazo en el estómago, para luego añadir—: A leguas se nota que éste es un perro callejero.

Y claro que era callejero, como que mi hermano mayor lo había adoptado tras habérselo encontrado en la calle. Él mismo lo había bautizado con el nombre de Tarzán y le había enseñado tres o cuatro gracias, sin imaginar que algún día sería contagiado de hidrofobia hasta llegar al trágico tiroteo que puso fin a su existencia.

De cualquier manera, ahí terminaba el problema. ¿Terminaba? ¡Al contrario: empezaba!

—Para que exista el riesgo de un contagio —nos dijo mi tío Gilberto (el médico)— es suficiente con que el perro les haya lamido las manos. ¡Y peor aún, por supuesto, si alguna vez les lamió la cara o si ustedes se chuparon los dedos!

Se refería, obviamente, a los días previos a la muerte del Tarzán. Y ése era exactamente el caso: con excepción de las zonas francamente pudibundas, el animalito nos había lamido como si fuéramos helados de pistache. Y la consecuencia fue inevitable: 20 inyecciones (una diaria) aplicadas ¡en el estómago!, por los eficientes médicos del Instituto Antirrábico. Aunque en realidad había un médico al que no se le podía calificar exactamente como eficiente, ya que un día, al inyectar a Horacio, no se dio cuenta de que había encajado la aguja en una vena —¡lo cual no se debe hacer jamás!— y el resultado fue que Horacio hizo el bizco, empezó a echar espuma por la boca, perdió el sentido y cayó al piso como regla. Afortunadamente pasaba por ahí un doctor de mayor rango —o de mayores conocimientos— que se hizo cargo de mi hermano menor, salvándole la vida (porque eso era, ni más ni menos, lo que estaba en riesgo). Como comentario final cabe señalar que durante los días en que recibimos el tratamiento, también fueron tratadas algo así como 30 personas más que habían sido mordidas por el imprevisible Tarzán en el mercado de la colonia del Valle. Tiempo después supimos que, afortunadamente, todas se recuperaron totalmente. (Tengo entendido que en la actualidad el tratamiento antirrábico es solamente de una o dos inyecciones.)

* * *

El Colegio México había acondicionado otra vieja casona como sede escolar a la cual nos cambiamos los Gómez, ya que se encontraba en la calle Mérida, de la colonia Roma, que estaba mucho más cerca de nuestra casa. Y por si fuera poco, la casona tenía otra ventaja más: un terreno contiguo en donde cabía una canchita de futbol.

Y sucedió que un día, disputando un encuentro del campeonato interior de la escuela, yo recibí el fuerte impacto de un balonazo en la entrepierna. Anteriormente había recibido varios golpes en la boca del estomago, algunos de los cuales me provocaron esa angustia que se experimenta en tales casos ante la repentina pérdida de aire, angustia que da la impresión de ser eterna a pesar de que en realidad no dura más que algunos segundos; y por un instante pensé que con este nuevo impacto se repetiría la experiencia, pero no fue así. Había también una sensación de angustia, pero de otro tipo: menor en intensidad, pero acompañada por dolor. ¡Claro está! —pensé—, estoy experimentando lo que ya me habían advertido algunos condiscípulos:

—¡Vas a ver lo que duele cuando recibas un balonazo en los tompiates!

No obstante, este balonazo no debe haber sido suficientemente fuerte, pues el dolor era considerable pero distaba de alcanzar el grado que me habían pronosticado. "Ni que fuera para tanto", pensé. Pero estaba lejos de imaginar que un par de meses después opinaría de forma distinta.

* * *

Siempre me gustó hacer toda clase de actos de equilibrio, a pesar de no haber recibido nunca la menor instrucción al respecto; no obstante, ya había obtenido algunos logros, como el mantener el equilibrio "parado de manos". (Tiempo después llegaría a desplazarme en esta posición.) Pero un día, mientras esperábamos el momento de abordar el viejo camión de la escuela, me puse a caminar (con los pies) por la angosta vía que representaba el respaldo de una banca. Era algo así como una parodia del "caminar sobre la cuerda floja" y ya lo había hecho más de una vez, retando a mis compañeros a que se atrevieran a hacer lo mismo. No recuerdo si alguien aceptó el reto; lo que sí recuerdo es que esa vez me resbalé y caí "montado" sobre el respaldo de la banca. Entonces experimenté lo insoportable que puede llegar a ser ese dolor... y el tamaño que puede alcanzar un testículo cuando se inflama.

Tuve que permanecer en cama durante algunos días, con bolsas de hielo que ayudaban a desinflamar y a hacer más llevadero el dolor (que no permanecía, ni muchísimo menos, con la intensidad inicial, pero que seguía aportando su dotación de molestias). Y luego, cuando regresé al colegio después de las forzadas vacaciones, el profesor titular de mi grupo me preguntó:

—¿Por qué faltaste estos días a la escuela?

—Porque estuve enfermo —contesté con voz débil y evitando mirarlo a los ojos.

—¿Y de qué estuviste enfermo?

Entonces mi mirada se alejó aún más de él, al tiempo que tosía con una poca de carraspera, para luego dejar que corriera una pausa, al cabo de la cual respondí secamente:

—De catarro.

—Ah —pronunció el profesor como si nada.

Ahora puedo asegurar que él sabía perfectamente lo que me había sucedido y que tan sólo quería oír qué palabras usaría para responder. Pero yo tenía 11 años, y en aquellos tiempos las conversaciones al respecto eran un enorme tabú para los niños de mi edad.

¡Lástima! Tan cómodo que habría sido un diálogo semejante en estos tiempos:

—¿Por qué faltaste estos días a la escuela?

—Porque se me hincharon los huevos.

* * *

Yo empezaba a interesarme por lo que sucedía en mi país y en el mundo. El inicio de la segunda guerra mundial, por ejemplo, había sido una noticia cuya enorme trascendencia generaba las más variadas opiniones. En México, por cierto, parecía haber una leve tendencia a favor de los países del Eje, quizá debido a que Estados Unidos, aún sin entrar a la guerra, se mostraba simpatizante de los Aliados. Yo mismo sentí aquella inclinación en un principio, pero esto se debió (me apena confesarlo) a algo que más bien parecía ser el producto de una charada. Porque lo que sucedió fue que, dividiendo mi nombre por sílabas, el resultado era Ro-Ber-To. ¡Y resultaba que éstas eran exactamente las sílabas iniciales de las capitales de los tres países del Eje: *Ro* de Roma, *Ber* de Berlín y *To* de Tokio! Después, afortunadamente, mis simpatías se inclinaron claramente en contra de estos contendientes.

Pero un año después de empezado el monumental conflicto, México fue escenario de un acontecimiento que rebasaba por completo nuestras fronteras: Ramón Mercader, agente secreto a las órdenes de Stalin, asesinó a León Trotsky en la finca que éste habitaba en Coyoacán. En todo esto estaban involucrados, de alguna manera, dos de los pintores que habían popularizado el muralismo mexicano: Diego Rivera y David Alfaro Siqueiros. Ambos de izquierda pero de posiciones antagónicas, pues el primero brindó su apoyo para que Trotsky se refugiara en México, mientras que Siqueiros se había opuesto a ello, al grado de que, antes del asesinato, ya había organizado un atentado (que resultó fallido) contra la vida del refugiado. No obstante, poco después se llevaría a cabo el homicidio.

Y Ramón Mercader, el asesino, se mostraba ufano de haber llevado a cabo la eliminación de un enemigo político, actuando bajo las órdenes y al servicio de José Stalin. Estaba tan convencido de ello, que aceptó con altivez la larga prisión a que fue condenado por su crimen. Y luego de haber cumplido la sentencia y haber sido puesto en libertad, fue a pasar el resto de su vida en Rusia. Pero entonces, durante sus últimos años, el hombre debió soportar un castigo mayor que el que significó la larga prisión: el dolor sin paliativo que generaban la vergüenza y la desilusión infinitas; el lacerante desconcierto que provocaba el estrepitoso derrumbe de José Stalin, cataclismo que dejaba al descubierto un pantano de podredumbre, crueldad, truculencia, bestialidad, saña, inclemencia, etcétera: cúmulo de circunstancias que deben haberlo inducido a darse cuenta de que él, privando de la vida a otro ser humano, no sólo había sacrificado gran parte de su propia existencia, sino que además había fabricado al verdugo origen de su remordimiento.

* * *

Ahora, volviendo a mi relato, añadiré que para mí aquella segunda guerra mundial mereció el calificativo de interminable, pues transcurrió desde que yo tenía 10 años hasta que tuve 16. Es decir: mi paso a la pubertad se dio a cañonazos. Y por si no hubiera sido suficiente, terminó con sendas bombas atómicas que destruyeron las ciudades de Hiroshima y Nagasaki; explosiones que conmovieron al mundo casi tanto como a mí me había conmovido el descubrimiento de la sexualidad.

Esto me había sucedido, obviamente, antes de la fecha en cuestión, pero no tan antes como sucede con los niños de hoy en día, quienes a los 10 años ya saben que las camas no sólo sirven para dormir. En mis tiempos, si alguien hubiera hecho tal aseveración (que las camas sirven para algo más) yo habría dicho que sí: que también servían para entablar batallas a almohadazos. No obstante, lo que me negaba la escasa información acerca de la sexualidad lo evidenciaba la naturaleza; y era una evidencia tan explosiva como las bombas que habrían de sacudir a Hiroshima y Nagasaki.

III

Algunos años después, Horacio y yo regresábamos a la casa después de haber estado reunidos con un grupo de amigos, haciendo los más variados comentarios, como lo hacíamos cotidianamente. La mayoría de ellos se había referido, igual que siempre, a los deportes, a las películas y cosas por el estilo, hasta culminar con el tema obligatorio: el sexo.

Camino a la casa nos habíamos detenido en una esquina donde nos pareció oír algo así como un murmullo que surgía de entre unos arbustos plantados a la orilla de la acera; un lugar que, por cierto, solíamos usar como escondite nocturno del que salíamos sorpresivamente para asustar a algunos transeúntes. Por lo tanto, mi hermano y yo supusimos que el murmullo correspondía a otros amigos que intentaban asustarnos a nosotros, de modo que recurrimos a las señas para acordar que nos acercáramos con sigilo hasta asomarnos a averiguar quiénes eran los que se habían escondido.

Sin embargo, al instante nos dimos cuenta de que quienes emitían los murmullos no eran nuestros amigos…

Tampoco eran desconocidos, pues se trataba de una pareja formada por Imelda, la muchacha que llevaba tres o cuatro semanas de haber empezado a trabajar en el servicio de nuestra casa, y Sabás, el joven que todos los días transitaba las calles aledañas montado en su bicicleta y haciendo alardes de equilibrio al sostener sobre su cabeza la enorme canasta llena de pan.

—Una vez encarrerado —nos había dicho alguna vez a manera de explicación— es la cosa más sencilla del mundo. El problema es arrancar y detenerse; sobre todo lo último.

Se puede decir que Sabás había sido nuestro amigo de tiempo atrás, cuando nos encontraba patinando en la calle y se ofrecía a remolcarnos sujetados a la bicicleta.

Pero esa vez no tuvo oportunidad de reconocernos, ya que estaba demasiado ocupado en estrujar las mejores protuberancias de Imelda, quien, por la misma razón, tampoco llegó a darse cuenta de la cercana presencia de mi hermano y yo. Además, nosotros tuvimos la prudencia de retirarnos de ahí al instante y con la mayor rapidez posible.

Horacio y yo llegamos a casa y entramos por la puerta de la cocina, donde nos dispusimos a buscar alguna fruta al tiempo que reíamos haciendo comentarios acerca de lo que acabábamos de ver. La búsqueda de una fruta era algo que hacíamos casi siempre que llegábamos, sin tomarnos la molestia de encender la luz, pues sabíamos de memoria donde encontrar la canasta; pero en esa ocasión no pudimos localizarla.

—La habrán cambiado de lugar —dije yo—; con eso de que Imelda es nueva…

—¿Nueva en qué sentido? —preguntó Horacio sonriendo con picardía.

Claro está que el comentario me contagió la sonrisa; pero apenas me disponía a encender la luz de la cocina, cuando alcancé a ver a través de la ventana que Imelda se acercaba a la casa. Se lo hice notar a Horacio al momento en que le hacía seña de guardar silencio, para luego ponerme rápidamente en cuclillas detrás de la estufa, cosa que hizo también mi hermano con la agilidad que lo distinguía. En condiciones normales la pequeña estufa no habría servido como parapeto, pero funcionó como tal por tres razones: primera, por la oscuridad de la incipiente noche; segunda, porque estaba en el rincón opuesto de la entrada: y tercera, por la gran velocidad con que Imelda llegó y subió por la escalerilla que conducía al cuarto de servicio que ella ocupaba.

De cualquier modo, mi hermano y yo empezamos a hablar hasta después de un lapso considerable y en un nivel de voz que evitaba delatar nuestra presencia. El primer comentario fue acerca de lo pronto que había llegado Imelda después de que la habíamos visto en compañía de nuestro amigo, el panadero Sabás.

—Pues una de dos —me dijo Horacio—: fue porque sí alcanzó a vernos o porque calculó que no tardaría en llegar mi mamá.

—No, eso no —comenté—. Mi mamá tiene una de esas reuniones del sindicato; va a llegar más tarde.

—¿Como sabes?

—Ella misma me lo dijo —respondí. Y luego, con un gesto de picardía, añadí:

—Pero no se lo dijo a Imelda.

Horacio entendió al instante la intención de mi comentario y, por si algo faltara, agregó una circunstancia más, en referencia a nuestro hermano mayor:

—¡Y Paco está en una posada!

En otras palabras: mi mamá estaría muy ocupada en una de esas reuniones del sindicato de Pemex que jamás terminan antes de las 11 de la noche, mientras que Paco estaría feliz de la vida bailando de "cachetito" con la Chata, su novia. Por tanto, bastó una mirada de contubernio entre mi hermano y yo para que empezáramos a ascender sigilosamente por la escalerilla que conducía al cuarto de servicio. Pero no nos faltaban más de dos o tres escalones para llegar a la puerta del cuarto de servicio, cuando oímos una voz que gritaba en tono de reclamo:

—¿A dónde van?

Era mi mamá, quien estaba al pie de la escalera, con un gesto que presagiaba la más intensa de las tormentas. Sus verdes ojos, comúnmente bellísimos, irradiaban unos haces de luz que en vez de iluminar se encajaban como dardos impregnados con fuego líquido.

Entonces mi hermano y yo empezamos a descender por la escalera, sin ser capaces de pronunciar una palabra completa, pues los intentos se desbarataban convirtiéndose en burdos balbuceos. Y para nosotros era algo inédito; algo que no tenía antecedente alguno, pues si era verdad que mi mamá se había enojado con nosotros más de una vez, nunca lo había hecho mostrando su enojo con esa expresión.

Sin embargo, mientras seguíamos bajando por la escalera, yo vislumbré que la expresión de mi mamá empezaba a manifestar la transición que ocurría en su interior, donde la furia dejaba su lugar a la tristeza.

Tampoco era un gesto agradable, pues hasta parecía ser más doloroso. Pero en el momento en que llegamos a su lado se limitó a pedirnos que fuéramos a su recámara. Y una vez ahí, sin exaltaciones pero también sin rodeos, nos preguntó:

—¿Ustedes saben de qué falleció su papá?

Aplicada en ese momento, la pregunta era desconcertante, pero yo me apresuré a responder:

—Siempre nos han dicho que fue por un derrame cerebral, ¿no?

—Bueno, algo así ocurre al final, pero la enfermedad se llamaba sífilis. ¿Ustedes saben lo que es eso?

Sí, sí lo sabíamos. Lo sabíamos con todas las aberraciones en que deriva lo explicado por los comentarios hechos entre mozalbetes, pero con la información suficiente acerca de la fatalidad que representa el terrible contagio.

—Yo sabía que más temprano que tarde tendría que contarles y explicarles todo —nos dijo mi mamá de manera pausada—; pero no me imaginé que sería tan pronto.

Y continuó describiendo las dolorosísimas y fatales consecuencias de la sífilis, la calificación de incurable que tenía la terrible enfermedad y las múltiples formas de contagio que existían. Pero también tuvo el invaluable acierto de aclararnos que de ninguna manera debíamos alojar un sentimiento de rechazo o repudio hacia la relación sexual, sino al contrario: que en ésta debían encontrarse el placer por excelencia y el más sublime lazo de unión entre un hombre y una mujer. Pero enfatizó que si no va acompañada por el amor, la relación sexual no es más que un pasatiempo de escaso valor, saturado de riesgos de altísimo costo.

Obviamente hago la transcripción anterior intentando reconstruir una conversación cuyas palabras exactas no puedo recordar, pero con la seguridad de haber rescatado plenamente la esencia de una lección que quedó grabada para siempre en mi memoria. Y el recuerdo incluye la admiración por una madre que supo aplicar a sus hijos una formación que se adelantaba por varias décadas a la usual en aquellos tiempos.

* * *

Afortunadamente, en el transcurso de ese tiempo incursioné en algo que compensaba la sacudida hormonal: me refiero a la práctica de los deportes, que ya había mencionado, práctica que constituye una formidable coraza para detener el embate de los vicios, aparte de generar seguridad en uno mismo, algo imprescindible para quienes hemos padecido algún complejo de inferioridad.

Aparte de eso, las escuelas de los hermanos maristas (donde estudié toda mi vida hasta terminar el bachillerato) me dejaron muchas cosas buenas y algunas malas. Entre las primeras debo mencionar la inculcación de principios morales y cívicos, que han sido la almohada que me ayuda a conciliar el sueño sin el peso de grandes cargos de conciencia, una excelente instrucción, etcétera. Y claro que también debo agradecer la ayuda que representó para mi mamá el hecho de que, a pesar de ser una de las escuelas particulares que cobraban menos, mi mamá sólo tenía que pagar una colegiatura por la educación de sus tres hijos.

Pero dije que la escuela me dejó también cosas malas, y entre ellas cabe destacar el cruento y angustiante temor a Satanás, "sus pompas y sus obras". No podía haber nada más aterrador que la "ira de dios", que se traducía en castigos de condenación eterna. ¡Eterna! ¿Se imaginan lo que sería toda una eternidad en los abominables sótanos de un supuesto infierno? ¡Y pensar que yo estaba expuesto a ello si, por ejemplo, cometía el nefando acto de mirar el trasero de una de esas mujeres cuya contemplación es absolutamente inevitable! Porque, cuando esto sucedía, cuando cometía yo semejante imprudencia, tenía que cuidarme para no ser atropellado por un vehículo sin haber tenido tiempo de confesarme. Y lo peor del asunto es que esto sucedía y sucedía y sucedía y sucedía (el pecado, no el atropellamiento).

Por ejemplo: ¡la que se armó en la escuela cuando fui sorprendido en el acto de modelar en plastilina el cuerpo de una mujer desnuda! Es verdad que hice esto cuando aún no había terminado la primaria, pero también es verdad que a pesar de eso me quedó bastante bien modelada (o sea: la mujer estaba bastante buena).

Pero tuvo que pasar mucho tiempo para que cayera en cuenta de lo incongruente que resultaba ser aquello y para que pensara que no puede haber un dios cuya "ira" se traduzca en veredictos que castiguen así a uno de los seres que Él mismo hizo. ¡Vamos, que ni siquiera puede haber un dios que "sienta ira" alguna vez! ¿Qué se debe considerar la cuestión del libre albedrío? ¡Pues toma tu libre albedrío! Yo jamás dispuse de libre albedrío para aceptar o no el libre albedrío.

¿Pero entonces qué? ¿Podemos pecar cuantas veces se presente la ocasión y en la medida en que se nos pegue la regalada gana?

—Supongo que no —respondió mi conciencia, reconociendo que se le hacía difícil, si no es que imposible, encontrar respuesta para una cuestión que ya había sido debatida por los grandes filósofos de todos los tiempos, quienes tampoco habían podido encontrar una respuesta consensuada. Aunque, al mismo tiempo, estoy seguro de que estos maestros del pensamiento tenían muy claro que la existencia tiene una tendencia que es evidente: la que apunta en dirección al Bien. Y creo hay que obrar en consecuencia.

* * *

En 1943 se inauguró el Instituto México (en la calle de Amores, colonia del Valle), que sería en ese momento el más amplio de los planteles que tenían los hermanos maristas en la Ciudad de México. Tenía cancha de futbol, frontón, dos canchas de basquetbol (que se podían convertir en canchas de volibol), además de otros espacios donde se podía correr, jugar canicas, trompo, yoyo, etcétera.

Ah, también había salones de clase y todo eso.

Como ya se me había vuelto costumbre, en la secundaria también tuve innumerables encuentros a golpes. Recuerdo especialmente una pelea que fue tremenda: la que tuve con Aarón Mercado, un muchacho que tenía la fuerza de un toro (y que poco después tendría la de un bisonte); el pleito, escenificado en plena cancha de futbol, duro muchísimo tiempo. Eternidades, diría yo, pues llegó el momento en que suspiraba porque alguien lo interrumpiera, cosa que no podía hacer yo mismo debido a que eso significaría exponer el prestigio adquirido hasta ese día. Afortunadamente, como en un encuentro de boxeo, fue la campana quien vino en mi auxilio; pero se trataba de la campana de la escuela que anunciaba el fin del recreo y el retorno a clase. Y fue ahí mismo, camino al salón, donde Aarón y yo nos estrechamos la mano en señal de reconciliación, dando así principio a lo que llegaría a consolidarse como una leal y estupenda amistad que perduró hasta varios años después de nuestros respectivos matrimonios. Luego, debido a la diferencia de ocupaciones, dejamos de vernos con la anterior frecuencia, hasta que tiempo después recibí la triste noticia de que Aarón había fallecido víctima de una extraña enfermedad que se caracterizaba por ir devastando inexorablemente aquella fortaleza que había caracterizado a mi amigo.

* * *

Entre tanto, mientras estaba en la secundaria, fui invitado a jugar en las fuerzas infantiles del equipo Marte, de futbol, donde tuve la enorme fortuna de participar en varios preliminares efectuados en el Campo Asturias, que por entonces era el máximo escenario del popular deporte. Y mi primer preliminar fue en partido nocturno, pues el Asturias era, en México, el primer campo de futbol que recurría a la iluminación artificial. Aquel encuentro fue con el poderoso España, al que derrotamos por uno a cero, mediante gol que yo tuve la fortuna de anotar. Y puedo asegurar que en el transcurso de mi vida he tenido la suerte de experimentar las grandes satisfacciones que producen los aplausos... pero pocas como aquella en que fui aplaudido al tiempo que aspiraba el insuperable aroma que se desprende de un césped cuando es acariciado por los tacos de 44 zapatos de futbol. (Entre los jugadores de aquel Club España juvenil, por cierto, figuraba el excelente amigo José Luis Lamadrid, quien llegaría a ser centro delantero de la selección mexicana de 1954, donde fue autor del primer gol que anotaba algún jugador de nuestro país en todos los mundiales efectuados en Europa. José Luis recuerda la anécdota de aquel gol anotado por mí en el Campo Asturias, y tiene la gentileza de evocarlo cada vez que tiene oportunidad.)

* * *

Las peleas a puñetazos (y uno que otro puntapié) también eran el pan nuestro de cada día en la colonia del Valle, y entre los peleoneros había varios que habían cobrado fama de ser "buenos pa´ los madrazos", como se acostumbraba decir; su popularidad se extendía hasta más allá de las colonias vecinas, como la Roma, la Hipódromo y otras más, pues en esos rumbos no había quien no hubiera oído hablar de los Padilla, Ruvalcaba, Ramiro Orcí, "el Pato" Alatorre, el Chongo y, sobre todo, Arturo Durazo. Éste, que era considerado el mejor (o el "peor", según el punto de vista), cobraría después una fama mucho mayor como el poderoso y temible jefe de policía durante la presidencia de José López Portillo, quien también había sido miembro de la misma pandilla que se hacía llamar Los Halcones, aunque el futuro presidente nunca trascendió como peleonero en la calle.

El "Negro", como apodaban a Durazo, tenía una novia que vivía en una casita de la privada ubicada en el 133 de la calle Mier y Pesado; es decir: en la misma privada donde yo vivía. Esto dio pie a que el Negro (que era 10 años mayor que yo) me usara como "correveidile", pues yo era el encargado de llevarle los mensajes a su novia, quien no contaba con la autorización de sus padres para sostener tal noviazgo. Pero en más de una ocasión me correspondió también la tarea de sostener el saco del Negro, mientras éste efectuaba su tarea respectiva: la de romperle la cara a alguien. Porque eso sí: no cabía la menor duda de que era un hábil y destacado peleador callejero. Un día, por ejemplo, le detuve el saco mientras se enfrentaba simultáneamente a tres albañiles que habían cometido la "enorme osadía" de lanzar un piropo a su novia. Y Arturo dio cuenta de los tres, lo que fue para mí como la reproducción de una película de vaqueros en la que "el muchacho" se luce derrotando a los malvados villanos. Pero la impresión fue diferente cuando, después de haberlos derribado, el Negro siguió agrediéndolos a puntapiés con una saña semejante a la que habría distinguido a cualquier represor de un gobierno dictatorial. Entonces el "héroe" cayó de su pedestal, y yo busqué establecer entre ambos una sana distancia.

Pero al referirme a ese grupo mencioné también a Ramiro Orcí, quien se distinguía porque jamás abusaba de nadie a pesar de que era el más fuerte de todos. A Ramiro lo he vuelto a frecuentar hasta la actualidad, pero no sólo como amigo, sino también como compañero de actuación, pues hemos participado juntos en televisión, teatro y cine.

* * *

El parque Mariscal Sucre, que en sus inicios se había llamado parque Central, era el principal centro de reunión en la colonia del Valle. Los domingos, por ejemplo, se convertía en paso casi obligado de quienes salían de oír misa en la parroquia, y nosotros los adolescentes ya sabíamos que las muchachas acostumbraban acudir a misa de 12, a cuya salida ya estábamos esperándolas. Las muchachas, a su vez, ya sabían que nosotros ya sabíamos eso, de modo que siempre iban a misa de 12. Y el corazón daba un vuelco cuando veíamos aquella figura, aquel modo inconfundible de caminar, aquel todo de la muchacha que se había convertido en la meta de nuestras ilusiones. "¿Tendré el valor de declarármele?", pensábamos. Porque en aquellos tiempos el noviazgo sólo podía iniciarse después de haber cubierto el trámite; aquel que establecía una petición formulada con todo rigor: "¿Quieres ser mi novia?", preguntábamos después de haber hecho el más intenso acopio de valor. Y sólo había tres posibles respuestas: "Sí", "No" y "Déjame consultarlo con la almohada". Esta última, que era la que yo solía escuchar con mayor frecuencia, despertó en mí un odio visceral hacia un buen número de almohadas. Y no sé como me contuve para no ir a la recámara de la involucrada, agarrar su almohada y desgarrarla hasta hacer que brotaran cientos de plumas de

44

sus pérfidas entrañas. Después la experiencia nos dijo que no debíamos "cantarles" (sinónimo, en aquellos tiempos, de declaración amorosa), sin antes haber percibido ciertos signos alentadores, el mayor de los cuales era que ella hubiera permitido bailar "de cachetito" con uno; es decir: mejilla con mejilla. Esto era, por sí mismo, motivo para tener el más delicioso de los sueños o, quizá mejor: el más delicioso de los insomnios. Ese "no dormir" porque la adrenalina sigue retumbando por todo el organismo a un ritmo que, para estar a tono con la época, seguramente era de mambo.

Al paso de los años, uno recuerda aquellos trances y piensa: "¡Qué bobería!" Pero luego, transcurrido más tiempo, el pensamiento dice: "¡Qué divina y qué añorable bobería!" (Aunque, paradójicamente, la misma nostalgia me obliga a lamentar que la implacable urbanización se encargaría de acabar con ese refugio de amistad que había sido el parque Mariscal Sucre, convirtiéndolo en el peligroso cruce de vehículos que es hoy, desterrando sin misericordia a la mayoría de los frondosos árboles que albergaba, y con ellos al concierto de trinos que esparcían cotidianamente los pajarillos.)

* * *

Fue en ese acogedor parque Mariscal Sucre donde, el 18 de septiembre de 1945, decidimos que nuestro grupo dejaría de ser una pandilla, para adquirir la categoría de "club". Ese día el grupo estaba conformado por Toño Gabilondo, Chava Neri, Javier Oceguera, Aarón Mercado, Carlos Ruiz, mi hermano Horacio y yo. Buscando un nombre apropiado para el club nos decidimos por el que había sugerido Horacio:

Los Aracuanes. No teníamos un local, un reglamento ni nada por el estilo hasta que Chava Neri proporcionó el sótano de su casa como residencia oficial. Y ahí mismo hubo también un breve reglamento: el que establecía la prohibición de usar "malas palabras", dado que éstas se alcanzaban a oír en la parte superior de la casa, donde comúnmente estaban las hermanas de Chava. Sin embargo, este reglamento se eliminó debido a que eran muchas más las malas palabras que soltaban arriba.

Entonces se estableció como local uno más amplio: la calle. (Frente a la tienda llamada Netolín, propiedad de la familia de Javier Oceguera, situada en la calle de Morena, casi esquina con Amores.) Ahí, al amparo del "esparcimiento social" que proporcionaba el espacio callejero, se desarrollo un ambiente altamente propicio para los amores, amoríos, ligues o como se quiera llamar a la conjunción de parejas, que se citaban o que se encontraban "casualmente" por esos lugares.

Pero también había otros sitios de reunión a los que acudían todas las pandillas de la colonia del Valle, entre los cuales destacaba la farmacia Aguirre, fuente de sodas en cuyo local se gestaron dos proyectos que cobraron renombre hasta más allá de los límites de la colonia: el Carnaval y los Juegos Olímpicos, ambos ideados por mi hermano Horacio.

El Carnaval constituyó todo un éxito, a diferencia de los encuentros atléticos, donde los pleitos dieron al traste con algo que había prometido ser interesante. Pero eso sí: de que se intentó, se intentó.

* * *

Durante las llamadas "fiestas patrias" había algunos esparcimientos que las más de las veces representaban riesgos de diversas dimensiones, como sufrir el estallido cercano de algún cohete o el de verse comprometidos a participar en pleitos callejeros. (Casi siempre generados por la euforia del "¡Viva México, hijos de tal por cual!") Y claro que los Aracuanes tuvimos que experimentar en carne propia algunas de esas desventuras, aunque sin consecuencias graves para fortuna nuestra. Pero no está por demás narrar lo impresionante que fue para nosotros el desenlace de una de aquellas noches de 15 de septiembre.

Habíamos ido hasta el Bosque de Chapultepec, ese día iluminado y adornado con motivos patrios, por cuyas veredas transitaban multitudes que paseaban o corrían, que reían o peleaban, que compraban o vendían algodones de azúcar, buñuelos, pitos, cornetas, espantasuegras, banderitas, etcétera. Y después de haber formado parte de todo ese tinglado, cansados pero contentos, decidimos emprender el regreso a la amada colonia del Valle. Lo hicimos a pie (eran los tiempos en que esto no representaba peligro alguno) y al llegar a la avenida Coyoacán decidimos poner punto final a la jornada refrescándonos con uno de los deliciosos tepaches que había en el local concerniente. Se trataba de una tepachería que no solíamos frecuentar, pero que en esa ocasión era el único establecimiento que permanecía abierto a las altas horas de la noche en que llegamos; de modo que entramos y nos acomodamos como pudimos en los pocos asientos que no estaban ocupados. Los tales "asientos" eran bancas con capacidad para tres personas, de modo que nos pareció abusivo el que un señor estuviera sentado en el lugar de en medio de una banca, en vez de correrse a una orilla.

—Señor —le dijo alguno de nuestro grupo—, si se corriera usted hacia la orilla, mi amigo y yo podríamos sentarnos juntos.

Pero el señor no se dignó siquiera a responder.

—¿Estará dormido? —preguntó alguien.

—¡Cómo va a estar dormido! ¿Qué no ves que tiene los ojos abiertos?

—Es verdad —comentó otro—. ¡Hágase para allá, por favor!

Este último comentario fue acompañado por un empujoncito que, a pesar de haber sido muy leve, fue suficiente para que el señor cayera de bruces sobre la mesa... dejando ver que en su espalda estaba encajado un picahielo.

Y no obstante lo cansados que estábamos, los Aracuanes emprendimos una carrera en la que seguramente establecimos varios récords de velocidad y que se prolongó durante un buen número de cuadras.

Dos o tres días después vimos un periódico vespertino en el que había una nota minúscula acerca de un desconocido que había sido asesinado en una tepachería de la colonia del Valle. "Cuando los parroquianos se dieron cuenta —decía más o menos la nota—, el sujeto llevaba dos o tres horas de haber muerto."

* * *

Mientras tanto, mi mamá había obtenido una hipoteca para poder construir un "edificio". (Pongo el término entre comillas debido a que no sonaba lógico llamar edificio a una construcción que sólo contenía dos plantas; en la de arriba se planeaba hacer tres departamentos, mientras la de abajo contendría seis o siete accesorias comerciales.) Y todo parecía apuntar en dirección a un futuro alentador, a pesar de que, poco antes, el gobierno había decretado un congelamiento de las rentas... aunque no había podido evitar que en vez de congelarse, el costo de la vida se fuera recalentando día con día. Como consecuencia de eso, el alquiler de las casitas de la privada era insuficiente para el pago de la hipoteca... y más insuficiente fue cuando dos inquilinos dejaron de pagar las respectivas rentas de las dos casas que ocupaban; evento que provocó que el banco tuviera a bien quedarse con la privada, de modo que pasamos de propietarios a inquilinos. Pero a nosotros tampoco nos alcanzaba para pagar la renta, así es que, para compensar, mi madre tenía que quedarse a trabajar en Pemex cuantas horas extras le eran permitidas… hasta que la anémica economía nos obligó a emigrar en pos de una vivienda que estuviera al alcance de nuestros bolsillos. ¿Pero dónde encontraríamos tal refugio? Y, como de costumbre, fue mi madre quien dio la rápida y valiente respuesta:

—El edificio que estoy construyendo —dijo— está apenas en la etapa llamada obra negra, pero sea como sea, ahí hay un espacio rodeado de paredes.

Y para allá nos fuimos.

El piso era solamente un aplanado (de cemento en algunas partes y de tierra en otras) y las paredes, en parte el tabique a la vista, y en parte las cortinas de acero de los futuros espacios comerciales; pero mi mamá se encargó de ocultar la fea apariencia del acero, cubriéndolo con cortinas de la tela más barata que se podía encontrar. Los muros de tabique, a su vez, fueron encalichados. No había más agua caliente que la que se podía conseguir mediante ollas sobre la estufa, y como no era cosa de desperdiciar combustible, el baño completo quedó reducido a los sábados, ayudándonos unos a otros con cubetadas de agua previamente entibiada. El resto de la semana el aseo personal era de la cintura para arriba, con agua de un par de lavaderos. Pero todo esto mejoró cuando algo así como un par de meses después, conseguimos un calentador de leña. El gas, carísimo, era para consumo exclusivo de la estufa.

* * *

Pasé entonces a estudiar la preparatoria en el Colegio Francés Morelos, ubicado en la calle del mismo nombre donde me inscribí para cursar el bachillerato de ingeniería. ¿Que por qué escogí esta carrera? Bueno, quizá hubo dos razones importantes: una, que mi tío Óscar, con el que viví durante un año en Guadalajara, era ingeniero mecánico electricista, y en la casa tenía un taller en el que hacía mil cosas maravillosas. (Como una locomotora de vapor en cuya construcción "ayudé" yo, pasándole a mi tío las pinzas, los desarmadores y las demás herramientas que utilizaba.) Creo que a partir de ahí me forjé la idea de que el trabajo de los ingenieros consistía únicamente en diseñar y fabricar juguetes y toda clase de mecanismos ingeniosos. La otra razón de mi elección era el gusto que sentía por las matemáticas, una de las materias de estudio que más se me facilitaban. En la actualidad, aunque ya olvidé las matemáticas de orden superior (cálculo integral y diferencial, por ejemplo) sigo recurriendo a la solución de algunas ecuaciones algebraicas (hasta de segundo grado) como medio de distracción y relajamiento mental.

En el Morelos, por cierto, tuve el privilegio de recibir clases impartidas por algunos maestros de enorme prestigio, entre los cuales cabe destacar a don Agustín Anfossi, profesor de matemáticas y autor de textos de álgebra, trigonometría, etcétera, que se usaban en todas las escuelas del país; don Oswaldo Robles, filosofo de fama internacional; el licenciado Moreno Tagle, quien impartía el curso de literatura que me introdujo en el conocimiento de Homero, Esquilo, Shakespeare, Calderón de la Barca, Lope de Vega, Moliere, don Miguel de Cervantes, etcétera. Y por supuesto el profesor Salvador Flores Meyer, a quien debo la costumbre de leer toda clase de textos relacionados con la historia de México, afición que fue estimulada por la claridad, la imparcialidad y la amenidad que caracterizó a todas y cada una de las clases que impartió. Por ejemplo: en contra de lo que opinaban muchos acerca del "mochismo" de los maristas, el profesor Flores jamás insinuó siquiera que Benito Juárez hubiera sido el demonio o algo parecido, pues señaló como un acierto la separación de iglesia y estado, así como el tesón con que se opuso al establecimiento de una monarquía europea. (Aunque juzgara vergonzoso el Tratado McLane-Ocampo que pretendía establecer don Benito.) Igualmente había señalado el mérito de casi todos los que participaron en la lucha independentista, como Hidalgo, Morelos, etcétera, pero aclarando que, a pesar del heroísmo que los distinguió, todos aquellos adalides eran seres humanos y, como tales, poseedores de defectos. (Entre estos, por ejemplo, la crueldad de que hizo gala Hidalgo en el asalto a la Alhóndiga de Granaditas o en el fusilamiento inmisericorde de numerosos prisioneros.)

* * *

Lo malo fue que seguí sin escarmentar en eso de los pleitos a puñetazos. Y tanto, que luego intervine en el campeonato

51

de boxeo de la preparatoria, donde fui subcampeón en el primer año y campeón en el segundo. El primer año fui derrotado en la final por Ricardo Ancira, quien al paso del tiempo llegaría a ser un excelente ingeniero. En segundo año también llegué hasta disputar la final; esa vez con un muchacho cuyo apellido no me viene a la memoria; lo que sí recuerdo es que se llamaba Fernando y que era un vendaval tirando golpes, sólo que, para fortuna mía, carecía por completo de técnica boxística. Como triste colofón puedo señalar que Fernando murió al año siguiente, víctima de los golpes que le propinaron los cobardes porros de la Facultad de Medicina a la que acababa de ingresar.

* * *

En el local de los billares Joe Chamaco tuvo lugar un suceso de amarga memoria: se jugaba a la "Veintiuna" con el dominó, en una mesa que se veía bastante animada, cuando llegó un amigo que solía ir con regular frecuencia, quien no tardó en avisar que se quería incorporar al juego.

—Dame ficha —dijo el recién llegado dirigiéndose a Arturo Díaz, El Tirolés, que era quien ejercía la función de banca en ese momento.

—No —contestó el Tirolés—: tú nunca pagas.

—Pues si no me das una ficha, te aseguro que estarás firmando tu sentencia de muerte.

El comentario había sido pronunciado con una sonrisa que destacaba la intención de broma, intención que se hizo más evidente cuando el amigo mostró la viejísima escopeta de retrocarga que llevaba.

—¡Quita esa porquería! —dijo Arturo separando el arma con su mano, sin imaginarse que medio segundo después recibiría el impacto de un buen número de postas que se incrustaron en su hígado.

¡Y tenía que ser precisamente en el hígado de un muchacho que, como Arturo, padecía una fuerte diabetes precoz! Por lo tanto nadie se sorprendió cuando el diagnóstico médico señaló que nuestro amigo no podría sobrevivir, pues aparte de la gravedad que representaba la herida por sí misma, se había presentado un coma diabético que tendría fatales consecuencias.

El diagnóstico fue emitido por el médico que lo había atendido de emergencia en el hospital, enfrente de todos los que estábamos ahí esperando el resultado de la intervención; pero a este grupo se había incorporado ya la mamá de Arturo, quien escuchó el informe con un gesto de dolor que aún hoy me resulta difícil olvidar. Y había ahí otro rostro igualmente desfigurado por el estrujante diagnóstico: el de Arnulfo Delgadillo, el muchacho que había causado el accidente, el cual se había hecho presente en todo momento, con un valor cívico encomiable y reconociendo la culpa que le correspondía.

—¡Jamás me imaginé que esa escopeta hubiera estado cargada! —había exclamado más de una vez el compungido amigo.

"La eterna disculpa", habíamos comentado varios de los presentes... sin imaginar que poco después empezaría a forjarse lo que muchos hemos calificado como milagro: Arturo empezó a recuperarse. ¡Y lo consiguió en tal forma, que alcanzó a vivir algo así como 30 años más! Es verdad que, aun así, su deceso ocurrió a una edad que ahora puede considerarse como temprana, pues apenas rondaba los 50 años; pero no era poco para alguien que había superado un riesgo tan grande antes de llegar a su mayoría de edad. No mucho tiempo después de aquel accidente, Arturo se casaría con Thelma, hermana mayor de Luz María, la futura esposa de mi hermano Horacio.

* * *

El cine Moderno, a diferencia de los billares, podía ser clasificado como apto para toda la familia; aunque la cosa se ponía mejor cuando no iba toda la familia. Quiero decir: cuando no iba la familia de las muchachas, aquellas que acudían con garbosa asiduidad —los sábados preferentemente— y nos daban la oportunidad de iniciarnos en la práctica de un juego mil veces más emocionante que el billar y el dominó: el delicioso juego de la seducción y el coqueteo.

Pero ya que hablo del cine Moderno, me resulta necesario hacer una aclaración pertinente: he oído y he leído a un buen número de narradores que se equivocan totalmente (o mienten con singular descaro) cuando atribuyen a otros cines el origen de la exclamación "¡Cácaro!" que ahora se escucha en todas las salas de cine de la República Mexicana. (Me cuentan que, inclusive, el término ya ha trascendido fronteras.) Y toda atribución es falsa cuando no se refiere al cine Moderno de la colonia del Valle, pues ahí fue acuñado el singular vocablo. Su autor fue Ángel Ruiz Elizondo, apodado Kelo. Y su creación fue consecuencia de la amistad que tenía con uno de los proyeccionistas del cine Moderno que era extremadamente cacarizo, lo que propició el apodo de Cácaro con el que todos lo identificábamos. Ahora bien: yo no sé si el Cácaro no era muy buen proyeccionista que digamos o si las cintas le llegaban más que estropeadas, pero el caso es que la proyección de las películas se veía interrumpida con no poca frecuencia. (Digamos que a tiro por viaje; pero identificando la palabra "viaje" con "rollo de cinta"; y como cada cinta se componía de nueve o 10 rollos...) Entonces, cada vez que se interrumpía, Kelo le reclamaba a su amigo gritando a voz en cuello cosas como: "¡Cácaro... ya despierta!" O bien: "¡Cácaro, pásame el pomo!", "¿Cácaro, de cuál fumaste?", etcétera. Luego se fue haciendo eco todo el público (sobre todo los que teníamos derecho de exclusividad en el segundo piso o "gayola"), hasta finalmente acortar las frases dejando fuera el reclamo y conservando únicamente el nombre del interfecto: ¡Cáaaacaro!

Del cine Moderno se podrían contar muchísimas anécdotas más, pero temo que en estos tiempos ya no sea muy interesante leer que había peleas en medio de la butaquería (en "singles" y en montón); que desde la gayola arrojábamos gatos cuya silueta se proyectaba en la pantalla y que luego aterrizaban prendiéndose con las uñas en la cabeza de algún espectador de luneta; que el silencio más expectante de la película era interrumpido por el sonoro rugir de un cañón emplazado en la retaguardia de algún espectador, mas no creo que sea adecuado relatar todo eso.

* * *

—Acuéstate ahí, chaparrito —dijo mi tío Gilberto, el doctor, con ese tono de cariño que usaba siempre que se dirigía a mí.

Estábamos en la enfermería del Hipódromo de las Américas, institución cuyos servicios médicos estaban a cargo de mi tío desde hacía varios años. Claro que lo normal habría sido que en vez de mí estuviera ahí alguno de los tantos jockeys que solía atender durante las accidentadas carreras de caballos, pero daba la casualidad de que era a mí a quien debía practicar una circuncisión.

Me había examinado con anterioridad y había dicho:

—Ese pizarrín está pidiendo a gritos que lo liberen del pellejo que lo ahorca. Se llama prepucio. Y si fueras judío te lo habrían cortado a los pocos días de nacido y no ahora que tienes 17 años.

—¿Te refieres a una circuncisión? —pregunté, a pesar de que estaba seguro de que la respuesta sería afirmativa.

—Por supuesto. ¿Te parece bien tal día?

—Bueno…

—Bien. Nos vemos a tal hora en el hipódromo.

—¿Dijiste en el "hipódromo", tío?

—Sí, chaparrito, ahí tenemos todo lo necesario. ¿Has ido por ahí alguna vez?

—No. Pero sé donde está.

—Pues no se diga más. Allá nos vemos.

Y allá nos vimos.

—La anestesia va a ser local —dijo mi tío—. Una sola inyección. Pero antes deberán afeitarte.

Esta última aclaración me desconcertó bastante, pues yo no tenía mucha barba que digamos. Pero el desconcierto se acrecentó hasta el máximo cuando supe a qué zona se había referido con eso de "afeitar". Y más cuando me di cuenta de que quien se disponía a ejecutar la tarea era nada menos que la guapa enfermera que auxiliaba a mi tío. Entonces, para poder enjabonar de un lado, la mujer tuvo que apartar delicadamente lo que le estorbaba. Y yo no podía ver si sus femeninas manos estaban cubiertas o no por guantes de hule, pero de cualquier manera yo sentía lo que ella estaba haciendo, de modo que no pude evitar que mis hormonas funcionaran (esto lo entiendo ahora) ordenándole a mi cerebro que enviara la remesa de sangre que precisaba el ilustre miembro para erguirse como evidente testimonio de su masculinidad. (Lo cual demuestra que no existe viagra ni nada parecido que pueda competir con una enfermera guapa.)

—No te preocupes —dijo mi tío al darse cuenta de lo sucedido—. Esto se soluciona con un simple garnuchazo en el pizarrín.

Dicho y hecho. El garnuchazo que propino mi tío fue suficiente para que el impetuoso miembro se desvaneciera. Y quedó anulada toda posible reiteración del incidente cuando, un instante después, mi tío aplicó la inyección que anestesiaba la zona en conflicto.

Después de la intervención quirúrgica, mi tío me informó que de ahí en adelante me sucedería con bastante frecuencia lo que me había sucedido cuando la enfermera me afeitaba, ya que la supresión del prepucio dejaba al descubierto una zona que antes había permanecido "protegida", por así decirlo, que a partir de ese momento se tornaría sumamente sensible.

—Principalmente por las noches —me dijo—, cuando el simple roce de sábanas o pijamas provocará sueños eróticos, que te producirán la reacción consecuente. Pero como estás recién operado —añadió—, eso te provocará dolor. Entonces tendrás que ir al baño o a cualquier lugar que tenga piso de mosaico o de cualquier otro material que sea frío, te bajarás los calzones y te sentarás en el suelo. Ahí, lo frío del mosaico hará que el pizarrín vuelva a dormir apaciblemente. Y si el dolor persiste —concluyó—, tómate una de estas pastillas.

Y me dio unas pastillas que, en armonía con el método del mosaico frío, cumplieron muy bien con su cometido. Es decir: lo cumplieron en cuanto se refería a las experiencias nocturnas, pero había otras ocasiones en las que se hacía imposible aplicar el tratamiento; por ejemplo: cuando al viajar en un transporte público se sentaba frente a mí una dama que cruzaba la pierna dejando ver parte de esa perturbadora región que comprende los muslos. (Tómese en cuenta que por aquel entonces yo tenía 17 años, una edad durante la cual hasta la letra "B" hace pensar en nalgas femeninas y la "V" hace pensar en mujer con las piernas abiertas en compás. A esto añádase la circunstancia de que en aquellos tiempos todavía no se había alcanzado el adelanto tecnológico que representa la invención de la minifalda, de modo que resultaba insólita la oportunidad de ver esa región de los muslos.) En esas ocasiones, por lo tanto, la experiencia resultaba sumamente dolorosa, dado que en un transporte público no era bien visto que alguien se bajara los calzones y se sentara en el piso frío del vehículo.

Al paso del tiempo, sin embargo, los resultados de mi circuncisión fueron altamente positivos. Lo único malo, quizá, fue que ese mismo día aposté cinco pesos a un caballo (se llamaba Blue Ramblar, lo recuerdo) y el ejemplar cometió la hazaña de entrar en primer lugar, a pesar de que estaba cotizado a 16 por uno, lo cual hizo que yo cobrara 85 pesos (¡de aquellos!) Y si digo que esto fue malo se debe a que el asunto me pareció sencillamente estupendo y me convirtió, durante buen tiempo, en asiduo concurrente al hipódromo. A veces ganaba y a veces perdía, pero a la larga, como todo mundo, era más lo que perdía que lo que ganaba. Y aunque es cierto que no exponía mi patrimonio ni mucho menos (pues apostaba cantidades pequeñas) la triste verdad es que perdía algo mucho más valioso: el tiempo. Y tómese en cuenta que uno puede recuperar el dinero, el amor, el prestigio o cualquier otra cosa que haya perdido... menos el tiempo.

No obstante, después de haberme librado de tal vicio, reconozco que igualmente conservo buenos recuerdos de compañeros con los que solía reunirme ahí, entre los cuales había varios del ambiente futbolístico, como el estupendo Nacho Basaguren y los excelentes argentinos Mario Pavez y Miguel Marín, sin olvidar a los del gremio televisivo, como Juan El Gallo Calderón (quien llegaría a ser el primero en dirigir un programa en el que yo fuera estelar) y Ramiro Gamboa, el famoso y simpatiquísimo locutor de radio y televisión, conocido también como El Tío Gamboín. Y no se me olvida, por cierto, la ocasión en que Ramiro me miro con gesto adusto y me dijo con aquel tono de consejero espiritual que tanto lo caracterizaba:

—Roberto, no tires tu dinero. Mejor apuéstalo.

* * *

Un par de años antes, los militares le habían dicho a mi hermano Paco: "Tuvo usted la suerte de ser uno de los elegidos para servir a la patria". Pero los muy hipócritas lo decían como si aquello fuera una buena suerte, cuando en realidad lo sucedido era que Paco había sacado "bola blanca" en el sorteo correspondiente al servicio militar, lo que implicaba que debería pasar un año dentro de un cuartel. Porque en aquellos tiempos un sorteo definía quiénes serían encuartelados y quiénes tendrían solamente que recibir instrucción militar los fines de semana. Por tanto, la suerte era mala (pésima, diría yo) si te tocaba bola blanca.

—De los males el menos —dijo mi mamá ante lo inevitable—. Tal vez el cuartel le sirva para quitarle lo rebelde, lo gritón y lo autoritario.

Pero el cuartel no le pudo quitar nada de eso a mi hermano mayor. De hecho, lo único que le quitaron ahí fue una pluma fuente, un reloj (baratos ambos), un diente (mediante un marrazo propinado en una pelea) y una considerable dosis de salud. En cambio, lo que sí le dieron en el cuartel (de manera totalmente gratuita, hay que reconocerlo) fue un humor de los mil demonios, una buena cantidad de parásitos intestinales y una copiosa dotación de ladillas.

Todo esto lo recordaba yo tres años después, cuando me llegó el turno de participar en el sorteo del servicio militar, ceremonia en la que no hubo un solo patriota que exclamara lleno de júbilo: ¡Yuuuupi, voy a ser uno de los ungidos para servir a la patria! Y yo, por fortuna, tuve la "mala" suerte de sacar bola negra, lo que me eximía de ir al cuartel. (Aunque no me libraba de marchar domingo a domingo, de las seis a las 10 de la mañana.) Claro que uno faltaba ocasionalmente al sagrado compromiso, negligencia que se podía pagar mediante un arresto que se debía cumplir en las instalaciones de la delegación correspondiente, a la cual fui llevado al término de la práctica dominical, pero con una agravante: el comandante había ordenado que me llevaran y me encerraran ocho horas, lo cual significaba que debía permanecer hasta las seis de la tarde, ya que el lapso empezaba a las 10 de la mañana, pero el sargento (o cabo, no recuerdo) que me condujo expuso como si tal cosa:

—El soldado debe permanecer hasta las ocho.

—¡No! —exclamé yo—. El comandante no dijo "hasta las ocho". Él dijo "ocho horas". Y a partir de las 10 de la mañana, las ocho horas se cumplen a las 18; es decir: a las seis de la tarde.

—¡Hasta las ocho! —corrigió el sargento, imperturbable.

—¡Ocho horas! —insistí yo.

—Hasta las ocho.

—¡Ocho horas!

Ídem, ídem, ídem. ¿Y quién podía ganar un debate tan elegantemente desarrollado?

Salí de ahí "poco" después de las ocho (como a las 8:55) luego de haber cumplido con dos simpáticas tareas que me habían encomendado: barrer el patio y limpiar los excusados. Pero debo dar gracias a Dios de que ése fue todo el castigo, pues en el ínterin corrí el riesgo de ser enviado al paredón. ¡Tal como suena! Porque hubo un momento en que me quedé dormido en una banca del patio, hasta que fui despertado mediante el sutil método de propinarme un marrazo (con la parte plana del marro, afortunadamente) en la suela de los zapatos.

—¡Cómo carajo te pones a dormir! —exclamó al instante mi castrense despertador—. ¿Qué no ves que estamos haciendo honores a la bandera?

Efectivamente: era la hora en que el lábaro patrio descendía al compás de un redoble de tambor. Lo malo fue que yo había sido despertado tan brusca y violentamente, que lo único que se me ocurrió decir en ese momento fue:

—¡Y a mí qué me importa, carajo!

—¡Quéeeeeee!

Y al instante caí en cuenta de lo estúpido e inoportuno de mi exclamación; pero creo que en ese momento me llegó el primer indicio de que algún día yo llegaría a ser actor, pues puse la mejor cara de inocencia para decir:

—Perdón; no sabía que estaba prohibido dormir aquí.

—¡Pero insultastes (*sic*) a la patria!

—¿Yooooo? —pregunté con total hipocresía.

—¡Sí! ¡Te referistes (*resic*) a la bandera usando malas palabras, hijo de tu chingada madre! (*recontrasic*)

—¿Yo cuándo? —insistió el personaje que ya estaba actuando yo.

—¡Cómo; cuándo! ¡Cuando dijisistes (*ídem*) "carajo"!

—¡Aaaaaah! —exclamé entonces con una sonrisa que me salió de lo más natural. Y añadí con la misma sonrisa—: No, mi distinguido. Lo que yo dije fue que estaba soñando con un "escarabajo". Fíjese: resulta que estaba yo en uno como pantano, ¿no? Cuando de repente que veo algo así como... ¿como qué le diré?

—Mejor no digas nada. Y date de santos que no te mandé fusilar.

Y tal vez sí merecía yo algo semejante. Porque la verdad es que no sólo amo entrañablemente a mi país, sino que además me encanta nuestra bandera y siento algo muy bonito cuando la veo.

IV

Aquel año en que cumplí mi servicio militar fue uno de los más fastidiosos de mi vida, con excepción del lapso que comprendió la semana santa, temporada durante la cual lo laico no impide el respeto por la devoción... pero por la devoción al descanso, pues en todas partes se otorgan asuetos laborales y estudiantiles que invitan a ello. Y para mí resultó ser una excepción más notable, pues fue en aquel año cuando conocí por vez primera el mar.

Habiendo nacido en la altiplanicie mexicana, yo sólo tenía lejanas referencias acerca de esa gran masa de agua que ocupa la mayor parte de la superficie terrestre, pues la información fidedigna se limitaba a lo publicado en libros (de geografía, novelas, cuentos, etcétera) y a lo proyectado en las pantallas cinematográficas cuando las películas incluían escenas filmadas en dicho entorno. (En blanco y negro, por supuesto.) Aunque también había la información personal de amigos y parientes que narraban experiencias al respecto, a veces apuntaladas por el testimonio de fotografías; pero no hay nada como el testimonio personal.

Y ése fue el objetivo del grupo de amigos que abordó un viejo y destartalado autobús de pasajeros que cubría la ruta México-Acapulco en un tiempo que en aquella época fluctuaba entre ocho y 10 horas. El vehículo iba atestado de pasajeros, entre los cuales había cinco o seis que eran gallinas que viajaban en calidad de equipaje y que no constituían una compañía muy amena que digamos. Pero estos y otros inconvenientes similares no fueron suficientes para mermar el entusiasmo que teníamos por llegar a nuestro destino, lo cual se consiguió como a las seis de la tarde, cuando el imponente espectáculo apareció repentina y majestuosamente tras un recodo del camino.

—¡Miren eso! —exclamó uno de nosotros—. ¡Cuánta agua!

—¡Y abajo hay más! —señaló Adrián Herrera.

Los comentarios me causaron tanta risa que, aparte de haberse grabado en mi memoria, los aproveché para usarlos como chistes en mis programas en más de una ocasión.

Con el escaso dinero que llevábamos no pudimos conseguir mejor hospedaje que un cuarto viejo y destartalado para todos (éramos seis o siete), en una casa de huéspedes que estaba en la calle que entonces conducía tortuosamente hasta el célebre Mirador de la Quebrada. Ahí debíamos apiñarnos en sendos catres que hacían la función de camas, carentes de sábanas, almohadas y demás lujos semejantes. Pero gozábamos, en cambio, de un espectáculo exclusivo y totalmente gratuito: el de las ratas que se desplazaban incansablemente por las vigas del techo. Esto lo descubrimos la primera noche que pasamos ahí, cuando obviamente dirigimos la vista hacia arriba al estar sobre los catres en posición horizontal; pero el ser humano se acostumbra a todo. (Principalmente cuando se trata de un ser humano de 16 a 19 años, ávido de aventuras y carente de recursos económicos.) Y nosotros nos acostumbramos tanto, que bautizamos a las vigas del techo con nombres de las calles de nuestra amada colonia del Valle (Providencia, Mayorazgo,

Mier y Pesado, Amores, Gabriel Mancera, etcétera) y a las ratas con los nombres de nuestras amigas.

—Miren —decía alguien señalando a alguno de los roedores—, ahí va Carmina paseándose por Mier y Pesado.

—Sí, está buscando a Lala, que va por Gabriel Mancera.

—¡Aguas, Toño; ahí va Gloria!

—¡Aaaay!

El último parlamento había sido motivado por la caída de un roedor sobre el catre de Beto Porter.

—¿Qué pasó? —preguntó alguien.

—Es que la Güera se le resbaló a Beto cuando iba por Mayorazgo.

Afortunadamente todo esto sucedía solamente por las noches; y duraba muy poco tiempo, pues llegábamos tan cansados que caíamos pronto en brazos de Morfeo (aunque nos habría gustado más caer en otra clase de brazos, pero no se nos hizo). El cansancio era producido principalmente por las caminatas, ya que íbamos a todas partes a pie. Empezábamos por ir al mercado, donde comprábamos pescados, por 50 centavos cada uno, que después pondríamos a las brazas sobre una fogata improvisada. Con esto no quedábamos satisfechos, por supuesto, pero luego recorríamos las playas buscando cocteles, refrescos y todo aquello que solía quedar a medio consumir, abandonado por turistas que no estaban tan apremiados como nosotros. Ahí mismo, en las playas, había que jugar, nadar y caminar infatigablemente en continua persecución de buenos ejemplares del sexo femenino.

Finalmente, el regreso a México fue más cómodo, ya que lo hicimos a bordo de la pick-up en que había llegado, poco después, otro de los Aracuanes: Kelo Ruiz. El único inconveniente fue, quizá, el frío que hacía cuando pasamos de noche por la zona donde está Tres Marías, ya cerca de nuestro destino final. Y luego, ya en México, el fastidio de recordar que algunos de nosotros debíamos ir a marchar como conscriptos al día siguiente. (Me han dicho que actualmente la actividad de los conscriptos está dirigida a labores de ayuda social; lo cual, de ser así, es algo realmente positivo.)

Pero, de cualquier manera, yo sigo pensando que el servicio militar obligatorio casi siempre ha sido la mejor manera de desperdiciar lastimosamente el tiempo, sin provecho alguno. En función del conscripto, el desperdicio no tiene desperdicio, pues todo lo que consigue es aprender unas cuantas órdenes militares, aprendizaje que en caso de guerra o en otras circunstancias similares se puede adquirir en menos de una semana (si no es que en uno o dos días). Y en función del país, lo que mejor se consigue es un repudio generalizado a todo lo que representa la disciplina castrense.

Para colmo de inconvenientes, la cartilla de conscripto pasó a ser documento imprescindible para la vida cívica, pues daba constancia de que el joven había cumplido con la obligación respectiva. Sin dicha constancia no se podía, por ejemplo, obtener un pasaporte. Es decir: no podías ir al extranjero si no acreditabas fehacientemente que habías aprendido a girar 90 grados a la derecha cuando un sargento dijera: "¡Flaaanc der... ya!" Asunto que no habría tenido trascendencia en mi vida, de no ser porque tiempo después perdí mi cartilla.

* * *

Para obtener una copia de este documento había que acudir a una dependencia cuyas oficinas estaban en Palacio Nacional; y eso fue lo que hice. Inclusive con gusto, pues representaba para mí la oportunidad de conocer el interior del edificio que era sede del gobierno; un lugar que había sido escenario de tantos acontecimientos importantes en la historia de mi patria y de cuyas bellezas arquitectónicas tenía las mejores referencias. Esto último lo pude confirmar personalmente desde el momento en que hice acto de presencia en el singular recinto. De hecho, podría decir que lo único que no me gustó fue lo largo de la cola en que me tuve que formar y la eternidad que parecía transcurrir para que se notara siquiera un pequeño avance. Y en eso estaba, cuando observé a un caballero que fumaba con tal fruición, que se me antojó un cigarrillo. En aquel entonces yo aún no había caído en las garras de tal vicio, de modo que mi antojo no obedecía a una necesidad fisiológica ni a la búsqueda de un satisfactor; lo único que buscaba era un pasatiempo que me ayudara a soportar el tedio de la espera. Y claro que no traía cigarros, pero no tardé ni un minuto en descubrir que un compañero llevaba una cajetilla en el bolsillo de su camisa.

—Dame un cigarrillo —le dije, tratando de aparentar que yo era un fumador consumado, para lo cual no esperé su respuesta, sino que yo mismo extraje la cajetilla de su bolsillo y me apoderé de un cigarro. Pero de veras debo haberlo hecho con naturalidad, pues el compañero procedió rutinariamente a encender el pitillo después de haber respondido:

—Sí, claro. (En aquel entonces todavía no se estilaba decir "¡órale pues!")

Afortunadamente, no pasé de darle una chupada, pues un instante después escuché la voz autoritaria de un sargento que me decía:

—¡Aquí no se puede fumar!

—Sí se puede —respondí expulsando con dificultad el humo aspirado—. Lo que pasa es que yo no sé darle el golpe.

—¡Quiero decir que aquí está "prohibido" fumar! —puntualizó el sargento subiendo el tono de voz y la actitud autoritaria.

—Perdón; es que no sabía.

—¿Y tampoco sabes leer? Este letrero dice con toda claridad: "Prohibido fumar".

Lo dijo señalando un letrero que estaba a menos de un metro de distancia, de modo que no había disculpa.

—Sí —respondí—; pero yo pensé que era obsoleto.

—¿Que yo era quéee? —me preguntó indignado.

—¡No! No estoy hablando de usted.

Esta vez me miró con recelo antes de preguntar:

—¿Qué quieres decir con eso?

—Que yo pensé que ya no estaba funcionando la prohibición de fumar.

—¡No te hagas el payaso!

—¡Sí, de veras! Es que, mire: aquel señor parece ser alguien importante y está fumando.

Lo dije señalando al caballero cuyo acto de fumar me había contagiado la idea de hacer lo mismo; y si aclaré que parecía ser alguien importante fue porque lucía un uniforme muy bonito.

—¡El señor es general de brigada! —exclamó el sargento subiendo aún más la indignación y el tono de voz.

—¿O sea —me atreví a indagar con la natural timidez que exigían las circunstancias— ...o sea que la prohibición de fumar es solamente de coronel para abajo?

El sargento se disponía a mandarme fusilar (supongo), pero el diálogo había llamado la atención de quienes estaban alrededor, incluyendo al mismísimo general, quien intervino entonces con la sonrisa más tranquilizadora que podía yo haber esperado.

—Está bien, sargento —dijo con calma—. El muchacho tiene razón—. Y luego, mirándome fugazmente y sin suprimir la sonrisa, añadió—: Voy a fumar al patio.

Entonces sucedió lo que nunca me habría imaginado: el militar abandonó el salón, ¡en medio del espontáneo aplauso que le brindó gran parte de la concurrencia!

Yo había salido venturosamente bien librado del riesgo que suele ir implícito en este tipo de fanfarronadas, pero la suerte empezó a serme adversa cuando llegué al mostrador donde debía ser atendido.

—Perdí mi cartilla —dije cuando fui interrogado acerca del motivo que me había llevado hasta ahí.

—¿Tienes algún comprobante de que cumpliste cabalmente con el servicio obligatorio?

—Eso es precisamente lo que vengo a buscar.

—¿Qué cosa?

—El comprobante. Porque la cartilla es un comprobante de que marché el año completo, ¿no?

—Por supuesto.

—Pues por eso vengo a solicitar un duplicado: ya le dije que perdí mi cartilla.

—¿Y tú crees que es muy fácil buscar entre los miles y miles de archivos que contienen los miles y miles de expedientes de los miles y miles de conscriptos que ha habido durante... ¿qué será?...

—¿Durante miles y miles de años?— pregunté.

Pero, como dije anteriormente, mi caudal de buena suerte ya se había agotado, de modo que entonces la fanfarronada no funcionó.

—¿Dónde y cuándo marchaste?

—En San José Insurgentes, en 1948 o 1949—. La imprecisión se debía al tiempo transcurrido, pues esto que estoy narrando (la pérdida de mi cartilla) ocurrió varios años después de haber cumplido con el servicio obligatorio.

—Mala suerte. Durante esos años no se archivó lo realizado en varios lugares, y uno de ellos fue San José Insurgentes.

Parecía ser un pretexto para generar un soborno... pero resultó ser peor que eso: ¡Resultó ser verdad! ¡Nunca se llevaron archivos al respecto!

Por lo tanto mi problema fue resuelto (al igual que el de muchos otros) de una manera singular: me dieron una cartilla clasificada como de "reserva". Y no sólo me explicaron el significado de dicha clasificación, sino que lo incluyeron en la cartilla mediante unos renglones en los que se leía algo así como: "El soldado Roberto Gómez Bolaños ha demostrado ser remiso en el cumplimiento de sus obligaciones militares, por lo que pasa a formar parte de la reserva nacional."

Antes me habían advertido que el aviso podría ser considerado como humillante por aquello de haber sido calificado como "remiso", pero yo supuse que la humillación estaba en el hecho de que me pusieran como reserva, después de haber sido titular en todos los equipos en que había yo jugado. Pero más que humillante resultó atemorizante, pues me aclararon que tal aviso implicaba que, en caso de guerra, yo sería de los primeros en ser llamados a filas.

Afortunadamente México no intervino en guerra alguna y ha pasado el suficiente número de años como para que mi edad me impida participar en cualquier acontecimiento bélico.

No sé si aún prevalezca la costumbre, pero cuando yo ingresé a la Universidad Nacional Autónoma de México los alumnos de nuevo ingreso tenían que sujetarse a humillantes vejaciones por parte de aquellos que cursaban el segundo año, aunque en cada facultad se acostumbraban diferentes prácticas. Afortunadamente, en la Facultad de Ingeniería las vejaciones de mayor peso tan sólo se aplicaban durante el transcurso de un día, al cabo del cual el "perro" (alumno de nuevo ingreso) recibía un diploma que lo acreditaba como sujeto que ya había pagado su cuota de humillaciones. Esto, a diferencia de otras facultades, como las de arquitectura y medicina, donde tales prácticas duraban todo el año.

Yo, por supuesto, no escapé de ser víctima de dichas novatadas (eufemismo que disfrazaba la más apropiada definición de "hijeces de la tal por cual"). Para comenzar, era preciso perder el cabello a manos de sádicos peluqueros que tusaban (o trasquilaban) al "perro" de la manera más burda posible. Luego, despojados de toda vestimenta, los novatos teníamos que ir a la vieja y fría piscina que había a un lado del gimnasio, piscina que entonces estaba vacía y que recibía el nombre de "culódromo", ya que se usaba como pista de carreras en la que cuatro "perros" debían desplazarse arrastrándose sentados. El premio por llegar primero al otro lado de la piscina era la evasión de la siguiente prueba que, según se comentaba, era la peor. Y yo, con muy pocas facultades para eso de deslizarme sobre las nalgas, llegué en penúltimo lugar. Por tanto, tuve que soportar la temida prueba, que consistía en recibir toques eléctricos en diversas partes del desnudo cuerpo. (Estuve a punto de escribir que una de esas partes se llama "ano", pero creo que es más explícito el vocablo "culo". Aunque, llámese como se llame, juro que los toques aplicados ahí hacen que uno sienta que le desgarran la entretela de la magnolia.)

La última humillación consistía en un baño de pintura y chapopote, "maquillaje" con el cual debía uno desplazarse hasta llegar a casa o a cualquier otro lugar apropiado para un baño. Y como cada quien se desplazaba de acuerdo con sus posibilidades, yo tuve que viajar a bordo de un tranvía, sujeto a la compasión de algunos pasajeros y al rechazo de los más próximos, quienes reculaban ante el riesgo de ser embarrados por la pintura o el chapopote que me cubrían.

Pero eso sí: no volví a ser molestado en adelante.

* * *

Varios clubes de la colonia del Valle (entre ellos los Aracuanes, por supuesto) recibimos una invitación para participar en una novillada. Quienes invitaban era dos famosos empresarios jóvenes que terminarían siendo señalados como autores de fuertes contrabandos, cosa que nosotros nunca llegamos a comprobar. De cualquier modo, la invitación incluía el regalo de los cuatro novillos que serían lidiados en una placita que está (¿o estaba?) en la colonia Anzures. (No recuerdo el nombre del coso, pero sí que colindaba con el Academia Maddox, al que asistían muchachas de muy buen ver.)

La cuadrilla taurina de los Aracuanes estaba encabezada por Rafael Legorreta, alias Rafita, quien era aficionado a todos los deportes y practicante de muchos de ellos. Y entre sus subalternos me encontraba yo, aficionado a muchos deportes (entre los cuales no figuraba la fiesta brava) y practicante de algunos otros (entre los cuales tampoco figuraba, ni mucho menos, la actividad taurina). No obstante, adicto como era yo a los retos, acepté participar en el festival. Por tanto, luciendo pantalones de mezclilla y una chamarra recortada con tijeras, que intentaba imitar un atuendo cordobés, recorrí sonrientemente el breve trayecto llamado "paseíllo". Pero muy poco después sucedió algo que redujo en buena parte aquella sonrisa que iluminaba mi rostro: entro al ruedo el animal que debíamos lidiar....

—No te asustes —me dijo alguien—. Es un inofensivo novillo que sólo pesa 125 kilos.

Y sí: considerando que los toros de lidia llegan a pesar 500, 600 y hasta más kilos, significa que uno de 125 viene siendo algo así como un perrito faldero; y tomando en cuenta que yo pesaba 48 kilos, la pequeña bestia era algo así como dos Chespiritos y medio. (En ese tiempo yo todavía no era Chespirito, pero valga el anacronismo para aclarar la comparación.) Y, por si fuera poco, me dijeron que a mí me correspondía "recibir" al astadito. (Iba a escribir "astado", pero las astas del novillo eran a lo sumo de tres o cuatro centímetros.) Aunque lo hice como exigían las circunstancias: como a 10 metros del animal. Por demás está decir que esto provocó la rechifla inmediata por parte del "respetable" (que de respetable no tenía nada). Pero lo lamentable llegó poco después, cuando el novillo hizo un amago de ataque y yo salí corriendo en dirección opuesta. Lo lamentable, decía, fue que se trataba de una corrida taurina y no de un campeonato de atletismo, pues estoy seguro de que con aquella carrera debo haber roto dos récords mundiales: el de velocidad y el de salto de altura, pues de un solo impulso me encaramé en lo alto de la barda que separaba el coso taurino del Academia Maddox. Pero lo más bochornoso fue enterarme minutos después de que aquel amago del torete no había pasado de ser eso: un amago, pues al instante se había detenido; pero yo corrí pensando que la bestia me seguía a escasos centímetros de mi retaguardia. Esto, afortunadamente, hizo que la rechifla se convirtiera en carcajada.

Entonces intervino Rafita, nuestro matador, quien logró buenos lances con el capote, y no a los 10 metros de distancia que había establecido yo, pues Rafita redujo tal distancia hasta plantarse a unos ocho metros del novillo.

Pero a continuación venía lo que los taurófilos llaman segundo tercio; es decir: hay que clavar banderillas en el lomo de la inocente bestezuela. (Me refiero al novillo, no a mí.) ¿Y a quién corresponde esta tarea? Al matador y ¡a los subalternos!, uno de los cuales era yo.

—Es lo más sencillo del mundo —me había dicho algún conocedor—. Todo consiste en pararte a medio ruedo, llamar la atención del animal para que se arranque corriendo en dirección tuya, simular que vas a dar el paso a la derecha, para que el novillo caiga en la trampa, pero tú das sorpresivamente el paso a la izquierda, con lo cual tienes todo el tiempo del mundo para clavar las banderillas en el sitio adecuado.

—¿Pero si el novillo no tiene bien definido el significado de los términos "derecha e izquierda"?

—No seas pendejo —me replico cariñosamente mi amigo el conocedor—. Olvídate de los términos "izquierda y derecha", y piensa solamente en uno y otro lado. Es decir: tú finta que vas a dar el paso para un lado y lo das para el otro. Eso es todo.

Bueno, así pues sí, ¿verdad? De modo que, contando ya con toda la ventaja a mi favor, llevé a cabo lo indicado.

Como se recordará, lo penúltimo era (antes de clavar las banderillas) fingir que daría el paso para un lado, pero darlo para el lado contrario; y eso fue lo que hice... sin tomar en cuenta que alguien había aconsejado al novillo que simulara embestir por un lado para acabar embistiendo por el lado contrario... Esto se tradujo en un golpe propinado por su incipiente cuernito de tres o cuatro centímetros en mi antebrazo de unos 25 centímetros, golpe que me dejó engarrotados los cinco dedos de la mano derecha durante el resto de la tarde.

Yo supuse que tal experiencia había sido algo así como mi debut y despedida en lo que se refiere a actuar en la fiesta brava, pero más delante demostraré que lo estúpido no se le quita a uno tan fácilmente.

* * *

En la preparatoria Morelos también fui escogido para formar parte de la selección de futbol de la escuela. ¡Y qué equipazo tuvimos! Supongo que esto será evidente con sólo mencionar los números: el campeonato fue a una sola vuelta, con todos los partidos, siete, realizados en cancha neutral. Los contendientes fueron escuelas de bachillerato del Distrito Federal incluyendo a la Escuela Nacional Preparatoria de la UNAM y al Instituto Politécnico Nacional.

Partidos perdidos: 0
Partidos empatados: 0
Partidos ganados: 7 (Todos)
Goles a favor: 39
Goles en contra: 1

En un principio yo había sido preseleccionado, incluido en un grupo de algo así como 25 jugadores. Y éramos cinco los contendientes por la titularidad en el puesto que yo jugaba: interior derecho, (posición en la delantera correspondiente a alineaciones que se usaban en aquellos tiempos), de modo que obtener el puesto era un reto considerable, y más para un jugador que apenas alcanzaba 1.60 de estatura. Pero tuve la suerte de que en el último encuentro de pretemporada jugamos contra el Tecnológico de Monterrey y lo vencimos con marcador de 4-1. ¡Y yo anoté tres de los cuatro goles de mi equipo! Por supuesto que la hazaña me convirtió en titular.

Es natural, por lo tanto, que guarde los mejores recuerdos de aquel equipo, algunos de cuyos componentes siguen ocupando un lugar especial en mi memoria, como Óscar Bada, inteligente medio central y capitán del conjunto, Alfonso Martínez La Chirina, un futbolista de calidad excepcional, Víctor Manuel Chávez, condiscípulo mío desde hacía muchos años, Isaac Weil, un centro delantero que ya quisieran muchos equipos profesionales de la actualidad, y Gilberto Gazcón, porterazo que sólo admitió un gol en toda la temporada y que al paso del tiempo se convirtió en destacado director de cine y eficaz presidente de la Sociedad de Directores, donde nos seguimos viendo actualmente.

Por cierto, antes nos había tocado a Isaac Weil y a mí participar en el campeonato de boxeo de la preparatoria Morelos (yo en peso paja y él en peso medio); pero el contendiente de Isaac en la final era Sergio Gual, un muchacho de la colonia del Valle, amigo mío, dotado de una musculatura más que impresionante. Isaac Weil, en cambio, daba la impresión de ser el prototipo del chico sano y coloradote de un colegio gringo. Sus brazos eran unos "tubos" que carecían de cualquier prominencia que se pudiera llamar bíceps o algo por el estilo. En consecuencia, todo mundo vaticinaba que el encuentro sería algo así como una carnicería en la que Sergio Gual haría el papel de matancero e Isaac Weil el de víctima propiciatoria (es que aquel "todo mundo" no estaba conformado precisamente por expertos de boxeo).

Pronto nos pudimos dar cuenta de que los brazos musculosos no eran lo más adecuado para practicar el rudo deporte, a diferencia de los elásticos y ágiles brazos de Isaac, lancetas que se clavaban certera y contundentemente en el organismo de Sergio, al tiempo que éste acometía como toro bravo, con todo el vigor de que hacen gala los bureles, pero también con todo el candor con que sucumben éstos ante la maestría del torero. Como resultado, el réferi se vio precisado a suspender el encuentro, otorgando la victoria a Isaac por K.O. técnico en el segundo round.

Y como paradójico colofón debo mencionar que los robustos brazos de Sergio Gual que no le ayudaron entonces a obtener un campeonato de boxeo, ahora son los instrumentos de precisión que le permiten manejar los pinceles con destreza, pues a su carrera de arquitecto añadió el arte de la pintura, donde destaca notablemente.

* * *

Como ya dije, yo también participé en aquellos campeonatos de boxeo en la preparatoria; había sido subcampeón en el primer año y luego campeón en el segundo (ambos en peso paja, la división más ligera). Y esto había sido suficiente para hacerme suponer que si en la calle había peleado con tipos mucho más altos y pesados que yo, sería prácticamente imposible que pudiera salir derrotado al enfrentarme a alguien de mi mismo peso. Por lo tanto, el paso inmediato fue inscribirme en el campeonato de los Guantes de Oro, máxima competencia del boxeo de aficionados.

Pero la inscripción no fue cosa fácil, ya que era requisito indispensable superar la prueba médica que establecía si uno estaba físicamente apto para la ruda competencia, y daba la casualidad de que el médico en jefe de la comisión de boxeo era precisamente mi querido tío, el doctor Gilberto Bolaños Cacho, el cual, como yo lo había supuesto, me dijo que la práctica del boxeo era algo en lo que yo no debía incursionar. Entonces simulé aceptar con resignación la negativa... y me formé en otra fila, donde el encargado de los exámenes era el doctor Horacio Ramírez, asistente de mi tío, que por aquel entonces no me conocía. (A la muerte de mi tío, el doctor Ramírez pasó a ocupar su puesto de jefe en la comisión de boxeo.) Claro que, por si las dudas, a la hora de escribir mi nombre yo puse únicamente Roberto Gómez, cuidándome de mencionar el "Bolaños" que podría identificarme con mi tío.

Así pues, acudí a mi primer combate, del que salí vencedor por decisión dividida. Dos jueces votaron a mi favor y el tercero voto en contra (¡el muy menso!) Poco después acudí a mi segunda pelea, misma en la que volví a salir vencedor, pero con mayor facilidad, pues los tres jueces votaron a mi favor (¡como debe ser!) Luego hice acto de presencia para mi tercer combate, el cual gané por default, lo que significa que mi rival no se presentó. Pero había que llenar el tiempo de función en la Arena Coliseo, por lo que tuve que subir al ring para enfrentarme a otro muchacho que también había ganado por inasistencia de su contrincante. La pelea sería calificada como "de exhibición", y por lo tanto el perdedor no quedaría descalificado de la eliminatoria. Y en esa ocasión tuve la suerte de derribar a mi oponente en el primer minuto del primer round, lo que me hizo constatar que era el más inepto de los tres rivales a los que me había enfrentado. Pero yo pensaba esto sin imaginar que estaba a punto de escenificar mi primera actuación dramática.

Sucedía que aquel muchacho tenía realmente una pésima técnica de boxeador, lo que compensaba con una abrumadora resistencia física. Esto era simplemente un producto de su profesión, ya que trabajaba como sparring de boxeadores calificados, por lo que estaba acostumbrado a recibir fuertes y frecuentes golpizas que parecían no hacer mella en su robusto organismo. Y tanto, que después de golpearlo durante dos rounds, yo terminé con una fatiga que jamás había sentido antes en deporte alguno, hasta que, víctima de tremendo "campanazo", fui a dar al suelo cuan largo era (que no lo era mucho, como ya he dicho). El golpe había sido mucho más espectacular que efectivo, por lo que estuve lejos de quedar noqueado. "Pero si me levanto —pensé— este tipo me mata." Y no me quedó más remedio que "actuar": simular que estaba yo al borde del desvanecimiento o soponcio total, que las piernas se me doblaban como si fueran de plastilina y que no conseguía ponerme de pie a pesar de que intentaba ayudarme sujetándome de las cuerdas del ring. Yo debía hacer esto hasta que el réferi terminara de contar los 10 segundos fatales (que para mí serían vitales), pero me daba la impresión de que el hombre de blanco se tomaba como media hora para contar cada segundo. Sin embargo, no hay fecha que no se cumpla, de modo que finalmente se oyó el ansiado: "¡Diez; fuera!", que fue coreado con todo entusiasmo por la concurrencia (ya que yo, de tez blanca, no podía contar con las preferencias del respetable). ¡Y luego dicen que en México no hay discriminación!

Por supuesto me alejé de los cuadriláteros, aunque seguí siendo aficionado total al llamado "arte de la defensa personal", hasta que, al transcurso de muchos años, me di cuenta de lo salvaje y primitiva que es esta práctica que más que a un deporte se asemeja a las cruentas batallas de los gladiadores en el circo romano. Y los defensores del boxeo argumentan que es mayor el número de los que resultan lesionados o muertos como consecuencia de practicar deportes como las carreras de autos, las carreras de caballos, el futbol americano, el surfing y muchos otros; pero la diferencia fundamental radica en que el objetivo de las carreras (de autos, caballos o lo que sea) es llegar primero a la meta; el del futbol americano es anotar touchdowns y goles de campo, mientras que el objetivo del boxeo es llana y sencillamente lastimar a otro ser humano, lesionarlo cuanto sea posible, aniquilarlo, destruirlo.

* * *

El tabique de mi nariz estaba más chueco que los arreglos de un diputado, de modo que había necesidad de una intervención quirúrgica que corrigiera el defecto. Para llevar a cabo la operación se eligió a un médico que, aseguraban, había sido un maestro en la especialidad. Lo malo fue que a la sazón, y sin que lo supiéramos, había adquirido un entrañable cariño por las bebidas alcohólicas, lo que no le permitió llevar a buen término la tarea encomendada. Por lo tanto, seguí respirando únicamente por la fosa nasal izquierda. Idéntico resultado obtuve 20 años después cuando fui operado de lo mismo. Esta vez no se trataba de un médico aficionado a la bebida; era solamente aficionado al dinero y a cultivar amistades en el medio artístico. Pero dicen que la tercera es la vencida, de modo que 30 años después de la primera experiencia decidí someterme a otra intervención quirúrgica de lo mismo, esta vez en manos de la doctora Norma Karina López, la cual me permitió al fin respirar por ambas fosas nasales.

Aunque, haciendo un esfuerzo con la memoria, ¿no será que estoy levantando un falso testimonio contra el médico que me operó la primera vez? Porque resulta que, no mucho después de aquella operación, tuve un encuentro callejero con un muchacho... que iba en compañía de otros dos, quienes me sujetaron de los brazos mientras mi rival se daba gusto golpeándome a mansalva. Y supongo que bien merecido lo tuve por aquella estúpida costumbre que tenía de sentirme pantera cuando no llegaba ni a gato de basurero.

Pero quien no tenía culpa alguna, y sin embargo la pasó mal, fue mi pobre mamá. Me refiero al susto que recibió cuando llegué a la casa, a altas horas de la noche, con la cara y la ropa cubiertas de sangre, como consecuencia indudable de una nueva fractura en el tabique de mi nariz.

* * *

Mi mamá vendió el edificio a medio construir, en cuyas accesorias vivíamos, y alquiló una casa de la cual también tuvimos que emigrar para ir a dar a un departamento de menor categoría, del cual pasamos a otros cada vez más sencillos... y así hasta llegar al más barato. Pero todo esto coincidía con una época en la que había algo mucho más importante que el lugar de residencia, que los estudios y hasta que los deportes: las novias.

No era solamente el factor hormonal. No. También era de vital importancia el prestigio social (llamémoslo así) que representaba el tener una novia hermosa. Porque si la novia no era suficientemente bonita, uno tenía que dar explicaciones a los amigos: "Es nada más para pasar el rato", por ejemplo. O bien: "Me dio tanta lástima la pobrecita". Inclusive podía trazarse un cierto parangón con lo que sucedía respecto a las peleas callejeras, en las que lo más doloroso no era el cúmulo de golpes recibidos sino el desprestigio que implicaba la derrota. Porque los moretones y las cejas abiertas sanaban con el tiempo, pero no sucedía lo mismo con la afrenta que significaba que alguien te dijera: "De modo que fulanito te partió la madre." Y algo parecido sucedía con las novias, pues no había mayor vergüenza que se difundiera la noticia de que le habías "cantado" a fulanita y ésta te había dicho que no.

Las circunstancias, por lo tanto, eran para hacer temblar al más valiente. Y yo me vi precisado a actuar en consecuencia, de manera similar a como había actuado en función de las peleas callejeras. Es decir: me dejé dominar por el complejo. Aunque se debe reconocer que éste (el complejo) no era gratuito, ya que en mi propia casa habitaban dos de sus causantes. Me refiero a mis hermanos, que eran muy bien parecidos y podían, por lo tanto, hacerse novios de las muchachas más bonitas de la colonia, lo que conseguían con la más envidiable facilidad. Yo, en cambio, con un aspecto físico que podría calificarse como "del montón", me veía obligado a echar mano de todos los recursos posibles para compensar semejante desventaja. De modo que aprendí a tocar más o menos la guitarra para llevar serenatas, intenté ser simpático, interesante y dueño de una gran personalidad... y creo que ni así.

Bueno, digamos que sí conseguí tener varias novias y que algunas eran aceptablemente bonitas. Pero eso sí: de todas ellas, las bonitas y las no tanto, guardo un bello recuerdo. Y puedo mencionar, a través del tiempo y del espacio, la memoria de Olga, Pina, Cristina, Pilar, Tere, Rosita, "la Cucus"… y Graciela, por supuesto. Pero advierto que sus maridos pueden leer estas memorias con toda tranquilidad, pues siempre actué de acuerdo con los principios que me habían inculcado en el colegio y en mi casa: respetando a las mujeres. (Aunque, eso sí: guardándole un enorme rencor a los principios inculcados.)

Pero recuerdo muy bien lo sucedido cuando me enamoré por primera vez en mi vida. O más bien dicho: recuerdo la primera vez en que me enamoré por segunda vez. Me explico: antes ya me había enamorado de Olga Peralta, la prima de Antonio Gabilondo, quien se supone que había sido mi novia durante algunos meses. Pero digo que sólo "se supone" porque nunca pasé de darle un beso en la mejilla al estar bailando. Era una muchacha linda e inteligente, pero yo anhelaba por lo menos un besito en los labios, ¿no? ¡Nada! Sí: ya sé que yo debí habérmelas ingeniado para alcanzar el anhelado ósculo (aclaración: esta palabra significa "beso"), pero seguramente no supe hacerlo. No obstante, fue esa misma circunstancia lo que impidió que mi enamoramiento fuera total, ya que, sin el recuerdo de un beso, la ruptura es indolora; que fue lo que sucedió cuando Olga me dijo:

—Esto se acabó.

—Ah, ¿pos cuándo había comenzado?

Luego fue cuando por primera vez me enamoré por segunda vez. Ella vivía en la calle de Morena, casi esquina con Amores. Se llamaba María Asunción Aguilar Reed, y le decían la Cucus. Y era la muchachita más dulce y tierna que había yo conocido, aunque de esto me fui dando cuenta paulatinamente, pues en un principio no me podía imaginar hasta qué grado alcanzaría el cariño que llegué a sentir por ella. ¡Y mucho menos pude imaginar el dolor que me causaría después la ruptura de ese lazo!

Y es que, a decir verdad, ella fue la primera muchacha de la que realmente me enamoré. Y debo suponer que ella también estuvo enamorada de mí, hasta que un día me dijo "ya no". ¿Conoció a otro mejor que yo o se aburrió de tener que compartir mis "principios inculcados". No sé. El caso fue que nunca más quiso volver a ser mi novia, y eso me dolía como sólo duele aquel primer amor que tenemos en la juventud. Tanto, que decidí alejarme de ahí lo más posible, para lo cual no encontré mejor remedio que conseguir un empleo lejos de la Ciudad de México.

* * *

El lugar era Culiacán, Sinaloa. Y el contacto había sido mi gran amigo Alfonso San Vicente, El Capullo Grande, quien me consiguió empleo de dibujante en la Compañía Eureka, propiedad de don Manuel Suárez, que por aquel entonces se encargaba de todas las obras públicas de la capital del estado. Vivíamos en una casa de asistencia. Cuando llegué a Culiacán no había lugar en tal casa de asistencia, de modo que las primeras tres noches tendría que dormir en un sofá de la estancia, pero Alfonso no permitió que sucediera eso, pues me cedió su cama mientras él se iba a dormir en el sofá.

Compartíamos los tiempos libres en compañía de otros amigos de la colonia del Valle, como eran Roberto (Capullo Chico, hermano de Alfonso) y Agustín de la Garza. Ahí conocí a una pecosa deliciosa que en muy poco tiempo hizo que yo me olvidara de la Cucus (un clavo saca otro clavo, dicen). Y aunque esta relación duró muy poco tiempo, la medicina ya había surtido el efecto necesario, de modo que regresé a México al cabo de tres o cuatro meses.

* * *

Yo estudiaba en la Facultad de Ingeniería de la UNAM, cuyas instalaciones ocupaban entonces el legendario Palacio de Minería. Ahí me hice de excelentes amigos, que ahora sólo veo ocasionalmente pero que nunca se borrarán de mi memoria, entre los cuales puedo mencionar a Guillermo Sunderland, Jorge Casas, Fernando Garza Galindo, etcétera. Casi todos siguieron ahí hasta conseguir el título profesional correspondiente. Y fui, creo, el único que siguió un derrotero totalmente distinto. Pero esto comenzó poco después.

El Palacio de Minería era el escenario anual del Gran Baile de Ingeniería, siempre amenizado por las orquestas de mayor renombre del país. Todo era muy caro, empezando por los boletos de entrada. No obstante, estos se podían conseguir por medio del sistema llamado "talacha", que consistía en ayudar para colocar la enorme tarima y demás aditamentos que hacían falta para convertir el patio escolar en salón de baile. Y en cierta ocasión yo conseguí un par de boletos de "talacha", para acudir al baile acompañado, ¡ni más ni menos, que por Pina!

Pina Pellicer, hermana menor de la ahora famosa actriz Pilar, del mismo apellido, me traía loco. Me bastaba verla para que mi corazón iniciara un galope que ni Gay Dalton en sus mejores días en el hipódromo (como se comprenderá, Gay Dalton era uno de los mejores purasangre del hipódromo). Y cuando yo veía a Pina, mi corazón también era purasangre; pero sangre coagulada que cuando mucho aspiraba a conformar medio taco de rellena. Al igual que su hermana, Pina también llegaría a ser estrella del cine nacional, aunque en aquellos tiempos ni ella ni Pilar soñaban con tal cosa (o si lo soñaban, no lo dejaban saber).

Pero el baile era de rigurosa etiqueta y yo no tenía un esmoquin ni nada que se le pareciera. ¿Qué hacer ante tal dilema? Pues lo de siempre: recurrir a mamá. Y ella lo solucionó bastante bien, pues compró unos trocitos de seda y confeccionó las solapas que convertían mi único traje (gris oscuro) en aceptable esmóquin. El problema fue mayor en cuanto a los zapatos, pues mi único par era de color café. Y la solución consistió en darles algo así como 15 manos de grasa y betún negros, con el mismo número de vigorosas cepilladas. La corbata de moño fue un préstamo de mi hermano Paco.

Así pues, el suntuoso baile de ingeniería se vio engalanado con la presencia de las tres hermosas hermanas Pellicer: Tayde, la mayor, acompañada por El Güero, Jorge Salinas; Pilar, la segunda, con Omar Téllez y Pina, la menor, con el Roberto Gómez Bolaños que escribe estos recuerdos. Había, como de costumbre, dos orquestas. Y la principal era nada menos que la dirigida por el internacionalmente famoso Juan García Esquivel... ¡desgraciadamente! ¿Que por qué uso este adjetivo? Porque a medida que transcurría el alegre sarao, el más alegre Juan García Esquivel se empeñó en buscar la mirada de la aún más alegre Pina Pellicer. Ella no tenía más de 14 o 15 años, pero ya sabía desparramar toda la coquetería que dominan las mujeres que se saben atractivas. Por si fuera poco, también era conocida la fama de conquistador del director de orquesta. O lo que es lo mismo: se unían el hambre y las ganas de comer.

La fiesta seguía su curso al tiempo que yo, víctima de la poca experiencia o la estupidez o lo que sea, no encontré mejor manera de desquitarme que beber todas las copas que podía durante los descansos del baile; de modo que, poco después, me levanté para bailar en estado peor que inconveniente. Digamos que en estado de emergencia.

Aunque, claro, yo no estaba consciente de esto. Por lo tanto, cuando constaté que el infame (y mutuo) coqueteo se había vuelto ofensivamente notorio, interrumpí el baile, le dije a Pina que me esperara ahí un momento y me dirigí resuelto hasta la tarima donde estaba la orquesta. Una vez ahí, haciendo ostentación de mi bravo proceder, le arrebaté la batuta a Juan García Esquivel, exclamando algo así como "¡Trae acá!" Y entonces vino lo mejor de todo: el ínclito director de orquesta me dijo con desconcertante entusiasmo:

—¡Eso es! Ya decía yo que un estudiante de este plantel podía dirigir mi orquesta tan bien o mejor que yo. ¡Adelante!

Me dio una palmada en el hombro y me dejó ahí, frente a sus músicos (que seguían tocando como si nada), bajó de la tarima... y se puso a bailar con Pina.

* * *

Poco antes, al finalizar el primer año en la Facultad de Ingeniería, me encontré con la infausta noticia de que había reprobado dos materias: mecánica y topografía. Por tanto tuve que solicitar la realización de sendos exámenes extraordinarios, en el primero de los cuales (mecánica) conté con la benevolencia del examinador, nada menos que el eminente científico, profesor González Graf, quien me puso un indulgente ocho de calificación. Pero en la otra materia (topografía) me sucedió todo lo contrario; el examinador, profesor Esteban Salinas, me puso un cinco que me pareció totalmente injusto, pues yo corroboré junto con un amigo (Jorge Casas Lecona, quien había participado en el mismo examen) que mi trabajo debería haber recibido como mínimo una calificación de siete. Así pues, decidí que debía ir a reclamarle inmediatamente. Aunque, a decir verdad, el reclamo no lo hice tan "inmediatamente" como me había propuesto, ya que lo hice precisamente la noche de aquel baile de la escuela en el que Pina Pellicer pisoteó cruelmente mi orgullo. Y el reclamo, por supuesto, se realizó cuando aquel orgullo estaba azuzado por un buen número de cubas libres.

Me encontré con el profesor en la barra que se instalaba bajo la escalinata del Palacio de Minería, lugar al que acudí con intención de sumar otra cuba al recipiente de mi organismo, después de haber "dirigido" la orquesta de Juan García Esquivel mientras éste me bailaba (literalmente) a la novia.

—Mi examen ameritaba por lo menos un siete —le dije al profesor Salinas cuando lo tuve a mi alcance. El tono de mi voz había sido áspero y con un volumen que permitía ser escuchado por todos los que estaban alrededor de nosotros.

—Probablemente —me respondió el profesor Salinas— la calificación de ese examen debía haber sido entre seis y siete.

Su respuesta fue pronunciada con una naturalidad desconcertante, lo que me hizo dudar un poco antes de exclamar con la misma altanería inicial:

—¿Y entonces por qué carajos me puso un cinco?

—Porque a usted no le conviene estudiar esta carrera.

La explicación era aún más desconcertante que la primera respuesta a mi reclamo. Pero mi desconcierto fue superado por el coraje que me provocó lo que yo consideraba como la peor de las injusticias, de modo que sujeté de las solapas al ínclito profesor, al tiempo que le decía amenazante:

—¿Sabe lo que voy a hacer?

—Supongo que intentará golpearme —respondió con irritante naturalidad—. Y quizá lo consiga —añadió— ya que usted es aficionado al boxeo, y yo no me distingo precisamente por practicar deportes. Pero eso no le ayudará a superar los obstáculos que habrá para usted en el estudio de esta carrera.

A decir verdad, no recuerdo si éstas fueron exactamente las palabras que uso el profesor Salinas en aquella ocasión, pero de lo que sí estoy seguro es de que era el sentido de su respuesta. Entonces el desconcierto supero nuevamente al coraje; y más cuando él añadió impertérrito:

—Ahora bien: esto no significa que usted carezca de capacidad para el estudio. E inclusive es probable que tenga facilidad para la matemáticas y otras disciplinas similares, pero le aseguro que su futuro está en otros territorios.

Tampoco puedo recordar si fue el texto exacto con el que prosiguió su consejo. Pero sí sé que, venturosamente, mi agresividad se desmoronó a partir de ese momento, de modo que el enfrentamiento no pasó de ahí. Y también sé que mucho, mucho tiempo después, mientras grababa yo uno de mis programas en Televisa San Ángel, recibí la grata visita de un profesor, ya entrado en años, que me dijo:

—Soy el ingeniero Esteban Salinas, profesor de la Facultad de Ingeniería. ¿De casualidad se acuerda de mí?

—De casualidad, no —le respondí—. Me acuerdo de usted con toda precisión y con el mayor de los agradecimientos.

El profesor supo a qué me refería. Y después de recordar viejos tiempos, nos fundimos en un caluroso abrazo.

* * *

En una ocasión tomé parte de un auténtico safari de cacería, en un grupo conformado por mi hermano Paco, Carlos Hernández, Héctor Cuéllar y Sergio Gual, el fortachón amigo que fracasó como boxeador pero triunfó como arquitecto y pintor. El lugar escogido para la aventura era un rancho propiedad de un tío de Sergio que ocupaba amplios terrenos en la zona costera de Tamaulipas, junto a la desembocadura del río Soto la Marina. En aquel tiempo el viaje incluía una serie de penalidades, entre las que destacaban los caminos de brecha que habían sido inundados por tupidos aguaceros. Íbamos a bordo de dos vehículos, un Jeep y un Land Rover, los cuales se atascaban con desesperante frecuencia, obligándonos a realizar las más agotadoras maniobras a fin de que pudieran reemprender la marcha. No obstante, llegó un momento en que no hubo maniobra que nos permitiera rescatar al Land Rover, de modo que nos vimos precisados a abandonar dicho vehículo en plena sierra tamaulipeca y a pasar equipaje, armas y demás enseres al Jeep, a bordo del cual continuaríamos el viaje los cinco aventureros.

Pero las contingencias seguían presentándose, hasta que recurrimos a una maniobra que era más efectiva: la que realizábamos cuando conseguíamos anticipar la cercanía de un lodazal. La maniobra consistía en el inmediato descenso de cuatro de nosotros para empujar el Jeep, al tiempo que nuestro descenso aligeraba el peso de éste. El quinto pasajero permanecía obviamente al volante y metiendo el acelerador hasta el tope. Pero poco después ni esto fue suficiente: el Jeep también se dio por vencido.

Entonces cargamos con lo indispensable y echamos a andar hasta recorrer los 16 kilómetros que aún nos separaban de nuestro destino. Cruzamos veredas, sembradíos y llanos, todos ellos tapizados por una melcocha de lodo que se adhería a la suela de nuestras botas, que exigía un considerable derroche de energía para cada paso que dábamos. Con todo esto, resulta fácil imaginar el estado de agotamiento en que llegamos al rancho, lo que sucedió algo así como seis o siete horas después de haber iniciado la marcha a pie.

Ahí yo me recargué en la pared y me deslicé hasta quedar sentado en el suelo. A unos tres metros de distancia, sobre una rústica mesa, estaba el tesoro más fabuloso que podía uno imaginar: un botellón de barro lleno de agua fresca. A un lado estaban los jarros, también de barro. Pero yo no tenía fuerzas para ponerme en pie y acudir al botellón, hasta que Paco mi hermano se dio cuenta de esto, llenó de agua uno de los jarros y me lo llevó hasta donde estaba. Luego, él también se sirvió un jarro, al tiempo que me advertía:

—Bebe despacio... poco a poco... De lo contrario, te caerá mal.

Al día siguiente comenzó la cacería. ¿Y qué fue lo que hice yo? Pues cazar: matar palomas, águilas, armadillos, tejones y no recuerdo qué más.

Como ya relaté, en Guadalajara, yo había cazado un zanate con un rifle de municiones que me regaló mi tío

Óscar cuando tenía ocho años de edad, acción de la que entonces me sentí ampliamente orgulloso… hasta que le mostré a mi tía Emilia aquel trofeo (el pájaro muerto) y ella me dijo: "¿Por qué hiciste eso? ¿Qué daño te había hecho ese inocente pajarito?" En la colonia del Valle había cazado pájaros y lagartijas con una resortera, pero, 12 años después, ¿sería válido esgrimir como disculpa el hecho de que ahí no había una tía Emilia que reprobara mi "hazaña"? Sería demasiado cómodo, ¿no? El caso era que me encontraba en un paraje silvestre de la costa tamaulipeca, provisto de un arma de verdad (poco común, por cierto, pues tenía dos cañones: uno de rifle calibre 22 y otro de escopeta 410), y sentía que yo era "el muchacho chicho de la película".

No obstante, al cabo de algunos días empecé a tener dudas, mismas que expuse débilmente frente a mis compañeros de aventura y que fueron inmediata y hábilmente rebatidas.

—Si te comes un bistec —decía uno— es porque alguien mató a una vaca, ¿no es cierto?

—Y lo mismo cuando comes pollo —decía otro.

—Bueno, sí —objetaba yo débilmente—. ¿Pero qué pasa en el caso de un tigrillo, por ejemplo? A ése no te lo comes.

—No, claro —comentaba un tercero—, pero los cazadores matamos únicamente a los machos viejos, con lo cual hasta les hacemos un favor, porque los privamos de los sufrimientos que padecen durante su vejez.

—Exacto —terciaba alguien—: a los cachorros y a las hembras ni los tocamos.

Los argumentos parecían sólidos. Pero yo no quedaba muy convencido que digamos y preguntaba cosas como:

—¿Y en el caso de las águilas?

—Igual: únicamente matamos a los machos viejos.

Entonces yo dejaba de insistir. Aunque es cierto que podía haber preguntado: ¿como se puede saber cuándo las águilas son "águilos"? ¿Y como se puede saber cuándo son viejas? ¿No habrá algunas que se quiten los años? En fin...

Afortunadamente había otras actividades, aparte de la cacería, que también ocupaban nuestro tiempo. Una de ellas era montar a caballo, algo en lo que yo tenía muy poca práctica, a diferencia de Sergio Gual y mi hermano Paco, que eran jinetes expertos. Mi novatez se hizo más que evidente cuando monté a una yegua que echó a correr sin más ni más, antes de que yo le hubiera dado la más mínima orden de hacer eso, y a una velocidad que rebasaba por completo mis moderados afanes de Llanero Solitario. Y por si fuera poco, yo tenía intención de salir galopando por una vereda que se encontraba a la izquierda, pero a la estúpida yegua se le ocurrió dar vuelta a la derecha, de modo que yo, encarrerado como iba, salí volando hacia la izquierda, mientras la yegua se acercaba a la sombra de un árbol que, según me explicaron después, era la "querencia" de aquella bestia (la bestia era la yegua; no yo). Sin embargo, también es posible que todo se haya debido a una falta de coordinación; o sea: si el jinete quiere dar vuelta a la izquierda, el caballo también debe dar vuelta a la izquierda. Y en el peor de los casos, si el caballo ya está empecinado en dar vuelta a la derecha, pues nomás que avise, ¿no?

Esa no fue mi única experiencia lamentable respecto a mi relación con los equinos. Otro día, por ejemplo, montaba yo a un caballito que no tenía nada que envidiarle al Rocinante que solía montar el Caballero de la Triste Figura, cuando se me ocurrió que podría saltar un "obstáculo" (que en realidad era un matorral que no tenía más de 20 a

30 centímetros de altura). ¡Y lo logramos! El caballito saltó limpiamente el matorral hasta arribar en el lado opuesto... donde se encontraba el problema, porque lo que había ahí era un pantano. ¡Sí: uno de esos pantanos que ponen en las películas, donde uno se empieza a hundir lentamente, al tiempo que descubre que a un lado yace el esqueleto de alguien que tiempo atrás había intentado hacer lo mismo! Bueno, la verdad es que no había esqueleto. Y tampoco era cierto que yo me estuviera hundiendo, ¡pero el caballo sí! En menos de que lo cuento se habían hundido sus patas hasta que la panza del caballito se apoyaba en la superficie del pantano. Entonces yo quedé automáticamente parado sobre dicha superficie, pero con la afortunada diferencia de que mi poco peso impedía que me hundiera. Y no tuve que dar más que cinco o seis pasos para salir de la zona de peligro.

Sin embargo, el infeliz caballito parecía seguir hundiéndose, no con tanta rapidez como al principio, pero sí con la suficiente como para despertar conmiseración. Entonces alcancé a jalar la rienda ayudándome con una vara, e hice el mayor esfuerzo por ayudar a que el animal saliera del pantano, pero no lo conseguí. Hasta que, por fortuna, oí voces que decían:

—¡Órale! ¿Qué pasó? ¿Qué es eso?

Era mi hermano Paco que llegaba montando a la yegua aquella que me había derribado anteriormente, acompañado por uno de los peones del rancho, quien montaba a otro caballo. Y no tuve que dar explicación de lo sucedido, pues era evidente. Pero entonces entre Paco y el peón sujetaron al caballito (con los lazos de sus propios caballos) y jalaron con denuedo hasta que el infeliz animalito logró salir de la trampa en que había caído. Una vez fuera del pantano, el caballito se alejó de ahí corriendo a toda velocidad.

—¡Pobrecito! —exclamó Paco—. Parece como si hubiera visto al diablo.

—Pues no —aclaré yo—. Lo desconcertante era precisamente su falta de expresión: el estarse hundiendo con la misma tranquilidad que habría tenido si hubiera estado pastando.

—Bueno, toma en cuenta que es un caballo... un animal.

Ya me había dado cuenta. Pero a los perros, por ejemplo, se les nota cuando están tristes; los tigres y los leones te dejan ver con toda claridad cuando están enojados y te quieren comer; las tortugas manifiestan con su gesto lo aburrido que debe ser el haber nacido tortuga; y hasta hay organizadores de marchas callejeras que ponen cara de algo en determinadas circunstancias.

* * *

Días después llegó el momento de emprender el retorno, pero como se recordará, nuestro Jeep había quedado en calidad de fardo en el lodazal, a un buen número de kilómetros de distancia, mientras que el Land Rover había sido abandonado en un lugar aún más alejado. Este último sería finalmente rescatado hasta varios meses después por gente que estaba al servicio de Sergio Gual, mientras que el Jeep fue habilitado de una forma curiosa:

Estábamos junto a un poblado llamado La Pesca, en la desembocadura del río Soto la Marina, cuando vimos que aterrizaba una avioneta en la rudimentaria aeropista que estaba próxima al pueblo. Iba piloteada por un estadounidense que pronto entabló conversación con nosotros, con lo cual se enteró de que el problema del Jeep había sido el desgaste de los birlos de una de sus ruedas.

—Eso no es ningún problema —nos dijo el amable vecino del norte—: ahora mismo cruzo la frontera y les traigo las refacciones que hagan falta (recuerdo que eso lo dijo en inglés; lo que no recuerdo es como se dice eso en inglés).

Pero hizo lo que decía, y pronto estuvo de vuelta con los birlos cuyas especificaciones le habíamos dado, los cuales fueron colocados inmediatamente en la rueda respectiva del Jeep. ¡Y asunto arreglado!

Bastante tiempo después sucedió algo que me hizo recordar aquella trivial circunstancia: un conocido y peligroso delincuente, apellidado Copland, escapó increíblemente del penal de la Ciudad de México, donde estaba confinado: lo hizo a bordo de un helicóptero que había aterrizado como si nada en el patio del penal, para luego alejarse de ahí con toda tranquilidad. Después se supo que el helicóptero había volado hasta que su pasajero (Copland) había hecho conexión con un avión particular que lo llevaría al otro lado de la frontera. El traspaso del helicóptero al avión había tenido lugar en una rudimentaria pista de aterrizaje próxima al poblado de La Pesca, en la desembocadura del Soto la Marina. Se trataba, sin lugar a dudas, de una de las tantas pistas clandestinas que ha construido el narcotráfico organizado.

Una vez reparado el Jeep emprendimos el regreso, sin sospechar siquiera que el viaje de retorno sería aún más complicado que el de ida. Sin embargo, no hace falta mencionar las nuevas contingencias, ya que fueron similares a las anteriores, ya descritas; con el agravante de que una tormenta nos obligó a pernoctar en la rústica escuelita de un pueblo, único refugio techado que pudimos encontrar. Ahí, soportando el inevitable insomnio producido por la lluvia, los truenos y el frío más intenso que he sentido en mi vida, volví a recordar la frase de mi tía: "¿Acaso te han hecho algo esos pobres animalitos? "

Después llegamos a Ciudad Victoria, donde debíamos abordar el autobús que nos llevaría de regreso a la Ciudad de México, pero la salida de éste estaba anunciada para muchas horas después, de modo que se hizo necesario buscar algo en qué ocupar el tiempo de espera. Entonces, mientras cavilaba al respecto, yo entré a la iglesia (¿la catedral?) que se encontraba frente al zócalo o plaza central de la ciudad.

A esa hora no había ceremonia alguna, de modo que se encontraba muy poca gente en el interior del templo; a pesar de ello funcionaban las bocinas de las que surgía una música que parecía provenir del infinito, como los cantos gregorianos, beatitud hecha melodía, en armonía de voces que parecen sugerir el más sublime de los éxtasis. A esto añádase el aroma que inundaba el ambiente (aquel que resulta cuando se mezcla el incienso con el perfume de las azucenas) y se comprenderá el estado de misticismo en que caí profundamente. "Éste es el entorno ideal —pensaba yo—. El ambiente de paz y tranquilidad en el que me gustaría pasar mi vida entera, vacunado contra la epidemia de tentaciones y lejos del mundanal ruido." (Expresión, esta última, que me parece muy acertada, pero de cuya autoría no estoy plenamente seguro.) En otras palabras: en vez de mostrar el afán de trabajo y esfuerzo que ha motivado a tantos santos, yo tan sólo estaba siendo cautivado por la posibilidad de vivir sin preocupación alguna.

Salí entonces de la iglesia y fui al encuentro de mis compañeros de cacería, quienes estaban sentados en una banca de la plaza, viendo desfilar a las muchachas del pueblo. Se trataba de esa costumbre que prevalece en muchas partes de la provincia mexicana: las muchachas dan vuelta al rededor de la plaza caminando en un sentido, al tiempo que los muchachos lo hacen caminando en sentido contrario. Esto hace que unos y otras intercambien sonrisas, miradas, gestos y demás señas del repertorio de conquista hasta que, si el proceso marcha adecuadamente, los jóvenes terminan paseando por parejas. Pero mis amigos y yo nos encontrábamos demasiado cansados como para ponernos a dar vueltas, de modo que estábamos resignados a quedarnos sin participar en aquel juego de galanteo, y permanecimos sentados en la banca. No obstante, nos dimos cuenta de que algunas muchachas lanzaban fugaces pero continuas miradas cada vez que les tocaba pasar frente a nosotros, de lo cual se derivó que poco después ya estuviéramos paseando con sendas muchachas. Pero mi cansancio era tal, que preferí poner al tanto a María de la Luz (así se llamaba la que me tocó a mí), al tiempo que le propuse que nos sentáramos en una banca. Y, paradójicamente, de ahí surgió lo bueno.

—Si estás muy cansado —me dijo María de la Luz—, ¿qué tal si mejor vamos al cine? Pasan una película de Pedro Infante que tengo muchas ganas de ver.

No me lo tuvo que sugerir dos veces, de modo que en dos minutos estábamos a las puertas del cine, donde se presentó un nuevo problema: yo no tenía ni cinco centavos para comprar los boletos de entrada.

—Pero no nos va a costar nada —me dijo ella cuando la puse al tanto de mi situación financiera—. Una prima mía es la que recoge los boletos en la entrada.

—Es que no tengo ni siquiera para comprar unas palomitas —aclaré para evitar vergüenzas posteriores.

—Pues nos quedamos sin palomitas —replicó ella—. Además: a mí no me gustan las palomitas ni nada de eso. A mí lo que me gusta es Pedro Infante, y ésta es una película suya.

Así pues, entramos al cine sin más preámbulos. Tomamos asiento en una de las últimas filas, donde reinaba la más acogedora de las penumbras, y minutos después mi mano yacía ya sobre el hombro de María de la Luz. A mí me había parecido muy original y atinado el pretexto de que a ella lo que le gustaba era Pedro Infante, de modo que me dispuse a darle lo que sería una buena retahíla de besos... hasta que caí en cuenta de que aquello no había sido un pretexto sino que, efectivamente, lo que le gustaba era Pedro Infante. Se emocionó y se convulsionó cuando el actor apareció en pantalla, se desternilló de risa cada vez que Pedro dijo algo simpático y se estremeció hasta las lágrimas con todas y cada una de las canciones que interpretó el galán.

Una vez finalizada la película, María de la Luz se volvió hacia mí, me miro sonriendo con dulzura y besó mi boca amorosamente. Por un momento yo permanecí estático, entre desconcertado y estúpido, hasta que ella me dijo:

—Y ahora sí me tengo que ir, porque a la salida mi prima va a estar con mi tía, que viene por ella. Pero antes déjame decirte algo —añadió mirándome otra vez fijamente—: te prometo que de hoy en adelante tú estarás en mi pensamiento inmediatamente después de Pedro Infante.

Era un halago. ¡Lo juro! Porque, ¡vamos!, no es poca cosa ocupar el segundo lugar en un campeonato donde el líder es el ídolo de México.

Entonces María de la Luz abandonó su lugar, dejándome inmóvil en aquella butaca del cine. Pero en mi boca permanecía la frescura de aquellos labios que me habían besado tiernamente, al tiempo que me habían ayudado a solucionar un conflicto interno. "Me gustan mucho los cantos gregorianos —me dije—, así como el aroma del incienso combinado con el perfume de las azucenas; y me gusta igualmente la paz de una vida tranquila... pero mi vocación debe estar en algún otro lugar. Ahí donde pueda compartir mi vida con una mujer, lo que implica que habré de hacer frente a los retos que surjan en mi camino y que tendré que luchar para realizar mi proyecto de vida."

Ah, y seguramente tendré que luchar también contra los Pedros Infantes que se me atraviesen en el camino.

* * *

Cuando conocí a Graciela, aún le faltaban unos días para cumplir 15 años, mientras que yo ya rebasaba los 22. Por tanto, en aquellos momentos yo estaba muy lejos de imaginar lo mucho que aquella muchachita llegaría a significar en mi vida. Sin embargo, su cabello castaño claro, su rostro dulcemente bonito, su complexión delgada y su estatura (ligeramente más baja que yo) hacían de ella algo que podía calificarse como mi ideal de mujer. Por otra parte, para mí fue una sorpresa saber cuál era su corta edad, pues en aquel entonces ella ya llevaba tiempo de trabajar en un banco, para lo cual había tenido que fingir que tenía algunos años más. Y tal fingimiento había surtido efecto, inclusive conmigo.

El noviazgo surgió casi casualmente, pues antes, cuando teníamos muy poco tiempo de conocernos, yo le había pedido que fuera mi novia y ella me había dicho que no, pero al darse cuenta de que yo me encogía de hombros con gesto de resignación, ella se apresuró a aclarar:

—Pero lo último que muere es la esperanza.

Por lo tanto, muy poco después insistí en lo mismo. Esa vez el escenario era una nevería que por entonces empezaba a ponerse de moda en la colonia del Valle; y según me confesó la misma Graciela tiempo después, también en aquella ocasión estuvo a punto de decirme que no, pero dio la casualidad de que en ese preciso momento iba llegando a la nevería aquella novia que había yo tenido anteriormente, la Cucus, motivo suficiente para que Graciela cambiara de opinión y me dijera que sí. Y estoy seguro de que ninguno de los dos se imaginó que la relación duraría mucho tiempo.

Graciela era la tercera de cinco hermanas: Esther (que se casaría después con el arquitecto Benjamín Bueno), Rosaura, Graciela y las gemelas Pita y Malú (casadas luego con Patricio Molina y Segundo Peña, respectivamente). Sus padres eran: Carlos Fernández y Esther Pierre de Fernández. Todos ellos, padres y hermanas, excelentes personas. La Malú, bella por fuera y por dentro, falleció cuando ya había comenzado el nuevo milenio.

V

Yo seguía estudiando en la Facultad de Ingeniería (con resultados menos que regulares) y al mismo tiempo había conseguido algunos empleos que me ayudaban con algo de dinero para gastos personales. El último de estos empleos fue en La Consolidada, empresa que fabricaba viguetas, varillas y otros artículos de acero. Pero tenía dos grandes inconvenientes: por un lado, el recinto laboral estaba tan alejado de mi casa, que debía tomar dos autobuses para trasladarme a él (lo que incluye un largo tiempo para el transporte, con la consiguiente necesidad de tener que levantarme tempranísimo); y por otro lado, es difícil imaginar un trabajo más aburrido que el que ahí desempeñaba, pues me pasaba el día entero consultando un libro (el Manual Monterrey) para calcular el número de remaches que debía tener una vigueta que sostendría un peso determinado. Por tanto, como quien no quiere la cosa me puse a buscar las ofertas de empleo de los periódicos.

"Se solicita aprendiz de productor de radio y televisión y aprendiz de escritor de lo mismo." Eso era lo que decía aquel anuncio que me llevó a solicitar empleo en Publicidad D'Arcy, hecho que marcó el primer paso que di para cambiar por completo la trayectoria de mi vida.

La agencia de publicidad ocupaba una casa que estaba situada en la avenida Reforma, en un terreno aledaño al primer sector de lo que entonces era el hotel Continental. Lo primero que vi al entrar al vestíbulo de la casa (que sin lugar a dudas había sido una lujosa mansión residencial) fue la doble escalinata que conducía al piso superior, que en ese momento se encontraba atiborrado de gente. Aunque, para ser más preciso, lo atiborrado se refería solamente a uno de los sectores de la escalera, donde calculo que había de 50 a 60 personas, a diferencia del otro sector, donde la fila estaba formada por no más de cinco o seis individuos. Al entrar mostré el anuncio del periódico y dije que iba en busca del empleo de aprendiz de productor. Entonces me indicaron que me formara en la fila del lado derecho, que era la de 50 a 60 personas. Yo intuí que en tal caso la fila del lado izquierdo (la de cinco a seis personas) estaba conformada por quienes aspiraban al puesto de aprendices de escritor, de modo que me apresuré a rectificar, diciendo que ése era el puesto que andaba yo buscando. En otras palabras: mi futuro profesional quedó definido por la diferencia del tiempo que debía permanecer formado en una fila.

El problema vino cuando me pidieron una muestra de algo que hubiera yo escrito. Sin embargo, recordé que tiempo antes había colaborado en la redacción de un periodiquito semanal que hacíamos en la colonia del Valle durante los tiempos del carnaval y los juegos deportivos, de modo que prometí llevar al día siguiente la copia de algún artículo firmado por mí. En aquel entonces mi colaboración había consistido en una columna humorística que se titulaba "Cuartilla Loca"; y creo que fue eso (el humorismo) lo que decidió que fuera yo elegido para el puesto. ¿O habrá sido porque yo era quien se conformaba con el sueldo más bajo? Puede ser, dado que la oferta económica era de 350 pesos al mes; es decir: apenas un poco más de la mitad de los 600 pesos que ganaba en La Consolidada. No obstante, me fastidiaba tanto el trabajo en La Consolidada, que decidí aceptar la oferta de D'Arcy.

Esa decisión no fue sólo el punto de arranque de las actividades que regirían el resto de mi vida, sino que además llegó acompañada por muchos aspectos positivos: entre ellos la amistad que adquirí con varios compañeros de trabajo, muchos de los cuales llegaron a ser grandes personalidades en el ámbito de la televisión, como Guillermo Núñez de Cáceres, Mario de la Piedra, Rafael Matute, Humberto Navarro, Nicky Tavares y muchos otros. También fui favorecido por la enseñanza que me proporcionaron varios jefes, entre los cuales puedo destacar a don Humberto Sheridan, decano de los publicistas, a la señora Catalina Knizek, a don José Luis Mendoza y al jefe máximo de la agencia, don Carlos Riverol del Prado, creador del Monje Loco, la Bruja Maldita y Carlos Lacroix, todos ellos famosos personajes de la radio.

—¿Como anda usted en mecanografía? —me preguntó el señor Riverol el primer día en que fui a trabajar—. Porque en una agencia de publicidad hay ocasiones en que es necesario entregar el trabajo con prontitud.

—Bueno —le respondí con expresión de vergüenza—, en los dos últimos años no he tocado una máquina de escribir.

—Está bien. Todo será cosa de que se ponga al corriente.

Yo había respondido la verdad: en los dos últimos años no había tocado una máquina de escribir. Lo que no especifiqué fue que tampoco lo había hecho en todos los años anteriores de mi existencia. Por lo tanto, cuando entraba algún ejecutivo, yo debía simular que estaba meditando, para que no se dieran cuenta de que estaba aprendiendo a escribir a máquina. Aunque, por fortuna, el aprendizaje fue bastante rápido.

Otro de los aspectos positivos fue el compañero de trabajo con el que compartía un despacho: era el magnífico escritor y estupendo publicista Juan Lozano. Juan fue creador, entra otras cosas, de un programa de televisión que yo heredaría tiempo después como escritor: *El Estudio Raleigh de Pedro Vargas*.

Pero lo mejor de todo fue el darme cuenta de que me encantaba hacer eso. Entonces, pensando que aquello podría ser mi futuro, me dediqué a aprender a manejar del mejor modo posible la herramienta básica: el idioma. Lo hice de manera autodidacta, por lo que carecí de un método que me facilitara dicho aprendizaje, pero compensé la deficiencia con tesón y empeño. Si me topaba con alguna duda de ortografía, por ejemplo, escribía repetidas veces las palabras que contuvieran dicha duda. Y lo mismo hacía cuando encontraba palabras cuyo significado ignoraba: buscaba dicho significado y escribía frases que incluyeran la palabra en cuestión. Consultaba también todo lo que encontraba referente a puntuación, sintaxis y demás elementos de redacción. (Destaco el excelente libro titulado *Ciencia del lenguaje y arte del estilo*, del escritor y lingüista español Martín Alonso.) Y no mucho después pude participar en algo que me ayudó a comprobar la utilidad de esta disciplina.

El diario *La Afición* había organizado un concurso relacionado con la redacción deportiva (especialidad de tal periódico) solicitando el envío de un artículo que hablara acerca de los Juegos Panamericanos de 1955, cuya sede había sido la Ciudad de México. Y a mí, aficionado a los deportes, no me costó gran trabajo escribir algo al respecto. En mi artículo empezaba por destacar el nuevo récord mundial de salto triple, establecido entonces por un atleta brasileño; seguía con un repaso de otros momentos estelares; resaltaba la excelente organización que, en mi opinión, ameritaba dos medallas de oro simbólicas: una "por equipos", para el Comité Olímpico, y otra "individual" para el jefe de dicho equipo, el general Clark Flores; y remataba con un deseo que entonces pareció sueño guajiro, pero que terminó siendo feliz premonición, pues yo insinuaba que la acertada organización podría ser un argumento para solicitar la sede de unos Juegos Olímpicos. Como ya se sabe, el pronostico se hizo realidad 13 años después. Y como no se sabe (pero que aquí yo me encargo de que se sepa), el jurado calificador del concurso determinó que había un empate en el primer lugar... y que uno de los ganadores de dicho concurso se llamaba Roberto Gómez Bolaños. Excuso decir la alegría con que acudí a *La Afición* para recibir mi premio.

* * *

Uno de los primeros trabajos que tuve a mi cargo fue la elaboración de libretos para un programa de radio que se llamaría *Galería Musical*. Cada emisión sería dedicada a un compositor famoso, con selección de tres o cuatro de sus canciones más conocidas y con la dramatización de algunas anécdotas personales; para lograrlo tenía que entrevistar previamente a los compositores. Fue así como tuve oportunidad de conocer personalmente a varios de los más famosos compositores del país, entre los cuales debo destacar a Manuel Esperón, a Gabriel Ruiz, a Gonzalo Curiel, a Manuel Álvarez, Maciste, y por supuesto a Agustín Lara, autores de muchas de las canciones mexicanas más conocidas.

Aquella experiencia me dejó excelentes recuerdos, como el de haber tenido la oportunidad de charlar con mi compositor favorito: Gonzalo Curiel. (Por cierto, tuvieron que pasar 45 años para que conociera a su hijo y homónimo, encuentro que ocurrió en las instalaciones de la Sociedad de Autores y Compositores, donde él trabaja.) Pero aquellas entrevistas me dejaron también algún recuerdo que contiene elementos de inevitable tristeza. Me refiero principalmente a la entrevista que hice al entonces célebre Manuel Álvarez, apodado Maciste, autor de canciones tan bellas como "Virgencita de Talpa" y la deliciosa melodía que compuso para el no menos delicioso poema de Andrés Eloy Blanco, "Angelitos negros". Los elementos de tristeza surgen por el recuerdo del lugar donde tuve que realizar la entrevista: el pobre cuarto de servicio de un modestísimo edificio de departamentos; cuarto que constituía todo su hogar y que estaba situado en la azotea del edificio. Había un baño común para varios cuartos similares.

Es que en aquellos tiempos se podían contar con los dedos de la mano los compositores que se daban el lujo de vivir de su música, pues no había, entre otras cosas, una organización que agrupara (y defendiera) a los creadores de tantas melodías y tantas letras de canciones que surgieron en México y le dieron la vuelta al mundo. Y aclaro que me refiero a lo que sucedía en México (y quizá en toda Hispanoamérica), pues si Maciste hubiera sido estadounidense, por ejemplo, la melodía de "Angelitos negros" le habría proporcionado ingresos suficientes como para vivir sin preocupaciones durante buena parte de su vida.

* * *

Entre las grandes ventajas que encontraba en mi trabajo en Publicidad D'Arcy se encontraba la diversidad de labores, porque yo escribía lo mismo el texto de un comercial que la leyenda de un cartel, la presentación de un programa de radio o televisión, un jingle, etcétera. En este último renglón recuerdo haber escrito la letra de un buen número de jingles para los Chiclets Adams, la mayoría de los cuales era cantada por el excelente trío tamaulipeco de los Hermanos Samperio. (En realidad eran cinco o seis hermanos, y se reemplazaban unos a otros para conformar el trío. Pero todos eran excelentes cantantes y músicos.)

En el renglón comercial me ufana destacar un slogan que hice para los camiones de carga Chevrolet, el cual decía algo así como: "Camión Chevrolet. Rinde más y jamás se rinde". Lo difícil, en cambio, era vender servicios fúnebres, pues no hay mucha gente que esté anhelando algo de eso. A mí, por ejemplo, me rechazaron un comercial que decía más o menos así: "¿Desea usted tener unas buenas pompas? Acuda a Pompas Fúnebres Poyoso. Con nosotros, sus pompas serán las mejores".

No obstante, el renglón que finalmente sería atractivo para mí era el referente a la parte artística. Y esto comenzó el día en que el señor Riverol me dijo:

—Usted tiene cierto sentido del humor. ¿Se considera capaz de escribir los diálogos de un programa radiofónico de comedia?

—Pues sería cosa de intentarlo —le respondí, recordando que en las fiestas de los Aracuanes yo había escrito la mayoría de los sketches que solíamos representar ahí.

—Entonces —añadió mi jefe— vaya esta tarde a la "w" (la célebre estación de radio) y estudie el estilo de comicidad que tienen Viruta y Capulina.

—¿Quiénes son esas señoras? —pregunté.

—No son ningunas señoras; son señores. Hombres que forman una pareja de excéntricos musicales, y parece que están empezando a tener éxito.

El término "excéntricos musicales" se aplicaba a los comediantes que intercalaban canciones festivas con diálogos cómicos, y estaban muy de boga en aquellos días. Los más famosos eran, por mucho, Tin Tan y Marcelo, quienes ya habían llegado a estelarizar algunas películas; seguían Manolín y Shillinsky, otra simpatiquísima pareja. Viruta y Capulina, según me informaron, estaban empezando a figurar como los terceros en el escalafón correspondiente.

Por lo tanto, acudí a la XEW, en cuyo Salón Azul y Oro actuaban Viruta y Capulina. Y a decir verdad, me parecieron muy simpáticos, lo que me facilitó la tarea de escribirles un guión radiofónico. Luego, cuando oí el programa al aire, me di cuenta de que la gente había reído mucho con mis chistes. (Y por supuesto con la buena actuación de los comediantes.) Con tal estímulo escribí los siguientes guiones y el resultado no sólo fue el mismo, sino que los buenos comentarios iban en aumento. En ese entonces el programa duraba solamente un cuarto de hora, pero ante la buena acogida del público el patrocinador decidió alargarlo a media hora. Y muy poco tiempo después llegó al primer lugar del rating radiofónico, debido a lo cual recibí una felicitación por parte de Chiclets Adams, que era el cliente que lo patrocinaba. Y por si no fuera suficiente, el mismo cliente me preguntó si me sentía capaz de escribir algo semejante para la televisión. Yo le contesté afirmativamente, pero señalando que no sería algo "semejante", pues radio y televisión eran dos cosas diferentes. Sobra decir que les gustó mi observación; poco después empezaría en Canal 2 el programa que pronto sería famoso:

Cómicos y Canciones Adams. (No era mi primera experiencia como guionista en televisión, pues previamente había escrito cuatro o cinco rutinas cómicas para Manolín y Shillinsky en un programa que se llamaba *Concierto General Motors*; y ahí me había dado cuenta de la diferencia fundamental que había entre radio y televisión: la acción, como complemento del diálogo, pero con prioridad sobre éste.)

Viruta, quien hacía las veces de "patiño" o personaje de apoyo, se llamaba Marco Antonio Campos. Hasta poco antes de aquel día, el hombre había llevado una vida muy agitada, en la que se podían destacar el alcoholismo y su afición a las mujeres. En cuanto a la bebida, Viruta había conseguido la gran hazaña de cortar por lo sano. Y se mantuvo firme al menos durante los siguientes 15 años en que compartimos actividades, lo cual deja entrever una fuerza de voluntad más que admirable; sobre todo considerando que ya había tenido que ser hospitalizado como consecuencia de haber sufrido alucinaciones de todo tipo. "Mi desayuno —contaba él mismo, tiempo después— era una botella de tequila." Había estudiado únicamente hasta sexto de primaria, pero la cotidiana lectura le había proporcionado conocimientos que le daban acceso a charlas de buen nivel cultural. En cuanto a su afición por las mujeres, eso era algo que no abandonó jamás. Y podía decirse que era la envidia de más de un galán de cine, pues mantuvo romances con un buen número de bellezas de todas las clases sociales. Se contaba que esto no era más que una consecuencia de la "maestría" que había adquirido como cancionero en las más famosas casas de citas, entre las cuales destacaba la regenteada por la famosa Graciela Olmos, apodada La Bandida, quien era, además, compositora de buenas canciones. (Según se contaba entonces, dos de sus composiciones más famosas habían sido

"El Siete Leguas" y "El corrido del bracero".) Viruta decía que fue en esas casas donde aprendió algunas máximas que siempre funcionaban en relación con el manejo de las mujeres, como aquella que rezaba: "Lo que no compres, déjalo tratado", con lo que quería decir que se debe mostrar interés por toda mujer que uno conoce, ya que puede suceder que más adelante se presente la ocasión de llegar a algo más. O aquella otra que decía: "A todas hay que pedirles sexo; unas te lo dan y otras te lo niegan, pero todas quedan muy agradecidas". Y todo esto lo convertía en centro de atracción de todas las fiestas y reuniones, en las que hacía derroche de simpatía... a diferencia de su actuación profesional donde, según él mismo comentaba, se tornaba antipático. Paradójicamente, esto fue de gran utilidad para la pareja, ya que le servía para acentuar la gracia natural de Capulina, quien llevaba el rol de chistoso.

Gaspar Henaine (Capulina) fue gordito desde pequeño, lo que se convirtió más tarde en una característica positiva de su actuación, ya que su personalidad y su apariencia fueron siempre infantiloides, a pesar de que esto último, su apariencia, correspondía a la de un hombre corpulento. Pero quizá era ese mismo detalle lo que le ayudaba a conformar una personalidad cómicamente infantil. Tenía una preparación intelectual muy inferior a la de Viruta pero era, en cambio, mejor actor. Y el contraste con su compañero se notaba siempre: Viruta era antipático en escena pero se convertía en el centro de atracción de las reuniones particulares, Capulina era un imán que derrochaba simpatía en el escenario y no tanto en la vida social.

Lo que sí empezó a ser indiscutible era el éxito que alcanzó pronto la pareja, hecho que coincidió, para mi fortuna, con la alianza profesional que establecimos poco después.

VI

Mucho tiempo antes, cuando estudiaba el segundo año de secundaria en el Instituto México, un condiscípulo, Fernando Pacheco, me invitó a formar parte del grupo de teatro experimental que habían constituido él y otros compañeros de la escuela.

—¿Yo? —le pregunté entre extrañado e indignado—. ¿Hacer yo el ridículo frente a la gente? ¡Jamás!

Sin embargo, el porvenir se encargaría de mandar dicha convicción al enorme depósito de promesas incumplidas. ¿Como pudo suceder esto? Mediante la inesperada ausencia de un actor en el programa *Cómicos y Canciones*, cuando la televisión se hacía en vivo, en directo (en blanco y negro, por supuesto) y sin el recurso del muy discutido apuntador electrónico. Esto último no es más que un traspunte, auxiliar con el que ha contado el teatro desde hace mucho tiempo y que en la televisión era sustituido mediante varios recursos, el más común de los cuales era la colocación de "acordeones" (letreros) en lugares estratégicos de la escenografía. Esto, al igual que en el teatro, no era más que otro auxiliar de la memoria, no un sustituto de ella. Es decir: de nada le serviría a un actor que no conociera el texto de lo que representaría. Pero aquella vez había alguien que sí conocía el texto, puesto que lo había escrito: yo.

Por lo tanto, no me quedó otro remedio más que "entrar al quite", como se decía en la jerga correspondiente, de modo que leí rápidamente el libreto para reforzar la memoria y me lancé a la aventura.

—Oye: lo hiciste muy bien —me dijeron varios técnicos y hasta uno que otro actor—. ¿Por qué no lo vuelves a hacer?

Y lo volví a hacer en repetidas ocasiones, aunque la ética personal me señalaba que, ya que yo los escribía, mis papeles debían ser pequeños, a modo de que no compitiera con quienes llevaban los roles principales, como Viruta, Capulina, cantantes y otros actores de reparto. No obstante, la gente empezó pronto a distinguirme, principalmente debido a los brincos, las caídas y todo aquello que requería agilidad y capacidad atlética, cualidades que me había proporcionado mi continua práctica de diversos deportes. (Aquí me fue útil, inclusive, la experiencia adquirida como peleonero, pues sabía "actuar" bien esto.)

De hecho, hubo un día en que pensé que ya era famoso. Sucedió a la salida de Televicentro, donde fui rodeado por un grupo de muchachos que hasta parecían luchar por conseguir un autógrafo mío. Pero luego, cuando no había firmado ni la mitad de los autógrafos que me pedían, el grupo se disolvió y se alejó con rapidez. Tuvo que pasar un rato para que me diera cuenta de que mi cartera había desaparecido. En otras palabras: la "lucha" por acercárseme, que incluía empujones y apretujones, había tenido un propósito.

* * *

Un día estaba yo en casa de Graciela, que entonces era mi novia, cuando llegó el cuñado de su cuñado. (Me explico:

Benjamín Bueno era cuñado de Graciela porque estaba recién casado con la hermana mayor de ésta; y el que llegó, Panchito Méndez, estaba casado con una hermana de Benjamín.) Pronto me di cuenta de que Panchito era un tipo simpatiquísimo, músico de profesión (excelente pianista) y director artístico de la Peerles, que era una de las más importantes grabadoras de discos del país. Había acudido básicamente a solicitar el auxilio de doña Esther, mamá de Graciela, para que tradujera la letra de una canción francesa y para que escribiera la versión respectiva en español. Esto era debido a que mi futura suegra hablaba, leía y traducía el idioma francés a la perfección.

—Bueno, yo puedo hacer la traducción con mucho gusto —dijo doña Esther—, pero no creo estar capacitada para escribir la letra de una canción.

"Pero yo sí podría intentarlo —pensé para mis adentros—, pues me gusta la poesía y he compuesto algunas canciones con letra y música." Y me atreví a insinuar:

—¿Qué tal si la señora hace la traducción y yo intento escribir la versión en español?

—¿Tienes alguna experiencia al respecto? —me preguntó Panchito.

Yo le expliqué lo de mis modestas composiciones y él me respondió:

—Bueno, nada se pierde con intentarlo.

Entonces la mamá de Graciela oyó el disco que llevaba Panchito, y una sola pasada le fue suficiente para escribir la traducción literal en español. Un momento después, sin embargo, se presentó un problema:

—No puedo dejarte el disco —me dijo Panchito—. Éste es el único ejemplar que tengo y lo necesito para trabajar en el arreglo musical.

—¿Pero entonces como le hago para tener la métrica de las frases? —pregunté—. Esa canción es totalmente nueva para mí; y mi memoria musical no es precisamente igual a la de Mozart.

—Pues ni modo —respondió Panchito—. Yo me tengo que llevar el disco porque urge hacer el arreglo. Pero, bueno, me llevo la traducción que hizo doña Esther y ya encontraremos a algún letrista profesional que se encargue del resto.

—¡Espera! —me apresuré a decir cuando él se disponía a salir—. ¿Puedo escuchar de nuevo el disco? Sólo una vez más.

Panchito me miró con recelo y luego preguntó:

—¿Crees que sea suficiente para alguien que no tiene memoria musical?

—Es que... Mira: el significado de la letra sí es muy fácil de memorizar. Y en cuanto a la melodía, se me ocurre algo que podría funcionar como mnemotecnia.

Creo recordar que esto provocó que su gesto pasara del recelo a la curiosidad, pues preguntó:

—¿Así sin más ni más?

—Bueno, sólo necesito el cuaderno y el lápiz que usó la señora para escribir la traducción.

La exigencia era mínima de modo que, una vez que estuve armado de papel y lápiz, Panchito puso a funcionar nuevamente el disco. Y lo que hice fue muy sencillo: en vez de palabras escribí números, cuidando solamente que los acentos de dichos números coincidieran con los acentos de las palabras. Aunque claro que yo no estaba seguro de que el método diera resultado, pues nunca lo había usado; pero pronto me di cuenta que no sólo funcionaba, sino que además era de fácil manejo. (Tanto, que posteriormente he recurrido a él en más de una ocasión como auxiliar de mis actividades como compositor.)

Lo mejor fue el desenlace de este episodio, pues la canción era "Cerezo Rosa", que obtuvo el Disco de Oro del año respectivo en la versión del trío Los Tecolines, cuya primera cuarteta decía:

En jardín de los cerezos
cortaste, niña, aquella flor;
la perfumaste con tus besos
y tu candor.

Sólo hubo un inconveniente: Panchito Méndez no recordó mi nombre a la hora del registro, de modo que "por vía de mientras" registró como autora de la letra a su concuña Esther, esposa de su cuñado Benjamín. Pero ella, para colmo, se apellida Fernández; de modo que mucha gente pensó que se trataba de la célebre Esther Fernández, quien había sido renombrada actriz del cine mexicano e hizo el estelar femenino de *Allá en el Rancho Grande*. Sin embargo en muchas ocasiones he recibido testimonios de mi autoría por parte de los principales actores del caso, como son el propio Panchito Méndez, el trío de Los Tecolines y la misma Esther.

* * *

Una vez, no recuerdo por qué razón, Graciela y yo pusimos fin a nuestro noviazgo. Y entonces fue cuando me di cuenta de que estaba enamorado, pues su ausencia me era muy dolorosa. Por tanto, le pedí que volviera conmigo, a lo cual accedió diciéndome que ella también estaba enamorada de mí. De modo que el siguiente paso quedaba definido: nos casaríamos.

En Publicidad D'Arcy me habían aumentado el sueldo hasta mil pesos. Seguía siendo un pésimo sueldo, pero de esto me di cuenta hasta mucho tiempo después, cuando me enteré de lo que ganaban mis colegas en otras agencias de publicidad. Y de cualquier manera, Graciela y yo estábamos en plan de "contigo pan y cebolla" de modo que sin pérdida de tiempo nos dimos a la tarea de hacer los preparativos de la boda. Lo más importante era conseguir un departamento donde vivir, pero tuvimos la enorme suerte de conseguir uno que parecía hecho a la medida. Estaba en el cuarto piso de un edificio ubicado en la calle Comisión Monetaria, a una cuadra de la muy comunicada Glorieta del Riviera (después cambiaron el nombre a la glorieta), y la renta era únicamente de 200 pesos, que aun entonces se calificaba como muy barata. No teníamos teléfono (y en aquellos tiempos era dificilísimo conseguir uno) pero podíamos usar el aparato general del edificio, tanto para hablar como para recibir llamadas. En ambos casos pagábamos una cuota a la portera del edificio, pero resultaba más barato que tener teléfono propio. El único inconveniente era el horario, ya que el servicio terminaba a las nueve de la noche.

La boda fue muy sencilla, pues ninguna de las dos familias estaba sobrada de dinero, ni mucho menos. Y después nos fuimos de luna de miel a Acapulco, donde nos hospedamos en el económico pero simpático hotel Pacífico, que no tenía piscina.

—No hace falta —nos dijo el gerente—. Porque se puede decir que nuestra piscina es la bahía de Acapulco. (Tenía razón, pues el hotel estaba frente a la playa de Caleta.)

Puedo asegurar que, a pesar de la estrechez que padecíamos y de las privaciones a que estábamos sujetos, nuestra vida transcurría con mucha felicidad. Y esta felicidad alcanzó un grado superlativo cuando nació nuestro primer retoño: una hermosísima nena a quien bautizamos con el nombre de Graciela Emilia. El primer nombre era obviamente el de su mamá, y el segundo era en recuerdo de mi tía Emilia, quien iba a ser su madrina de bautizo, pero que había fallecido dos meses antes de que naciera mi hija.

* * *

Mi tía Emilia era dos años mayor que mi mamá, pero se había casado después con el ingeniero Óscar Brun Fenelón, de la misma edad que ella. Nunca tuvieron hijos. Sin embargo, fue hasta muchos años después cuando mi tía se enteró de que esa imposibilidad de convertirse en madre era debida a una incapacidad de su marido, provocada por una enfermedad venérea que había padecido durante su juventud. Pero mi tío le había ocultado siempre su condición, de modo que la revelación causó un enorme impacto en mi tía, el cual se tradujo en sordo y agobiante reproche que, sin embargo, supo ocultar a parientes, amistades y todo aquel que los rodeara. Pero quizá fue esa misma circunstancia, el haber ocultado su dolor, lo que hizo que poco a poco fuera despojándose del insoportable fardo que constituye el rencor, hasta alcanzar una paz interior que le permitió recuperar, si no la dicha total, sí la que le sería suficiente para seguir viviendo. A esto colaboró, sin lugar a dudas, el sincero arrepentimiento de mi tío y el amoroso trato que tuvo para con ella.

Por cierto: al tiempo en que mi tía estaba siendo sepultada, se nos comunicó que también acababa de morir mi tío Ernesto, el más joven de los hermanos varones de mi mamá y mi tía, a la edad de 58 o 59 años. También él murió de cáncer, después de haber vivido callada y discretamente; sin causar daños; sin generar rencores; sin provocar rencillas; sin ofender. Fue una de esas personas que, en opinión de algunos, jamás logró destacar. Pero yo no puedo pensar lo mismo, pues estoy seguro de que él destacó sobradamente en algo fundamental: fue un buen hombre.

* * *

Pero la pequeña Graciela no sólo destacó por bonita, pues además dejó ver que era poseedora de una inteligencia precoz, que el día de su primer cumpleaños le permitió decir:

—Yo soy Gacela Góme Fenández de las pienas gandes.

Cuando ya había nacido su hermanita Cecilia, y ésta se disponía a sujetar un cordón eléctrico, Gracielita le dijo:

—¡Cuidado! ¡Si agarras eso te "electroputas"!

Por si fuera poco, el nacimiento de mi primera hija hizo efectivo aquello de "llegar con su torta bajo el brazo", pues coincidió con una entrada económica adicional.

—Me acaban de ofrecer algo que puede ser muy bueno —le dije a Graciela—: Se trata de algo así como una pequeña remuneración a cambio de dedicar tiempo especial a los libretos de *Cómicos y Canciones*.

El dinero me lo darían Viruta y Capulina, pero con el conocimiento y la autorización de D'Arcy.

—¡Estupendo! ¿Cuánto te pagarán por cada libreto?

—Eso no lo hemos acordado todavía. Será cuestión de llegar a un arreglo.

—Claro. ¿Pero no has pensado cuánto podrías pedirles?

—Pues no sé. Tal vez unos 25 pesos por programa.

—¡No! —protestó Graciela con firmeza—. Pídeles 50.

—¿No es demasiado?

—Tal vez. Pero nada se pierde con intentarlo.

—Pero hay el riesgo de asustar al cliente.

—¿Tú crees?

—No sé. Y por si las dudas, mejor voy a hacer otra cosa: dejar que sean ellos quienes propongan la cantidad.

Así lo hice. Pero tuve que hacer un esfuerzo para disimular la emoción que sentí cuando me dijo Viruta:

—¿Le parece bien si le damos 75 pesos por programa?

Y después de haber aceptado, seguí simulando con una expresión de perdonavidas que ni yo mismo me la creía, al tiempo que Viruta añadía:

—Sólo debemos añadir una condición, señor Gómez.

—¿Cuál? —pregunté yo con cierto recelo.

—Que nos hablemos de tú, ¡carajo!

Y así empezó el amistoso tuteo que nos unió durante un buen número de años, al paso de los cuales aquellos 75 pesos por programa (que entonces ya significaban 300 pesos al mes) siguieron aumentando conforme Viruta y Capulina obtenían jugosas mejorías en su propio sueldo.

* * *

Durante la más tierna infancia de mi hija hubo dos acontecimientos destacados, en los que yo encuentro un leve paralelismo simbólico. Uno de ellos fue la conmoción provocada por el terremoto que sacudió a la Ciudad de México en aquel 1957, una de cuyas consecuencias más comentadas fue la caída del ángel que coronaba la Columna de la Independencia. El otro acontecimiento fue el fallecimiento del inolvidable Pedro Infante, quien sigue siendo, hasta la fecha, el más famoso de los galanes que ha producido el cine mexicano. El paralelismo que encuentro se refiere a que ambos acontecimientos incluyen la caída, literalmente hablando, de sendos iconos (que eso eran el Ángel de la Independencia y Pedro Infante). Y, para acentuar el paralelismo, los dos cayeron desplomándose desde las alturas: el Ángel, desde lo alto de la columna que lo sostenía; y Pedro, desde los aires que cruzaba a bordo de su avión.

* * *

Lamentablemente, mi mamá falleció cuando mi hija Graciela tenía 11 años, de modo que no alcanzó a disfrutar las mil cualidades que ha ido desarrollando su nieta hasta convertirse en la bella y talentosa mujer que es ahora. ¡Lo que habría disfrutado mi madre, por ejemplo, escuchando cualquiera de las magníficas conferencias que suele dictar mi hija, siempre revestidas de preparación, cultura, sencillez y claridad! (¿Consecuencia de algunos genes de mi madre? Seguramente.) ¡Y lo orgullosa que se sentiría de tener unas bisnietas como Ana Lorena y Valeria! (Quienes cuentan con el añadido genético de Raúl Pérez Ríos, papá de ambas.)

Pero Gracielita no llegó con una torta bajo el brazo, sino con dos, pues poco después de su nacimiento yo obtuve otra mejoría económica, ya que me despedí de Publicidad D'Arcy para aceptar una oferta que me habían hecho: ser jefe de publicidad de Radio y Televisión, sa, compañía que fabricaba los radios Universal y los productos Sylvania, que incluían televisores, cinescopios para los mismos, bulbos y otros productos relacionados con tal industria.

De D'Arcy sólo tengo un par de malos recuerdos (aparte del bajísimo sueldo que me daban): uno de ellos fue un incidente muy desagradable que se presentó en cierta ocasión, aunque sin culpa alguna por parte de la compañía. Me refiero a un frasco de nescafé que cayó en la azotea, lanzado seguramente desde una habitación del hotel Continental, que estaba a un lado. La fuerza con que cayó el frasco hizo que éste se estrellara por completo, de modo que su contenido quedó al descubierto y desparramado por varios lados. Se trataba de un feto, cuyo tiempo de gestación nos fue imposible determinar, pero que ya mostraba manos y pies, pequeñísimos, pero completos. Todas las especulaciones parecían señalar a alguna turista hospedada en el hotel, que había recurrido a la ejecución de ese triste crimen. Y la compañía tampoco tuvo que ver con el otro recuerdo desagradable: el de un hombre que se suicidó lanzándose desde lo alto de la Columna de la Independencia, situada frente a mi oficina.

* * *

Como las cosas seguían mejorando poco a poco, nos fuimos a vivir a una privada que estaba en la hermosa calle de López Cotilla, en la colonia del Valle. Y ahí nació la segunda de mis hijas: Cecilia del Sagrado Corazón. Puedo asegurar que lo largo del nombre le debe haber causado más de un problema a la hora de sacar pasaporte, de hacer inscripciones, etcétera. (Y lo mismo debió suceder con mi tercera hija, a la que bautizamos como Teresita del Niño Jesús. Esto lo recapacitamos tardíamente, pero a partir de ahí corregimos la costumbre ya que a los siguientes hijos les pusimos un solo nombre: Marcela, Roberto y Paulina.)

Muy diferente a su hermana mayor, pero igual de bonita que ésta (¡vamos, que se nota que uno hace bien las cosas!), Cecilia desarrolló muy rápidamente un excelente sentido del humor que se ha extendido a través del tiempo y que le ha ayudado, entre otras cosas, a superar las adversidades a que ha debido enfrentarse, como problemas de salud que le han exigido sujetarse a intensas y dolorosas disciplinas terapéuticas, estrujantes retos económicos y profesionales, así como el divorcio que dio temprano fin a un matrimonio que hasta entonces parecía marchar por buen camino.

Como insuperable compensación, Cecilia es madre de Andrea y Alejandro, dos adorables adolescentes que forman parte, por mérito propio, del grupo que ha merecido el título de: "los 12 mejores nietos del mundo" (los míos).

Posteriormente, Cecilia contrajo nuevamente matrimonio. Esta vez con Roberto Flores, un simpático e inteligente lingüista con el que ha conformado una armoniosa pareja. A ambos les deseo el mejor de los futuros y el mayor de los éxitos.

* * *

Mientras tanto, el mejor sueldo que obtenía, aunado a algunos ahorros que había hecho y a un pequeño préstamo de mi mamá, me permitieron adquirir algo que anhelaba desde hacía tiempo: un automóvil propio. Y entonces conseguí uno que no era muy nuevo que digamos, pues tenía ya 15 años de uso, y lo estrené precisamente el día de la boda de mi hermano Horacio con La Chacaya, como apodaban a su linda novia, Luz María Jiménez. Ese día mi carrito (que era un Studebaker cupé, modelo 1942) debía superar la revisión por parte de mi hermano Paco, experto en estos menesteres; pero después de probarlo me dijo:

—Está muy bien el carrito. Únicamente le fallan la suspensión y los frenos, aparte de que en vez de llave para ponerlo en marcha sólo tiene un swicht, por lo cual te lo pueden robar en menos que canta un gallo. Las llantas están disparejamente gastadas, y no trae la de refacción. Pero, en cambio, el motor tiene una buena compresión. Te felicito.

El problema de la suspensión, por cierto, hacía que el carrito brincara al tropezar con cualquier borde mínimo del camino, lo cual, aunado al color verde del vehículo, me inspiro para ponerle un apodo que seguramente fue producto de una premonición, pues lo bauticé como El Chapulín, por lo mucho que brinca este insecto y por el color verde que tiene comúnmente (aunque, posteriormente, mi personaje fue colorado).

* * *

El empleo en Radios Universal no me brindaba oportunidades para ejercer alguna actividad creativa, por lo que decidí presentar mi renuncia. Y a pesar de que recibí ofertas de trabajo de algunas agencias de publicidad, elegí dar un paso en otra dirección; un paso que resultó trascendental: trabajar como libretista por mi cuenta y riesgo. Y entonces sucedió algo que yo calificaría como deliciosamente irónico: Publicidad D'Arcy me contrató para escribir los libretos de *Cómicos y Canciones* (con los mismos Viruta y Capulina) pagándome por cada programa el doble de lo que había yo ganado mensualmente como empleado de la misma agencia publicitaria. Y esto nos permitió iniciar otra aventura que parecía descabellada: la construcción de una casa propia.

* * *

El terreno estaba, como se dice comúnmente, "por casa del diablo". Aunque, por lo visto, el diablo debe haber sabido que el rumbo mejoraría muchísimo con el paso del tiempo, pues estoy hablando de Tlalpan, zona que pasó de estar por casa del diablo a estar por casa de Doña Diabla. Es decir, por casa de María Félix, ya que la bellísima actriz fue "tlalpeña" durante buen tiempo, habitando en la célebre mansión que se llamo Catipoato. (Para dar una idea de los tiempos a que me estoy refiriendo, baste mencionar que en esa zona no teníamos teléfono particular directo, pues era necesario marcar un número genérico para todo Tlalpan, y luego pedir a la operadora que nos conectara con la extensión correspondiente a cada domicilio.)

El Anillo Periférico estaba entonces recién estrenado y se podía transitar con la placidez que sólo se obtiene al rodar por calles sin más automóviles que el de uno. Y el precio del terreno, por supuesto, había estado de acuerdo con tal lejanía: a 100 pesos el metro cuadrado. Yo lo había comprado (a plazos, claro) un poco antes por recomendación de mi concuño Benjamín Bueno, estupendo arquitecto que se encargó de la construcción de la casa, sobre un plano que había diseñado yo. Pero la construcción se llevó algo así como dos años y medio, pues la obra avanzaba sólo cuando conseguía dinero extra (mediante la venta de un argumento de cine, por ejemplo) y se suspendía cuando escaseaban los fondos. Pero al tiempo que avanzaba la construcción de la casa, yo me dedicaba a construir otra a menor escala: una casita de madera que levanté en el pequeño jardín. Estoy aseguro de que llegó a ser un gran juguete para mis hijas, cuyo número creció con el nacimiento de Teresita, primero, y de Marcela después. (Roberto, que fue el quinto, utilizaría el pequeño jardín tal como lo debe hacer la gente decente: para jugar futbol.)

* * *

En esa época Viruta y Capulina se tomaban dos o tres meses al año como descanso, tiempo durante el cual se contrataba a otros actores para *Cómicos y Canciones*. Por tal razón tuve la oportunidad de escribir para muchos comediantes, entre ellos Pompín y Nacho (con Susana Cabrera), Corona y Arau, Los Yorsys, Los Mimos, Las Kúkaras y varios más. Simultáneamente tuve también la fortuna de conocer a un buen número de cantantes famosos, como Los Panchos, Los Diamantes, Los Tres Ases (con Marco Antonio Muñiz), Las Hermanas Navarro, Carlos Lico, Luis Demetrio (cantante y compositor), Felipe Gil, María de Lourdes, José José, Chucho Martínez Gil, etcétera.

Poco después la pareja de cómicos alcanzaba tal éxito, que los productores de cine se fijaron en ellos; y después de haber sido contratados para hacer papeles menores en un par de películas, se convirtieron en estrellas que conseguían jugosísimas ganancias en taquilla. Pero antes de que sucediera esto último, yo también fui llamado para escribir guiones cinematográficos para ellos. El primero que escribí le gustó tanto a quien habría de dirigir la película, el señor Agustín P. Delgado, que me elogió diciendo que yo era un pequeño Shakespeare. (¡Háganme el favor!) Y empezó entonces a llamarme cariñosamente "Shakespearito", diminutivo que, después de haber castellanizado su pronunciación, terminó por convertirse en Chespirito. Y fue también él quien me llevó a la sección de autores del Sindicato de Trabajadores de la Producción Cinematográfica (STPC), al cual debía yo pertenecer.

* * *

La sección de autores tenía como secretario general a don Rafael Portas, que para entonces ya llevaba buen tiempo de ocupar ese cargo; dicha sección estaba ubicada en un antiguo edificio de la calle Chihuahua, que fue para mí el escenario de múltiples experiencias. Ahí, desde luego, tuve mi primer contacto con los principales creadores del Séptimo Arte que son los argumentistas y los directores, muchos de los cuales despertaron en mí los más sinceros sentimientos de admiración. Y cómo no admirar, por ejemplo, a un Chano Urueta, a un Miguel Zacarías, a un Juan Bustillo Oro, a un Roberto Gavaldón, a un Emilio Fernández, a un Ismael Rodríguez, a un Rogelio González, a un Adolfo Torres Portillo... En fin: a tantos y tantos cuyos nombres llenarían páginas enteras, y a muchos de los cuales se debe la estupenda promoción que obtuvo nuestro país mediante la exhibición de aquellas películas que conformaron la industria cinematográfica mexicana. Y al privilegio de compartir la amistad con algunos de aquellos pioneros (y contar con la compañía de todos) también pude añadir los beneficios de la enseñanza que esparcían al externar sus fascinantes experiencias.

Claro que tampoco faltó la parte negativa. Por ejemplo: la oposición para que yo pudiera alcanzar la categoría de adaptador, oposición que se sustentaba en estatutos sindicales que no tenían otro propósito que ése: el de impedir que ingresaran nuevos miembros a dicha rama del sindicato. En aquel entonces los estatutos señalaban, por ejemplo, que para hacer una adaptación cinematográfica se requería que el aspirante hubiera vendido anteriormente 10 argumentos. ¡Tal cual: nada menos que 10 argumentos! Esto era aberrante, pues un argumento podía ser, por ejemplo, un cuento escrito en tres o cuatro cuartillas. ¿Y qué productor de cine se aventuraría a comprar algo semejante sin saber qué clase de guión o adaptación podría derivarse de ello? Bueno, digamos que sí había quien pagara por algo así: cuando el propio productor era el autor del argumento. Pero en tales casos no había necesidad de que el cuento ocupara tres o cuatro cuartillas; era suficiente con una cuartilla... o con entregar al adaptador el recorte de una nota periodística, al tiempo que le decían: "Hágame una adaptación acerca de esto".

Pero, afortunadamente, tal práctica no permaneció durante mucho tiempo, ya que luego se partió de una premisa natural: la que establece que "escritor de cine es quien escribe un argumento o una adaptación o un guión cinematográfico". Y luego, para evitar el abuso en aquello del productor cuyo argumento no ocupaba una página, se estableció que el pago mínimo de una adaptación debía ser mayor que el pago mínimo por un argumento, ya que un argumento lo puede escribir hasta un productor... mientras que una adaptación sí requiere el trabajo de un escritor.

* * *

Como ya lo había anticipado, por esas fechas nació mi tercera hija, a la que bautizamos con el nombre de Teresita del Niño Jesús.

Espero que mi adorada "Terremoto" (como la llamaríamos ocasionalmente) no se enoje al leer estas líneas, porque la verdad es que fue la única de mis hijas que no me pareció bonita cuando acababa de nacer. Y que no se enojen las demás cuando lean que, al paso de poco tiempo, Tere llegó a ser la máxima belleza de la familia (y de muchísimas otras familias).

Bueno, lo cierto es que todas mis hijas son bonitas, y lo que pasó con Tere fue que nació con más pelo, lo cual debe haber cubierto más de lo debido su bello rostro, al tiempo que le daba un encantador tipo simiesco júnior. Sobre todo cuando sacudía los barrotes del "corral" donde la dejábamos para que durmiera la siesta, pues ya se sabe que estos corrales tienen todo el aspecto de jaulas. Por si fuera poco, el símil aumentaba cuando la bebita se escapaba del corral saltando limpiamente por arriba de los barrotes, para luego escalar un librero a cuya cima llegaba sin recurrir al auxilio del oxígeno o al de los sherpas. Y cabe aclarar que su precoz carrera de alpinista culminó con la conquista de la azotea, lo cual venía siendo algo así como "el Everest hogareño". No eran más que dos pisos de altura, pero el pretil de la azotea no llegaba a medir 10 centímetros… y por ahí estaba asomada la intrépida Terremoto cuando la encontramos después de haberla buscado hasta en el último rincón de la casa. Excuso decir que tuvimos que organizar un operativo de rescate, con Graciela y la empleada doméstica sujetando un sarape a modo de "lona de auxilio" como las que usan los bomberos, mientras yo me acercaba sigilosamente a la niña hasta sujetarla amorosamente (para lograr el debido sigilo yo tuve que quitarme previamente los zapatos).

* * *

El éxito del programa seguía incrementándose, al grado de que Viruta y Capulina fueron contratados para actuar en la República de El Salvador y yo acompañé a los comediantes. Ésa fue la primera vez que salí del país.

Pero habría otros viajes al extranjero, pues poco después se organizó una gira para ir a Puerto Rico, Venezuela, Colombia y Perú, a la cual fui invitado para adaptar las rutinas cómicas a los modismos de estos países, en cuanto fuera posible, desde luego. (Apenas acabábamos de llegar a Puerto Rico, cuando se expandió la noticia de que en la República Dominicana habían asesinado al cruel dictador Rafael Leónidas Trujillo.)

El único inconveniente de aquella gira fue que duró algo así como tres meses, y como salimos cuando mi hija Tere tenía apenas tres meses y medio de edad, al regreso me la vine a encontrar con un poco más de medio año de vida. Es decir: me perdí la mitad de lo que había durado hasta entonces su incipiente existencia. Y aunque es verdad que el viaje me permitió contemplar bellos e interesantes paisajes, nada podría haber sido tan hermoso e interesante como contemplar día a día el desarrollo de mi pequeña Terremoto.

* * *

Poco después surgió la inquietud por relevar de su cargo a don Rafael Portas, cuya avanzada edad ya no era apropiada para desempeñar el cargo de secretario general de la sección de autores del STPC. Entonces se llevaron a cabo las elecciones procedentes, en las que la votación favoreció ampliamente a Rafael Baledón para ocupar el cargo principal, mientras que el segundo cargo de importancia, la Secretaría del Interior, fue adjudicado a... a este Roberto Gómez Bolaños que soy yo.

Y de nada me valió el protestar de mil maneras y recurrir a argumentos tan sólidos como el asegurar que yo era un novato absoluto en esos menesteres, que carecía totalmente de experiencia al respecto, que era un inepto, un impreparado y un etcétera (aparte de chaparro, quijadón, de piernas chuecas y otros etcéteras). Es más: ni siquiera me sirvió el gritar a voz en cuello:

—¡Es que no se me pega la regalada gana ocupar ese puesto!

Todo fue inútil. El membrete de nuestra papelería empezó a señalar: "Secretario del Interior: Roberto Gómez Bolaños."

Sin embargo, el tiempo comenzó a darme la razón. Y más cuando me di cuenta de que, encima de todo, el secretario general (Rafael Baledón) y el secretario del interior (yo) debíamos formar parte del Comité Central del STPC donde discutíamos con los secretarios correspondientes de las otras cinco secciones del sindicato: Actores, Directores, Compositores, Filarmónicos y Técnicos y Manuales. Eso significaba tener que bregar con gente como el actor Jaime Fernández, el maestro Carlos Gómez Barrera y el filarmónico Venus Rey (¡gulp!) Era algo así como encerrarse en una jaula con una pantera, un oso y un lobo, sin más armas que una resortera de segunda mano. Aunque también debo admitir que el conjunto hacía gala de una virtud: la sinceridad.

Por ejemplo, cuando Jaime Fernández decía:

—Aquí se hace únicamente lo que a mí se me pega la regalada gana.

Bueno, la verdad es que también era notoria la unidad que mostraba el conjunto, pues a Jaime le contestábamos todos al unísono:

—¡Sí, señor! ¡Cómo de que no! ¡Nomás eso faltaba!

Esa etapa de mi vida dejó también en mi memoria un recuerdo singular. Me refiero a un telefonema que recibí en cierta ocasión a eso de las cuatro de la mañana (¿o de la noche?).

—¿Bueno? —dije en ese tono amable que solemos usar cuando nos hablan por teléfono a horas tan adecuadas.

—¿A dónde hablo? —preguntó una voz desde el otro extremo de la línea; a lo cual repliqué en el mismo tono de amabilidad que había usado antes:

—¿A dónde carajos quiere hablar?

—¿Qué no eres tú, Roberto?

Y sí; sí era yo: Roberto. Pero aparte de identificarme, también reconocí a mi interlocutor: era Rafael Baledón, mi amigo en las tertulias y mi secretario general en las asambleas del sindicato. Luego, apenas iba yo terminando de identificarme, cuando Rafael me interrumpió diciendo con voz seca:

—¡Es urgente que vengas cuanto antes a la Octava Delegación; se incendiaron las oficinas del sindicato y tenemos que levantar el acta correspondiente!

Lo acontecido era más que suficiente para justificar la desmañanada, de modo que acudí rápidamente. Había ya otras personas en compañía de Rafael, algunas rindiendo declaración testimonial y otras pidiéndole autógrafos a Rafael. No faltó quien me aclarara que el fuego había sido ya dominado y que, afortunadamente, no hubo percances humanos que lamentar, pero que las pérdidas materiales eran de consideración. Acerca de esto último, se estimaba que el daño mayor se había registrado en los archivos del sindicato, lo que se traducía en una lamentable pérdida de documentos. A mí no me correspondió otra cosa más que firmar la constancia de que el sindicato había presentado la denuncia correspondiente.

Al otro día, sin embargo, fui a constatar personalmente cuáles habían sido las consecuencias del siniestro y me di cuenta de lo determinante que debe haber sido la gran cantidad de madera que adornaba nuestro local, tanto en la escalera como en las paredes y los pisos, lo que tuvo que haber sido buen pasto para las llamas. De los restos del local se desprendían aún buenas cantidades de humo.

Ahí, junto a Baledón y otros compañeros, también estaban los representantes de la compañía de seguros, uno de los cuales me preguntó si habían sufrido algún daño mi escritorio o los objetos que éste hubiera contenido, a lo que respondí que no; que afortunadamente yo no tenía que lamentar pérdida alguna, quizá porque yo jamás tuve ahí un escritorio.

Pocos meses después, presenté mi renuncia al puesto de Secretario del Interior, insistiendo en que el puesto me quedaba muy grande (yo era talla 34). Esta solicitud fue puesta a consideración de la siguiente asamblea, la cual determinó que sería aceptada.

—Pero yo quisiera —aclaré— que esta renuncia tuviera carácter de irrevocable.

—¡Claro está! —se apresuraron a decir algunos.

—¡Por supuesto! —añadieron otros con la misma rapidez.

—¡Por favor! —suplicó el resto.

Y yo no pude menos que agradecer su caluroso y espontáneo apoyo.

* * *

Aquel edificio de la calle Chihuahua albergaba también las instalaciones de la Sociedad de Escritores Cinematográficos, de la cual derivaría la actual SOGEM (Sociedad General de Escritores de México), cuya atribución más importante era el cobro del derecho autoral que la ley concede a los escritores, y la repartición a éstos de los porcentajes correspondientes. Pero esto último era una tarea más que engorrosa, pues exigía averiguar cuál había sido la recaudación de cada una de las funciones de cada uno de los salones cinematográficos que había a lo largo de toda la República Mexicana, para deducir los porcentajes adecuados que se debían repartir entre los autores correspondientes. (Si me cansé redactando el procedimiento, nomás imagínense lo que sería su ejecución.) Pero, afortunadamente, la tarea se encargaba a la Compañía Bull, cuyas máquinas efectuaban el engorroso trabajo. Estas máquinas, que ocupaban toda una planta del edificio, eran de aquellas que funcionaban por medio de tarjetas perforadas, generando un ruido que podría ser la envidia de cualquier discoteca de la actualidad. Pero si hice este relato fue para destacar lo que significan los avances tecnológicos, pues en la actualidad una sola de las muchas computadoras que hay en SOGEM tiene capacidad para realizar, en breve tiempo, un trabajo equivalente a 10 mil veces el que realizaban en conjunto las máquinas que ocupaban todo un piso.

En un principio, la sociedad estaba presidida por Marco Aurelio Galindo, hermano del famoso Alejandro del mismo apellido (y padre de Magenia y Toya, preciosas muchachas que vivían muy cerca de mi casa). Después ocupó dicho puesto el destacado periodista y novelista triunfador Luis Spota, a quien muchos intelectuales no le perdonaban que de una novela suya se vendieran más ejemplares que de la suma de todas las que ellos habían escrito a lo largo de su existencia.

Y después llegó el presidente que revolucionaría por completo a la sociedad y la elevaría hasta un rango jamás antes imaginado. Me refiero al argentino José María Fernández Unsaín (quien terminaría por adquirir la ciudadanía mexicana) y que duró muchos años en el cargo, hasta su fallecimiento en 1998. Pero hubo algo que yo nunca imaginé mientras él estaba con vida: que Chantal, la hermosa hija de José María y la actriz Jaqueline Andere, a quien conocí desde recién nacida, se casaría después (mucho después) con mi hijo Roberto. Así como tampoco había imaginado que su hijo mayor, llamado igualmente José María Fernández, pero apodado "Pirru", se convertiría también en amigo mío y frecuente compañero a la hora de jugar dominó.

* * *

Al poco tiempo empecé a participar también como actor (siempre en papeles pequeños) en algunas de esas películas que escribí. La primera de ellas fue *Dos criados malcriados*, en la que hice un papel de villano que me salió fatalmente sobreactuado. La película tuvo un enorme éxito de taquilla, al grado de que su título fue copiado poco después para una comedia de María Victoria, que se llamaba *La doncella es peligrosa*, título que fue sustituido por *La criada malcriada*, que copiaba descaradamente el de mi película. Esta obra teatral tuvo un enorme éxito y consolidó la consagración como actriz de la simpática cantante, al grado de que luego utilizó el mismo título para su serie de televisión. Título que fue igualmente "fusilado" para una película de Mauricio Garcés: *El criado malcriado*. En todo eso, aclaremos, ni María Victoria ni Mauricio Garcés tuvieron culpa alguna.

* * *

Era el 29 de mayo de 1962. Yo salí un momento del cuarto del hospital Francés en el que había quedado instalada Graciela y fui a la esquina inmediata para buscar un periódico. Ahí tenían encendido un radio en el que se escuchaba la transmisión del partido Brasil-México que se estaba efectuando en Chile. Ya habían transcurrido algo así como 20 minutos del segundo tiempo y el marcador indicaba empate a cero, pero un instante después escuché al comentarista que anunciaba el primer gol para Brasil. Y meterían otro gol más, pero esto ya no lo supe en ese momento, pues debía regresar al hospital para escuchar algo mucho más importante:

—Es una niña —me dijeron— y las dos están muy bien.

Se trataba del nacimiento de mi cuarta hija, la que pronto sería bautizada como Marcela. Mi descendencia, por lo tanto, seguía estando compuesta únicamente por mujeres. Y como la experiencia con las tres anteriores había sido insuperable, el incremento me dejaba otra vez altamente satisfecho.

Lo común es que los padres consientan al más pequeño de los hijos, y supongo que eso fue lo que hice respecto a Marcela. Pero al paso del tiempo fue tomando cuerpo una fascinante inversión de posiciones: Marcela se fue convirtiendo en abierta consentidora de su padre; la que no perdía la oportunidad de preguntarme si se me ofrecía algo; la que

136

subía corriendo por la escalera para bajar algo que yo necesitaba; en fin, la que se ofrecía sin restricciones a hacer lo que hiciera falta. Y no es que las demás se abstuvieran de hacer cosas semejantes. ¡Al contrario! Todas eran adorablemente cariñosas y serviciales. Lo que pasaba era lo que ya dije: yo era el consentido de Marcela.

Y claro que Marcela colaboró para la formación del grupo llamado: "los 12 mejores nietos del mundo". Su aportación estuvo constituida por María y Andrés, tan guapos como inteligentes. La colaboración paternal corrió por cuenta de Enrique Penella, otro estupendo yerno.

* * *

La llamada guerra fría se estaba calentando. Y lo peor de todo era que parecía acercarse peligrosamente a nuestros terrenos, pues los soviéticos decidieron instalar unos misiles de alto poder en Cuba, ¡apuntando hacia los Estados Unidos! Uno estaba tentado a decir:

—¡Oigan, cuidado! Tantito que se desvíen para abajo y nos la parten a nosotros (nosotros éramos los mexicanos).

Pero ni a los rusos ni a los cubanos parecía importarles lo que a nosotros nos preocupara. Entonces el presidente Kennedy llamó a los capitanes de sus barcos (tenía muchos) y les dijo:

—A ver, muchachos: vayan en montón y acomoden sus barcos alrededor de Cuba. ¡Y no me dejen pasar un solo barco ruso! ¿Entendido?

—Yes, míster —le dijeron los muchachos.

Y efectuaron aquello que se llamó bloqueo, advirtiendo que no dejarían pasar un sólo barco si antes no se llevaban los misiles del territorio cubano. Esto nos puso a temblar más, pues supusimos que tal bravata podría desatar los instintos militares de los soviéticos, lo que conduciría a la guerra atómica, con el consecuente aniquilamiento total de la raza humana. Pero Rusia tuvo la prudencia (¿o sería temor?) de acatar lo dispuesto.

Poco tiempo después, la televisión se encargaría de difundir por todo el mundo una de las noticias más impactantes de todos los tiempos: en Dallas, Texas, un francotirador había asesinado al presidente Kennedy. Luego fue asesinado el francotirador, Harvey Lee Oswald, pero entonces la televisión no se limitó a dar la noticia; transmitió el hecho en vivo y en directo. Este fue, quizá, el parteaguas que señalaba el inicio de una nueva era en la historia de la comunicación, pues a partir de ese momento las noticias dejaban de ser sucesos locales para convertirse en expresiones de un acontecer universal. Y mi generación tuvo que adaptarse al cambio.

* * *

Un día me mandaron llamar de Publicidad D'Arcy (que seguía siendo la mayor productora de programas de televisión) y me pidieron que me encargara de los libretos del célebre programa *Estudio Raleigh de Pedro Vargas*. El escritor de la afamada serie había sido hasta entonces quien fuera mi compañero de labores en D'Arcy, el excelente Juan Lozano, pero éste había recibido una estupenda oferta de trabajo en otra agencia y la había aceptado. Así pues, acudí a la agencia, en la cual me ofrecieron un sueldo magnífico por escribir los libretos. Era la Providencia que se me presentaba oportunamente, pues el hecho acontecía cuando las relaciones con Capulina no marchaban del todo bien. Por tanto, decidí dejar *Cómicos y Canciones* para dedicarme de lleno al *Estudio de Pedro Vargas*, pero el señor Riverol, mandamás de Publicidad D'Arcy, se apresuró a decirme que no había razón para dejar uno de los programas; que yo podría muy fácilmente escribir ambas series. Y yo estaba de acuerdo en ello, pues los dos programas eran muy diferentes entre sí, pero dudaba que Viruta y Capulina pensaran de la misma manera. Sin embargo, cuando supieron que en caso de verme obligado a escoger, yo me decidiría por el *Estudio de Pedro Vargas*, me dijeron que no había inconveniente.

—¿Pero cuál es el problema? —me dijo Capulina— tú tienes capacidad para escribir dos, cuatro y hasta mil programas al mismo tiempo.

Y la verdad es que no sólo pude hacerlo, sino que al poco tiempo esos dos programas, escritos por mí, competían semana a semana por obtener el primer lugar en el rating (el otro obtenía el segundo). Aunque debo aclarar que la parte principal del éxito debe haber correspondido a quienes aparecían en pantalla, pues así como *Cómicos y Canciones* contaba con los famosos Viruta y Capulina, el *Estudio Raleigh* contaba también con tres figuras de primerísima categoría: Pedro Vargas (titular de la serie), Paco Malgesto (insuperable locutor, conductor y animador) y Daniel El Chino Herrera, un comediante yucateco que irradiaba simpatía y gracia naturales, cualidades que se debían añadir a una capacidad histriónica de primer orden. También era muy importante la participación del simpatiquísimo y excelente locutor León Michel en la parte comercial. Todo aunado a la eficiente producción de las dos series, ambas a cargo de mis amigos Mario de la Piedra y Guillermo Núñez de Cáceres.

* * *

Por aquellos días, México estaba siendo invadido por un fenómeno que había surgido de algún escondido rincón de Liverpool, Inglaterra, y que había ido expandiéndose hasta llegar a los más remotos rincones del mundo entero. Se trataba de cuatro jovencitos que, a querer o no, revolucionarían el universo de la música. Se hacían llamar Los Beatles. Es cierto que había ciertos antecedentes, el mayor de los cuales podía haberse llamado Elvis Presley, pero la trascendencia en dimensión universal corrió por cuenta del cuarteto británico. Sin embargo, a un lado de la aportación musical efectuaron otra que, en mi opinión, fue de consecuencias negativas: la despreocupada e imprudente confesión de que consumían drogas; lo que, en voces de los que eran ídolos de la juventud, constituía el más lesivo de los ejemplos.

* * *

Los periódicos comentaban el lamentable fallecimiento de Juan XXIII, el llamado "papa bueno", a quien muchos habían considerado como "un papa de transición", ya que había alcanzado el pontificado cuando estaba próximo a cumplir 70 años. Debido a esto, el mundo de la cristiandad quedó más que sorprendido cuando Juan XXIII anunció la realización del concilio vaticano II, el que habría de efectuar la más radical actualización de la iglesia romana en mucho tiempo. Por ejemplo: fue a partir de entonces cuando se empezó a celebrar la misa con el altar de frente a los fieles y usando el idioma propio de cada país. Juan XXIII sólo había permanecido cinco años en la silla de San Pedro, pero a pesar de que la brevedad del lapso no le permitió alcanzar a ver el desenlace del concilio, le fue suficiente para estampar en el Vaticano su huella de amor y caridad.

Su lugar fue ocupado por el papa Paulo VI, quien dio continuidad a la obra emprendida por su antecesor, en la que estaba incluida la terminación del concilio vaticano II.

* * *

Un día Capulina me pidió que lo acompañara a un establecimiento comercial de la Zona Rosa, especializado en la venta a consignación de artículos diversos, entre los cuales destacaban algunas antigüedades. En esa ocasión, sin embargo, el objetivo de Gaspar no era ni la compra ni la venta de artículo alguno, sino la visita al dueño del establecimiento para que éste elaborara la "carta astral" de mi amigo. Ese señor (cuyo nombre no recuerdo) tenía fama de ser uno de los más eficientes astrólogos de México. Pero hubo algo que yo no esperaba: la desmesurada atención con que fijó sus ojos en mí cuando íbamos llegando a su establecimiento. Era una mirada penetrante y escudriñadora que parecía tener la intención de taladrarme hasta llegar a lo más profundo de mi ser. Y debo confesar que tal actitud me provocó un buen grado de nerviosismo y desconcierto; sobre todo porque tuve que esperar un buen rato antes de descubrir la causa de su extraña actitud.

Pero la cosa iba en serio. El astrólogo extendió un pliego sobre su mesa de trabajo, explicándonos que se trataba de un "plano astral", del cual se podrían extraer datos suficientes como para revelar el futuro de cualquier persona.

—Aunque no por completo —reconoció el hombre—, digamos que tan sólo 80 o 90 por ciento.

Además: la información no estaba al alcance de cualquier neófito o ignorante. No; dicha información se podía obtener sólo mediante la aplicación de trazos y fórmulas especiales, tarea que estaba reservada para los "iniciados", como lo era el insigne maestro que nos atendía. Éste preguntó entonces a mi amigo la fecha, lugar y hora de su nacimiento, datos que marcó con toda precisión en la carta astral del cliente que en este caso era Gaspar Henaine, Capulina. Después, valiéndose de reglas, escuadras y compases, el hombre trazó una serie de líneas que unían dichos datos, entre sí y en combinación con la posición de planetas y constelaciones; todo lo cual —dijo— serviría para predecir el futuro más probable de mi amigo.

—Claro que el diagnóstico requiere trabajo —añadió—; de modo que lo tendré listo en un par de semanas.

—¿No es demasiado tiempo? —objetó Capulina.

—Es que hay datos que exigen mucho cuidado. Por ejemplo: el alineamiento de tales y tales planetas.

No recuerdo a qué planetas se refirió específicamente, pero, ¿acaso podía caber alguna duda acerca de la trascendencia que tendría semejante alineamiento de planetas? Porque si es preocupante ver que muchos políticos están "alineados", ¿como estará la cosa si en vez de políticos habláramos de planetas?

Tampoco recuerdo cuál fue el precio de la consulta, pero sí recuerdo que el pago tuvo que ser de contado y en ese preciso momento. Es decir: por adelantado. Y fue entonces cuando averigüé a qué había obedecido la excesiva atención puesta sobre mi persona en el momento de llegar.

—Usted —me dijo el astrólogo— es poseedor de amplísimos poderes sobrenaturales.

—No; en serio.

—Sí, señor. Basta su presencia para sentir el flujo de fuerzas que emana de su interior. Es como una explosión de partículas magnéticas que se esparcen con la velocidad de la luz.

—¡Ah, chingá!

—De veras. Con decirle que en el momento en que usted entró a este lugar, yo sentí que me temblaban las piernas y que me estremecía sólo con verlo.

—Bueno, lo mismo me dijo Sofía Loren cuando me conoció, pero...

—¡Sí: ya sé que usted es un escéptico absoluto! Pero déme sus datos personales para elaborar su carta astral, y entonces comprobará si tengo o no tengo razón.

—Es que... usted podría tener razón, pero yo no tengo dinero.

—¡No le voy a cobrar un sólo centavo! —exclamó en tono más que agresivo—. Si lo quiero hacer es únicamente por el interés profesional que me han despertado las explosivas ondas que irradia su cerebro.

Estaba a punto de repetir mi negativa, pero el hombre conservó la palabra cuando advirtió a Capulina:

—Perdóname, Gaspar —le dijo en tono de disculpa—. Tal vez pienses que esta distinción debí haberla tenido contigo, pero créeme que este individuo tiene algo especial.

—Está bien —respondió mi amigo—, adelante.

—Pero es que yo no creo en esas cosas —logré decir—. Y no voy a creer aunque usted me diga lo que me diga. Por lo tanto, no veo razón para que usted pierda su tiempo.

El hombre insistió en mirarme con aquellos ojos de taladro que tenía, y después de haber suspirado con resignación, me dijo:

—De acuerdo, pero le voy a hacer una revelación que muy pronto lo hará cambiar de opinión, lo quiera o no lo quiera usted.

La advertencia hizo que Capulina aguzara el oído, actitud que notó inmediatamente el astrólogo, el cual comentó entonces:

—Tú también puedes escucharlo, Capulina. Pero se trata de un asunto muy delicado, de modo que ambos deben prometerme que no dirán una sola palabra de lo que escuchen aquí.

—¡Prometido! —se apresuró a responder Capulina, al tiempo que me miraba como pidiéndome que yo también colaborara en ese sentido, a fin de que no quedáramos privados de la misteriosa confidencia.

—Pero además —indicó el astrólogo—, el secreto sólo tendrá que conservarse durante muy poco tiempo. Después quedarán en libertad para promulgarlo a los cuatro vientos, si así lo quieren.

Los intentos de convencimiento empezaban a prolongarse más de la cuenta, de modo que yo terminé por prometer la discreción solicitada.

—Pues pongan atención —nos dijo entonces el astrólogo, bajando la voz, a pesar de que ahí (en su "privado") no había nadie más—: hace cosa de un mes —añadió— en este mismo lugar recibí la visita de una actriz de cine que estaba interesada en la elaboración de una carta astral de su persona.

—¿Quién era? —preguntó Capulina vivamente interesado.

—Aguarda —dijo el chamán urbano en tono solemne. Y añadió—: yo accedí de buena gana a la petición de la mujer, sin imaginarme siquiera la terrible revelación que obtendría una vez desarrollado el estudio.

—¿Por qué? —preguntó Capulina—. ¿De qué se trata?

—¡Ay, muchachos! —exclamó el hombre con un suspiro de dolor—. A esa mujer no le quedan más de dos meses de vida.

—¿Pero quién es?

—Una actriz de cine ampliamente conocida. ¡Pero qué digo ampliamente… amplísimamente conocida! Porque no sólo la conozco yo y la conocen ustedes; la conoce el mundo entero… Díganme ustedes: ¿de qué le sirve una fama de la que ya no podrá disfrutar dentro de un par de meses?

—¿Así de drástico?

—Así de drástico. Los astros no mienten, y los astros lo dicen con absoluta claridad: a esa actriz no le quedan más que dos meses de vida. Por lo tanto, es el triste destino de María Félix.

Lo había dicho tal cual: ¡María Félix! La máxima figura femenina que ha tenido el cine mexicano en todos los tiempos, había recibido sentencia de muerte por parte de esos jueces inexorables que son los planetas cuando les da por alinearse de manera inconveniente.

Entonces, la bellísima actriz debe haber tenido alrededor de 40 años, una edad que le da carácter de injusticia a la muerte y más cuando la víctima se ha distinguido por haber sido depositaria de todas las distinciones que puede deparar la existencia de un ser humano: belleza, fortaleza, personalidad, talento, etcétera.

Sin embargo, escribo estas líneas después de haberse iniciado el siglo XXI, el tercer milenio. La inigualable señora tiene poco de haber fallecido, con más de 90 años de edad.

La anécdota no debería terminar ahí, pues me parece inevitable resaltar lo absurdo del hecho. Lo incomprensible que resulta el constatar que eso no sucedió en un pueblo perdido en la serranía, y ni siquiera en un barrio marginado de la ciudad, sino en la Zona Rosa de la capital mexicana; un barrio que se considera exclusivo de la "mejor" sociedad. Y no aconteció en los albores de la conquista ni en los toscos inicios del país independiente, sino en pleno siglo xx, el siglo que envió astronautas a la Luna y el telescopio Hubble al espacio.

Pero lo incomprensible excede las dimensiones del tiempo y el espacio, pues abarca también las medidas abstractas, como son las determinadas por la educación, la preparación y las posiciones socioeconómicas. Y en esta tesitura podemos colocar a un Adolfo Hitler, quien recurría a la astrología con la estúpida idea de que los mejores consejos vendrían de planetas, adivinos, clarividentes y demás explotadores de la cándida credulidad de la gente. ¡Y ya sabemos cómo le fue! Pero México no se queda atrás, pues muchas veces se ha comentado la forma en que los astrólogos eran consultados por personalidades como el entonces presidente José López Portillo, un hombre que, además del cargo que ostentaba, se distinguía por ser poseedor de una preparación y una cultura más que envidiables. No tengo constancia de ello, pero los comentarios añadían que los astros no supieron advertirle que el precio del petróleo se derrumbaría, lo cual le impediría "administrar la opulencia".

Ahora bien: el absurdo se prolonga a través de periódicos, revistas, programas de televisión, de radio, etcétera. Sí, porque resulta difícil encontrar una publicación en que no aparezcan los estúpidos horóscopos, presentados en tal forma que dan la apariencia de ser "información" auténtica e importante. Pero lo más triste del caso es que este fraude

146

(que no es otra cosa) se presenta auspiciado por periódicos, revistas y estaciones de radio o televisión que gozan de amplio prestigio.

—Es que esas cosas tienen una gran aceptación por parte del público —dicen muchos a modo de justificación.

¡Y desgraciadamente es verdad! Pero también es verdad que tienen mucha aceptación las noticias amarillistas, así como tienen aceptación las drogas, la pornografía, etcétera.

Así pues, lo más natural es ver a un estú... (iba a escribir el calificativo "estúpido" al referirme al tipo ése que sale en la televisión enunciando horóscopos, pero no: de estúpido no tiene nada. Al contrario: es un auténtico "vivo". Estúpidos somos los que lo vemos sin protestar). Tan estúpidos como somos los que tampoco protestamos al ver que alguien pretende convencernos de que "una pulsera es milagrosa" o que "un trozo de cuarzo tiene poderes sobrenaturales".

Para concluir con el tema: cuando la gente le pregunte a qué signo pertenece, usted limítese a llevar la cuenta de los que le han hecho la misma pregunta. Es una manera sencilla de empezar a averiguar cuántos idiotas hay en el mundo.

* * *

Cierto día de 1963 me había dicho mi mamá:

—¡A que no te imaginas quién es el candidato del PRI para la presidencia de la república!

—Ni idea —respondí con toda sinceridad, pues la política era algo que jamás me había interesado.

—Pues nada menos que tu tío Gustavo.

Se refería a Gustavo Díaz Ordaz, tío mío porque era primo hermano de mi mamá, ya que Díaz Ordaz era solamente el apellido (compuesto) de su padre, mientras que su apellido materno (también compuesto) era Bolaños Cacho. En otras palabras: el nombre completo del futuro presidente era Gustavo Díaz Ordaz Bolaños Cacho. Era hijo de Ramón Díaz Ordaz, de Tehuacán, Puebla, y de Sabina Bolaños Cacho, de Oaxaca. Y, por la misma línea, también era primo hermano de mi querido tío, el doctor Gilberto Bolaños Cacho.

Dije que era el nombre del "futuro presidente", consciente de que en ese tiempo no cabía la menor duda: el candidato del PRI era el futuro presidente de México.

A pesar de lo cercano del parentesco yo había tenido un trato muy eventual con el tío Gustavo (tan eventual como lo había tenido con la gran mayoría de mis tíos) pero la impresión que guardo de él es la de un tipo simpático. Cantaba muy bien, acompañándose con la guitarra, tenía una estupenda voz (para cantar y para hablar) y era muy bueno para contar chistes. (Era, además, político, pero en este mundo nadie es perfecto.) Menor aún fue el trato que tuve con su esposa, doña Guadalupe Borja, y con mis primos Gustavo y Lupita. Sólo tuve algunos encuentros ocasionales con mi otro primo: Alfredo; esto fue debido a su profesión de compositor, ya que hizo varios trabajos para Televisa (era un excelente músico). A quien sí traté un poco más fue a la mamá de mi tío Gustavo, la tía Sabina, de quien puedo asegurar que era una linda y abnegada mujer.

En el momento en que mi madre me dio la noticia, tuve la fortuna de tomar una decisión que en ese momento parecía absurda, pero que a la larga resultó altamente positiva.

—¿Sabes qué? —le dije a mi mamá—. No voy a ver al tío Gustavo de aquí a 1970, cuando termine el sexenio en que gobernará él.

Por supuesto que la razón por la que tomaba esa decisión no representaba, ni mucho menos, una premonición de Tlatelolco 68. Y tampoco relaciono aquellos acontecimientos cuando digo que mi decisión resultó altamente positiva. No. Esta decisión fue tomada únicamente en función de las posibles influencias que se pueden atribuir a los parientes del presidente del país, influencias que yo no necesitaba y que, por demás está decirlo, jamás solicitaría. Pero tampoco es un gesto de prepotencia el asegurar que no necesitaba dichas influencias, ya que mis actividades estaban totalmente alejadas de la política. En esos días, por cierto, hice un comentario cuyo recuerdo provocaba que, mucho tiempo después, Emilio Azcárraga Milmo volviera a desternillarse de risa: "¡Qué tan fea será la política —comenté— que si a una palabra tan bella como es la palabra 'madre' le añades 'política', se convierte en 'suegra'!" Aquel comentario, externado hace más de 40 años, sigue teniendo vigencia en mi modo de pensar, aun reconociendo que tal actividad (la política) es y seguirá siendo un mal necesario. Y habrá que alabar a quienes la ejercen honestamente. (Es decir: no se perderá mucho tiempo al hacerlo.)

* * *

Un policía de tránsito me detuvo por conducir con exceso de velocidad. Pero le bastó ver el voluminoso abdomen de Graciela, quien se retorcía y se quejaba de dolor ante el inminente riesgo de dar a luz en plena calle. Entonces, el mismo policía se encargó de abrirnos paso, con la sirena encendida, hasta arribar al Sanatorio Francés de la avenida Cuauhtémoc. Una vez ahí, en vez de dirigirme al estacionamiento fui directamente al pabellón de emergencias, donde recibieron a la pobrecita de Graciela, cuyo dolor se incrementaba a cada segundo, y la condujeron al interior en una camilla. Sólo entonces fui a dejar el auto en el estacionamiento. De ahí regresé tranquilo y relajado para enterarme de que ya se había efectuado el alumbramiento y que éste había tenido lugar en la sala misma de emergencias.

Por lo demás, todo había acontecido satisfactoriamente, pues tanto Graciela como el bebé se encontraban en muy buen estado de salud. Pero el bebé, por cierto, era un varón; el primero de mi prole después de cuatro mujercitas (entonces no tenía la menor idea de que tiempo después llegaría otra damita). El pequeño sería bautizado con el nombre de Roberto (y no estoy muy seguro de que sea conveniente eso de bautizar a un hijo con el mismo nombre del padre). Pero el acontecimiento debe haber sido importante, pues entre los visitantes que tuvo ese día el hospital Francés destacaba el general Charles de Gaulle, presidente de Francia en aquel entonces. Aunque tampoco estoy muy seguro de que haya acudido precisamente para conocer a mi hijo. Es más: ¿creerán que ni me saludó?

Roberto se fue convirtiendo a paso veloz en uno de mis mejores colaboradores, primero como editor de mis programas y luego como asistente de dirección. Inclusive intervino como actor, pero no sólo en TV, sino además en teatro, pues formó parte del elenco en una obra que llevé a la escena en 1984, titulada *Títere*. Esto lo hizo de manera improvisada —debido a que entró como relevo al sustituir a un actor que no había aceptado el papel—; y puedo asegurar que su intervención fue más que estupenda, a pesar de que tuvo que cantar y bailar, cosas que él nunca había hecho. Después empezó a desenvolverse como director de cámaras y director general, para luego dedicarse de lleno a la producción, terreno en el que ha destacado como productor general de toda clase de telenovelas, programas unitarios, etcétera. Por si no fuera suficiente, mi hijo se encarga de manejar muchos de mis asuntos personales.

De su vida personal puedo decir que Roberto fue el único miembro de mi prole que no heredó mi baja estatura, pues debe medir entre 1.73 y 1.74 metros de estatura. Se casó con Kim Bolívar, una linda muchacha con la que tuvo a Roby y Tamara, dos miembros más del conjunto llamado: "los 12 mejores nietos del mundo". Luego, por razones que sólo ellos conocen, Roberto y Kim se divorciaron; ella se fue a vivir a San Diego, California, en compañía de sus hijos de modo que para ver a éstos, Roberto tiene que viajar hasta allá con la mayor frecuencia posible.

Roberto volvería a casarse algunos años después con Chantal Andere, como lo he narrado en estas páginas. Y yo tengo que decir que quiero profundamente a ambas: Kim y Chantal, así como creo que ambas me quieren a mí.

* * *

Los locutores de xew (televisión y radio) acostumbraban poner en escena su célebre Tenorio de los locutores. Lo hacían anualmente durante un par de semanas, alrededor del Día de Muertos como se acostumbra en México. Los papeles eran interpretados de manera alternada por varios de los locutores más famosos, entre los que destacaban Paco Malgesto, Rubén Zepeda Novelo y León Michel, acompañados por conocidas actrices profesionales, todo bajo la dirección del insuperable Chucho Valero, el cual, a su vez, siempre interpretaba al Ciutti. Pero en cierta ocasión, don Chucho me llamó y me dijo: "Este año yo no voy a actuar, y me gustaría que tú encarnaras al personaje".

Yo había actuado únicamente en televisión, al lado de Viruta y Capulina y en papeles muy pequeños, pero jamás lo había hecho en un teatro ni había tenido a mi cargo un papel tan importante, de modo que es fácil imaginar el impacto que me produjo su invitación. ¡Pero me apresuré a aceptar!

Era mi primera experiencia al respecto; y el obstáculo a superar se llamaba miedo escénico. Pero, afortunadamente para mí, se hilvanaron varios factores que me auxiliaron, como la excelente dirección del señor Valero, la colaboración amable e indulgente de actores y actrices y, por supuesto, la sorprendente aceptación por parte de un público que con sus risas y sus aplausos parecía decirme: "Sí: sí tienes porvenir en los escenarios".

No puedo terminar la narración de esta anécdota sin mencionar a dos destacadas actrices con las que tuve el honor de alternar: doña Isabelita Blanch, estrella de larga trayectoria en los escenarios, quien derramó dulzura y picardía interpretando a doña Brígida, y la bellísima Silvia Derbez, protagonista de múltiples telenovelas, así como de películas y obras de teatro, quien tuvo a su cargo el papel protagónico femenino (Doña Inés), personaje al que dio vida con toda la ternura, pasión y demás componentes que requiere el guión. Silvia, por cierto, fue la mamá del famoso comediante Eugenio Derbez.

* * *

Algún tiempo después las relaciones entre Viruta y Capulina empezaron a andar bastante mal, al grado de que llegó el momento en que Capulina le dijo de manera abrupta a su compañero:

—La gente se ríe conmigo, lo cual significa que yo soy la parte más importante de la pareja. Por lo tanto, yo debo ganar más que tú.

—¿Qué tanto más? —preguntó Viruta con una inesperada tranquilidad, reveladora de que ya veía venir algo así y de que estaría dispuesto a negociar.

—Digamos que yo gane 60 por ciento y tú 40.

—De acuerdo —respondió Viruta con la misma tranquilidad.

Y así se hizo de ahí en adelante. ¿Por qué aceptó Viruta un arreglo que no sólo parecía ser injusto sino que, además, había sido propuesto con una actitud de arrogancia y prepotencia? ¿Aceptaba humildemente el papel de comparsa, realmente convencido de que ésa era la realidad? Yo creo que no, que lo que hizo fue sopesar las dos partes de la opción, aceptar o no aceptar, y de ahí deducir que lo conveniente sería la aceptación, pues estaba claro que la propuesta de Capulina era en realidad una decisión tomada previamente y de manera unilateral. Es decir: sabía que, para él, lo mejor era conservar "el empleo" que de todos modos le seguiría proporcionando una magnífica retribución económica. Esto de ninguna manera representaba la aceptación de una limosna (por jugosa que fuera) ya que estaba consciente, como lo estábamos todos, de que su aportación laboral era importantísima. Y también sabía que, paradójicamente, su 40 por ciento le permitiría llevar una existencia mucho más cómoda y tranquila que lo que podría permitir el derroche de 60 por ciento que haría Capulina.

No obstante, el precario arreglo dejaba entrever que éste no tendría mucho tiempo de vida, por lo que poco después llegó la separación definitiva de la pareja.

—¿Por qué? —preguntaba la gente.

Y Viruta, con ese estupendo humorismo que irradiaba cuando no estaba en escena, contestaba:

—Es que ya llevábamos mucho tiempo de estar unidos y nunca me pudo dar un hijo.

Sin embargo, la relación entre ellos quedó dolorosamente lesionada y muy lejos de distinguirse como tema para cualquier clase de bromas. Tanto, que esta situación se prolongó hasta el fallecimiento de Marco Antonio Campos, Viruta, acaecido muchos años después.

* * *

La agencia de publicidad se mostró vivamente interesada en que continuara el programa *Cómicos y Canciones* aun sin Viruta, lo que se logró sin problemas.

El proyecto incluía al escritor, que era yo. Y la verdad es que no era difícil la elaboración de los libretos, pues Capulina seguía haciendo gala de aquello que para muchos era una gracia natural. Además se buscó apoyarlo con elencos de calidad, como podrá deducirse al saber que durante un mes compartió el set de televisión con la mundialmente famosa Gina Lollobrigida, estrella del cine italiano que había participado en grandes producciones cinematográficas. En aquella ocasión, por cierto, la célebre actriz me hizo objeto de un elogio que me hinchó de orgullo, pues me dijo textualmente: "Eres un gran escritor y un gran actor". Esto último porque tuve un pequeño papel en uno de los programas en que ella participó.

El éxito de Capulina no había sido gratuito, como insinuaban algunos de sus detractores, pues tenía grandes dotes de actor, cantaba estupendamente, poseía un enorme aplomo en el escenario y complementaba todo eso con la gracia natural de que ya hemos hablado. Sin embargo, algunas veces sufría por ese pequeño recelo que muestran muchos comediantes cuando sus compañeros arrancan carcajadas al público.

—¿Por qué escribes para que fulano diga (o haga) chistes? —me dijo Capulina más de una vez—. Aquí el que debe hacer reír soy yo, y por lo tanto, debo ser el único que haga chistes en el programa.

Yo intentaba explicarle el riesgo que puede implicar una táctica semejante, pero mis intentos fracasaban una y otra vez, lo que me orillaba a imaginar algo que en esos momentos no pasaba de ser una total utopía: "Si alguna vez llegara yo a ser titular de un programa —pensaba (y en esa suposición radicaba la utopía)—, haría todo lo contrario. Es decir, buscaría ser acompañado por los mejores comediantes, de modo que todos aportáramos algo al programa."

Pasado el tiempo la utopía se convertiría en realidad, pues llegué a ser el actor titular de varios programas. Y me enorgullece saber que cumplí mi pronóstico al pie de la letra, como le puede constar a cualquiera que haya seguido de alguna manera mi carrera. Pero, además, confieso que lo hice también por conveniencia propia, ya que con esto conseguía dos objetivos altamente redituables: enriquecer el contenido del programa y disminuir la posibilidad de que mi presencia llegara a hostigar al público. Por ejemplo:

—En el último programa del Chavo —me reclamaba alguien— quien menos tiempo estuvo en escena fue el propio Chavo.

—Porque la trama exigía otra cosa —respondía yo. Y preguntaba a mi vez—: ¿Pero de todos modos te divertiste?

—¡Ah, claro! —era la rutinaria respuesta.

En otras ocasiones podría sospecharse que los comentarios implicaban una forma de agresión:

—A mí —decía alguno— el que más me hace reír es Quico.

—A mí —decía otro— quien me hace reír es la Chilindrina.

—A mí, Don Ramón.

—A mí la Chimoltrufia.

Etcétera, etcétera.

Aunque, claro, no faltaba alguien a quien le gustara el propio Chavo, el Chapulín Colorado, el Chómpiras o cualquier otro personaje interpretado por mí, pero en resumen, lo que gustaba era el programa. Y eso era lo importante.

* * *

Mientras tanto, regresando al tema de Capulina, la relación entre él y yo se iba encapotando con negros nubarrones; pero no sólo por lo complicado que resultaba el escribir con esas limitaciones, sino que, además, empezaron a surgir problemas relacionados con mi participación como actor en los programas. De común acuerdo habíamos establecido que a partir de la ausencia de Viruta yo actuaría en todos los programas, pero llegó el momento en que me dijo:

—No conviene que salgas en tantos programas; la gente puede creer que eres algo así como un Viruta de segunda clase.

Estaba claro que tal apreciación carecía totalmente de sustento. Y también estaba claro que él no quería tenerme más tiempo a su lado, de modo que presenté mi renuncia en D'Arcy.

¡Se negaron a aceptarla! Y si lo pongo entre admiraciones es porque el primero en rechazar la renuncia fue el propio Capulina. No obstante, muy pronto encontré una explicación que aclaraba todo: lo que no aceptaban era mi renuncia como escritor, pues como actor yo tenía las puertas abiertas de par en par. Es decir: me podía ir al carajo si quería. Pero como en ese tiempo yo seguía considerando que mi porvenir estaba prendido sólidamente a mis facultades de escritor, pues acepté negociar. Eso sí: imponiendo una condición: que mi crédito como escritor saliera en la pantalla con caracteres más grandes que los de Capulina. ¿Creerán que me fue concedida la exigencia? ¡Pues sí! Y estoy seguro de que, al menos en México, no hay antecedentes de algo semejante (que haya sido mayor el crédito del escritor que el del protagonista).

* * *

Antes de aquel "arreglo" con D'Arcy y Capulina, yo había actuado en dos películas de éste, ambas adaptadas por mí: *Operación Carambola* y *El zángano*. En la primera tuve un papel de regular tamaño y en la segunda sólo una intervención especial. Creo que en las dos películas destacó mi participación. Pero eso fue lo último, pues después vino el "arreglo" y luego la ruptura definitiva, determinada por decisión mía, ya que me era anímicamente insoportable el trabajar en aquellas condiciones de "amigos pero no tanto" o "enemigos pero no mucho". Por lo tanto volví a presentar mi renuncia a *Cómicos y Canciones*, esa vez con carácter de irrevocable.

Seguía escribiendo *El Estudio de Pedro Vargas* y, ocasionalmente, varios programas más. Entre éstos podría destacar *El Yate del Prado*, con la actuación estelar del inolvidable Panseco, quien había sido la primerísima figura en el humorismo radiofónico, y *Alegrías Musicales Adams*, con la actuación de dos amigos míos: César Costa y Alejandro Suárez.

También tuve una participación en cuatro proyectos que finalmente formaron parte importantísima de mi futuro. La razón de esto fue que los cuatro proyectos se debían a una persona a quien yo viviré eternamente agradecido. Me refiero a Sergio Peña, un cubano que, como contaré luego, fue determinante en mi vida profesional. Mientras tanto, diré que Sergio era cubano porque nació en la bella isla, pero era simultáneamente un mexicano como el que más. Su cuerpo era enorme: alto, amplio y extremadamente robusto. Pero su alma era todavía más grande. Estaba unido en matrimonio a la hermosa y simpática Kippy Casado, y entre ambos emprendían toda clase de actividades relacionadas con el espectáculo.

De aquellos cuatro proyectos, dos se convirtieron en series de televisión y dos quedaron en la etapa de "programas piloto"; es decir: grabaciones que servían como muestra para los posibles clientes. Una de las series estaba encabezada por las hermanas Navarro, estupendas cantantes y actrices, y la otra tenía como estrella al magnífico comediante Óscar Ortiz de Pinedo (padre de Jorge, del mismo apellido). De los "programas piloto", uno no llegó a tener título, pero estaba encabezado por Emilio Brillas, en mi concepto uno de los mejores comediantes de todos los tiempos del teatro mexicano. No se hizo la serie respectiva por razones de salud del protagonista. Y el otro programa piloto merece párrafo aparte.

Se titulaba *El Hotel de Kippy* y sería estelarizado por Kippy Casado, obviamente. La acompañaba Luis Manuel Pelayo, otro gran comediante. En el programa piloto debía aparecer también un viejecito remolón que fallecía en el transcurso de la trama, papel que había sido asignado a otro estupendo actor de comedia: Arturo Cobos, Cobitos. Pero éste nunca llegó a la grabación del piloto. Entonces, tal como había sucedido en un programa de *Cómicos y Canciones*, me pidieron que saliera al rescate, a lo que accedí de buena gana. Y la muestra resulto tan buena, que el cliente (Colgate-Palmolive) se apresuró a decir que sería el patrocinador de la serie.

—Pero habrá que hacerle una modificación —dijo el ejecutivo principal de la firma.

Yo había llegado un poco tarde a la junta donde se comentaba esto, de modo que no entendía lo que pasaba. Y protesté diciendo:

—Perdónenme, pero el escritor soy yo. Y yo opino que así está bien.

—De acuerdo —dijo el mismo ejecutivo—, pero nos parece que el papel del viejito es estupendo, de modo que queremos que resucite al personaje.

Lo mejor de todo era que, debido a la caracterización, no me habían reconocido, de modo que el elogio resultaba absolutamente sincero. Luego, cuando supieron que yo mismo había sido el actor que interpretó al personaje, aumentaron los elogios y el interés por llevar a cabo lo que habían sugerido. Y a mí me encantó la idea, por supuesto, dado que, además, sería muy fácil escribir un segundo capítulo en el que se explicara que el fallecimiento del viejecito había sido fingido, o cualquier cosa por el estilo. Por lo tanto me puse a trabajar inmediatamente.

Lo primero que hice fue encargar la elaboración de una peluca de ancianito a mi medida, lo mismo que unos bigotes, también blancos. Luego compré unos anteojos antiguos que estaban que ni mandados a hacer... y muy poco después se derrumbo todo el proyecto.

Sucedió que, cuando apenas estaban escritos un par de capítulos, Kippy Casado nos comunicó que estaba embarazada y que su estado implicaba grandes riesgos de salud, razón por la cual debería permanecer en absoluto reposo hasta después de haber dado a luz. Y si bien era doloroso saber que el proyecto no se llevaría a cabo, más difícil resultaba que la querida compañera tuviera la salud afectada de esa manera.

La aventura tuvo consecuencias a largo plazo. De modo que, llegado el momento adecuado, volveré al recuerdo de estos acontecimientos.

* * *

Tiempo atrás yo había empezado a escribir una comedia para teatro. Sin embargo, había varias razones que me impedían terminarla: primera, la falta de capital para intentar ponerla en escena cuando la hubiera terminado. Segunda, no tenía la menor idea acerca de quién podría protagonizarla. Sin embargo, esta segunda duda empezaba a encontrar una solución: ¿y si fuera yo mismo el protagonista?

—Pero si a ti nadie te conoce —me dijo más de uno— todo lo que has hecho son papelitos minúsculos en los programas de *Cómicos y Canciones*, y las obras de teatro requieren la presencia de alguna figura, por lo menos.

—Bueno —comentaba yo—, hay dos papeles que pueden ser considerados como estelares, de modo que podría contratar a un actor famoso para encabezar el reparto.

—¿A quién? —por ejemplo.

—Alejandro Suárez.

—¿...? ¿Y quién es Alejandro Suárez?

—El hermano de Héctor, de los que salen en *Variedades de Mediodía*.

—Sabemos quién es Héctor Suárez y quién es su hermano Alejandro (que en realidad sólo es su medio hermano). Pero preguntamos que quién es él como para estelarizar una obra de teatro. Es decir: la pregunta implica que es lo mismo que tú: nadie.

—¡Alejandro es un excelente actor! —dije con énfasis.

—De acuerdo. Y tú también tienes lo tuyo. Pero ambos están en una situación similar: todo lo que han hecho es llevar papeles de tercero o cuarto orden en programas de televisión. En otras palabras: tu obra sigue sin contar con una figura que lleve público al teatro.

—Pero también hay un papel femenino.

—Por ahí podría ser. ¿En quién has pensado?

—En Norma Lazareno.

—¿Estás borracho?

—¡Espera! ¡No me digas que tampoco sabes quién es Norma Lazareno! Fue la estrella femenina de una película que tuvo mucho éxito: *El dolor de pagar la renta*.

—¿Hace cuánto tiempo?

—Bueno... hace algunos años.

—Algunos, no; bastantes. Los suficientes para que el público ya no tenga ni la menor idea de quién es Norma Lazareno.

Y los comentarios seguían en ese tono. Hasta que un día se me acercó un jovencito que entonces empezaba su carrera como ayudante de producción: Humberto Navarro, más tarde ampliamente conocido en el ambiente de la televisión, el cual me dijo:

—¿Es cierto que quieres poner una obra de teatro que tú escribiste?

—Que estoy aún escribiendo —rectifiqué—. Porque todavía no la termino. Pero sí: sí me gustaría llevarla a un escenario.

—Entro de socio contigo.

Su oferta me tomó más que por sorpresa, pues El Niño (como le decían a Humberto) ni siquiera había leído la pieza; y yo le hice notar esto, pero él insistió, halagándome:

—Me basta con saber que se trata de una obra tuya. Es suficiente.

El elogio aumentaba mi turbación, de modo que todavía repliqué, echando mano de ese defecto que tenemos muchas veces (yo más veces que otros) de atenuar el rubor subestimando los méritos propios, a veces como si fuéramos opositores de lo nuestro:

—Pero no tengo un actor de renombre; el estelar voy a ser yo.

—¡Tanto mejor! ¿Cuándo empezamos?

—Los demás están en el mismo caso: Norma Lazareno y Alejandro Suárez...

—¡Alejandro Suárez! —exclamó con una sonrisa de oreja a oreja—. ¡No hay más que discutir! ¿Dónde firmo?

Y nos lanzamos a la aventura.

Cada uno aportaría la mitad de la inversión, cuyo primer gasto obedeció al anticipo que dábamos para el alquiler del teatro, que sería el hoy desaparecido Sullivan, en la calle del mismo nombre. Tenía capacidad para 340 personas y la renta era de 12 mil pesos mensuales. Era un precio razonable para aquel tiempo (1966). Entonces, mientras Humberto se encargaba de los trámites necesarios, yo terminaba de escribir la obra, cuyo título debía haber sido *¡Silencio... recámara... acción!* Y digo que debía haber sido pero no fue, ya que entonces existía un censor que se encargaba de aligerar el peso de nuestras cochambrosas conciencias, impidiendo que en las marquesinas y los periódicos se exhibieran títulos tan "nauseabundos". No recuerdo el nombre completo del insigne censor, ni merece éste que alguien lo recuerde. Sobre todo después de los innumerables recordatorios de familia que debe haber recibido en aquellos tiempos. Y no me quedó más remedio que titular mi obra *¡Silencio, cámara, acción!* Esto hizo que mi hija Cecilia, quien tenía seis años de edad, preguntara:

—¿Por qué cambiaron el título? A mí me gustaba más recámara.

—Pues sí —le respondí—, a mí también me gustaba más como estaba antes… Pero hubo alguien más a quien no le gustó.

—¡Pues qué tonto! —replicó Cecilia—. Porque era mucho más chistoso como estaba antes. ¿Pero sabes qué? Si ya le quitaron el *re* del principio, ahora quítale el *ra* del final y vuelve a quedar chistoso, porque resulta *¡Silencio, cama, acción!* (espero que lo haya dicho con toda la inocencia de la edad que tenía entonces).

Habían sido muchos quienes pronosticaron un fracaso. Y acertaron. Los primeros días entraban 12, 13 o hasta 15 personas por función, sin olvidar que hubo una función con nueve asistentes (incluyendo a Graciela y el taquillero, que se sentaron por ahí). Esto representaba una pérdida diaria de una cantidad considerable, pero Humberto y yo recurríamos a nuestras exiguas cuentas bancarias y no permitimos que los actores y los técnicos se fueran un solo día sin su paga correspondiente. Sin embargo, no podíamos portarnos tan gallardamente con respecto al alquiler del teatro, cuyo pago finiquitamos hasta tres o cuatro meses después de haber quitado la obra de cartelera. Pero el dueño del teatro Sullivan era el doctor Gustavo Baz, médico y político muy conocido y con una capacidad económica que podía aguantar retrasos como ése y más prolongados.

Por otra parte, los poquitos espectadores que iban se reían mucho y salían hablando muy bien de la obra y de los actores. La consecuencia era que la asistencia aumentaba función tras función (que entonces eran dos diarias de martes a domingo); es decir: 12 funciones a la semana. Esto representa algo estupendo cuando la temporada es un éxito, pero resulta todo lo contrario cuando la asistencia es la misma, como aconteció con nosotros durante un buen lapso. No obstante, el lento pero constante aumento de asistentes me hacía sentir optimista, aunque no pasaba lo mismo con Humberto Navarro, quien me dijo que sólo seguiría participando en la sociedad hasta que se alcanzaran las cien representaciones de la obra. Le hice ver que de ahí en adelante debería mejorar todo, pero él ya no quiso arriesgar su capital. Por tanto, hicimos la función de las cien representaciones y luego seguí solo con el paquete. Y sucedió lo que había previsto: la situación mejoraba día con día, al grado de que empecé a recuperar un poco de lo perdido... pero sólo un poco, porque entonces aconteció lo que en aquellos tiempos era inesperado: la televisión anunció que transmitiría en vivo los partidos del campeonato mundial de futbol que se efectuaría en Inglaterra. Y la televisión cumplió lo prometido, motivo por el cual todos los teatros quedaron prácticamente vacíos. Era una situación que no podía soportar mi reserva bancaria, que en esos momentos ya había descendido a algo así como 15 o 20 centavos, de manera que decidí dar por terminada la temporada cuando llegamos a 140 representaciones. No obstante, una vez concluido el campeonato de futbol, salí de gira por algunos lugares de la república y alcancé a recuperar más de la inversión.

El problema fuerte vino después, debido a que mi contrato de alquiler del teatro Sullivan tenía aún seis meses más de vigencia, y yo tuve la mala fortuna de subarrendar el teatro a un hijo de quién sabe qué, cuyo apellido era Saldaña y cuyo nombre no quedó en mi amarga memoria. Sólo recuerdo que lo apodaban El Zorro Gris. Gris por el pelo blanco y zorro por lo que era, ya que me subarrendó el teatro por seis meses, lo que se traducía en una suma de 72 mil pesos, de los cuales únicamente recibí 2 mil 500. La diferencia (6 mil 500) fue una pérdida que en aquellos días representaba quedar endeudado de por vida, más lo que se acumulara en la semana. Sólo me quedó el consuelo de que el hijo del doctor Baz, propietario del teatro Sullivan, me dijo que me concedía el plazo que fuera necesario para cubrir la deuda, sin intereses (dios lo bendiga). Por otra parte, en aquellos momentos fue cuando escribí algo de lo solicitado por Sergio Peña, de modo que pude saldar la deuda poco antes de lo previsto.

No quisiera cerrar este capítulo sin mencionar una triste noticia que recibimos al finalizar la temporada de *¡Silencio, cámara, acción!* en el teatro Sullivan: acababa de fallecer el extraordinario cantante y actor Javier Solís, y lo velaban precisamente en la agencia funeraria que estaba a unos cuantos metros del teatro. Independientemente del dolor que me causó la noticia, yo no pude menos que recordar algunas anécdotas que se relacionaban precisamente con mi obra de teatro.

A petición de un productor de cine, yo había escrito tiempo atrás un argumento cinematográfico destinado a unir a dos grandes estrellas: Tin Tan y Javier Solís. Esto representaba para mí un acicate más que agradable, por lo que muy pronto terminé la tarea, presenté mi trabajo al productor y éste me dijo después de la lectura correspondiente: ·

—¡Excelente! No hace falta cambiarle ni una sola coma.

A decir verdad, es muy poco común que suceda algo semejante en la carrera de un argumentista cinematográfico... y este caso no fue la excepción, pues dos días después me pidieron que acudiera a las oficinas del productor.

—Tal como le dije —repitió el productor— el argumento está a pedir de boca. Y no le vamos a quitar una sola coma. Lo único que necesitamos es que le acomode un león.

—¿Un qué? —pregunté con la certeza de haber oído mal.

—Un león —puntualizo él. Y para ser aún más explícito, añadió:— Un felino enorme, con melena esponjada, garras afiladas y un hocico poblado de dientes y colmillos.

Me quedaba bastante claro. Quiero decir en cuanto a la descripción, pero no así en cuanto a la razón.

—Señor —le dije—: en esta película, Tin Tan y Javier Solís serán dos vaqueros, y la trama se desarrolla en el lejano oeste, cuando ambos acaban de...

—Sí, sí —me interrumpió—, ya sé. Y es una trama estupenda.

—¿Entonces por qué quiere que la echemos a perder?

—¡No; cuál echar a perder! Al contrario: usted sabe que en una pantalla de cine hay pocas cosas que sean tan atractivas como un león.

—Tal vez, pero...

—Y usted es un argumentista muy ocurrente, de modo que no le costará ningún trabajo abrir un huequito en la trama de su argumento y acomodar en él a un león.

—¿Pero por qué? —supliqué—. ¿Por qué quiere poner un león en esa película?

—Porque tengo un león.

La respuesta había sido pronunciada con toda tranquilidad, al tiempo que se encogía de hombros y arqueaba las cejas, de modo que todo se traducía en un sólo concepto: obviedad. Y a mí no me quedó más remedio que imitar el ademán, como dándole a entender que yo estaba de acuerdo.

—Hay otro par de detalles —añadió con una sonrisa—. Se trata de un león imponente, hermosísimo, y lo que es todavía mejor: ¡me sale baratísimo!

El razonamiento anterior me había parecido aceptable, pero este último era más que contundente. Por lo tanto, me las ingenié para modificar la trama de mi argumento hasta dar cabida a un león imponente y hermosísimo, de modo que la película contó con la actuación del felino. (Aunque creo que la apreciación del productor no había sido muy certera que digamos, pues si bien era cierto que el animal era hermosísimo, lo de imponente lo quedaba a deber. Es más: yo diría que era un león maricón, pues retrocedía asustado cuando uno se acercaba a su jaula.)

Ahora bien: poco después empecé a escribir mi comedia *¡Silencio... Recámara... Acción!* (a la que me referí en páginas anteriores) y me di cuenta de que la anécdota encajaba perfectamente en la trama y concordaba muy bien con la tesis de ésta, de modo que decidí incluirla en la obra. Pero, tal como suelen hacer los argumentistas, yo magnifiqué el hecho sustituyendo al león por un elefante. Lo demás era idéntico: a un escritor que ya entregó su trabajo se le pide que incluya un elefante en la trama, lo que provoca el desconcierto y la desesperación del escritor (y la risa de los espectadores).

La anécdota tiene un epílogo adicional: tiempo después me encargaron la elaboración de otra adaptación cinematográfica, misma que entregué y que fue aprobada rápidamente. Días después fui llamado por el productor, quien me dijo:

—La adaptación es muy buena. ¿Pero, sabe qué? Añádale un elefante.

¡Lo juro!

Y sí, como no: añadí al elefante.

VII

De los hermanos de mi mamá sólo permanecían con vida mis tíos Ramón y Fernando. Yo congeniaba más con mi tío Ramón, quien había sido boxeador, jockey del hipódromo, poeta, enamorado, inspector de aduanas, ameno charlista, monaguillo, masón, político, alburero, simpático, irresponsable, filatelista y algunas cosas más. Era, por supuesto, el más pobre de la familia, muy bajo de estatura (algo así como 1.55 metros) pero extremadamente bien parecido; esto último, ligado a su simpatía y amenidad, habían hecho de él un eficiente conquistador, que dejó de ser cuando se casó con una auténtica belleza (ex reina del famoso baile Blanco y Negro), que medía de 15 a 20 centímetros más que él. Se llamaba María Luisa; y era divorciada, lo que provocó más de un rechazo por parte de varios familiares; rechazo que se fue desvaneciendo cuando su bondad y su simpatía derribaron todas las barreras. A últimas fechas, habían vivido en una modesta casita en Cuernavaca a la que íbamos ocasionalmente mis hermanos y yo. Tenían un perico que nos mataba de risa cuando decía con singular volumen: "¡Ay, Rrrramoncito, no seas pedoooorrrro!"

—Nomás que me jubilen en la Oficina de Aduanas —decía mi tío—, me dedicaré por completo a ordenar mi colección de estampillas.

Era una colección muy modesta en cuanto a su valor económico, pero había sido formada con tal empeño y dedicación, que mi tío esperaba con entusiasmo aquel momento. Y de hecho le faltaba poco tiempo para alcanzar la jubilación. No sé exactamente cuánto, pero era cosa de meses. Entonces, sucedió lo imprevisto: falleció mi tía María Luisa, su esposa, y mi tío Ramón consideró que le sería imposible seguir viviendo en aquella casa de Cuernavaca que parecía reclamar en todo momento la presencia de la mujer que había sido complemento imprescindible de su vida, y decidió regresar a la Ciudad de México para instalarse en un pequeño departamento. Mi mamá le proporcionaba una pequeña ayuda económica que incluía el sueldo de la señora que se encargaba del servicio doméstico. Pero no habían transcurrido dos meses desde la muerte de mi tía cuando, muy de mañana, esta señora del servicio le hablo por teléfono a mi mamá.

—¡Ay, señora! —le dijo—, fíjese que no he podido despertar al señor Ramoncito. Pa' mí que ya se murió.

Mi mamá acudió rápidamente al departamento, donde comprobó que, efectivamente, mi tío Ramón había fallecido mientras dormía.

—Pero la expresión de su rostro reflejaba paz y tranquilidad —comentó después mi mamá—. Como si estuviera satisfecho de haber ido nuevamente al encuentro de quien fue la mitad de su vida, para compartir con ella el descanso eterno.

* * *

Poco después me sometí a otra intervención quirúrgica que supuestamente debía corregir la desviación de mi tabique nasal, pero que en eso de corregir desviaciones resultó menos eficiente que un semáforo descompuesto. El cirujano, hay que reconocerlo, se especializaba en cobrar poco a los pacientes cuando éstos eran actores, cantantes o algo así. Era, además, muy simpático. Y por si fuera poco, tenía fama de haber conseguido que recuperaran la voz los cantantes que acudían a verlo por estar afónicos. Esto lo conseguía mediante inyecciones de cortisona. Y claro que había quien luego perdiera la voz para siempre o que sufriera de otros padecimientos que suele conllevar el uso indiscriminado de este medicamento. Pero, repito: el doctor cobraba poco y era muy simpático. Su único defecto era que no sabía intervenir quirúrgicamente una nariz.

Inmediatamente después se me presentaron otras complicaciones de regular dimensión, como la finalización de la serie del *Estudio de Pedro Vargas* y de otros programas que escribía para Sergio Peña, por lo que me quedé momentáneamente sin empleo fijo. Pero esto no me preocupaba mucho, pues sería fácil que me encargaran la elaboración de otros programas de televisión, aparte de que podía vender algún argumento cinematográfico, ya que entonces había una buena demanda de guiones.

Todavía faltaba un acontecimiento más que doloroso: Edy, el menor de los cuatro hijos de mi hermano Horacio, falleció a la tiernísima edad de cuatro años. El pequeño había tragado un objeto que se desvió hasta alojarse en un pulmón, y fue sometido a una intervención quirúrgica donde perdió la vida. Ahora, cuatro décadas después, aún conservo el recuerdo del acérrimo dolor que desdibujaba el rostro de mi hermano, así como las canas que inundaron su cabeza antes de que hubieran transcurrido dos meses.

* * *

Luego, en mayo de 1968, vino lo peor: el diagnóstico de que mi mamá tenía un tumor canceroso en el páncreas, lo que vaticinaba que, sin alternativa alguna, su vida no se prolongaría más de ocho a 10 meses a partir del anuncio. Y el pronóstico se cumplió cabalmente, pues mi madre falleció el 22 de diciembre de ese año, después de que se le aplicaran poderosas drogas que mitigaban el dolor pero que, simultáneamente, hacían que fuera menguando el funcionamiento de ese cerebro que tan magníficamente había destacado siempre.

* * *

Apenas 80 días antes de que llegara aquel triste final, se presentó el acontecimiento que haría estremecer al país: el tristemente célebre 2 de octubre de 1968, el cruento desenlace de una tragedia que había comenzado con apariencia de trivial sainete (un pleito entre alumnos de dos escuelas) y que terminaría convirtiéndose en derramamiento de sangre, en pérdida de vidas, en sepultura de cuerpos, en sepultura de afanes, en sepultura de ilusiones.

¿Quién tuvo la culpa? ¿Qué conciencia habrá de cargar las lápidas de todos aquellos muchachos, de aquellos soldados e, inclusive, de aquellos transeúntes casuales? Se comenta —y es lo más factible— que el número de muertos fue mucho mayor que el publicado oficialmente, y que rivaliza con el de desaparecidos. Abundan diferentes versiones al respecto, la gran mayoría de las cuales tiende a señalar como culpable al Estado Mayor Presidencial, a cuyo mando supremo está el presidente de la república (Díaz Ordaz en el caso), sin que falten señalamientos al secretario de Gobernación (Luis

Echeverría), a Fernando Gutiérrez Barrios, a Marcelino García Barragán, al ejército y a otras personas o entidades diversas. Tampoco es desechable la teoría de que atrás de las protestas y manifestaciones haya habido algún plan subversivamente orquestado (que no justificaría, ni muchos menos, la cruenta acción) y que, juzgando con todo rigor, también son cuestionables la ingenuidad y las beatíficas intenciones en la conducción del movimiento.

Un día, mucho tiempo después, tuve un encuentro casual con mi primo Alfredo Díaz Ordaz, hijo del entonces ya fallecido ex presidente de México. Y le pregunté abiertamente:

—¿Qué decía tu papá acerca del 2 de octubre del 68? ¿No dejó escrito algo acerca de aquellos acontecimientos?

Estábamos en la explanada principal de Televisa San Ángel, en cuyo centro había entonces una bandera del país, bandera que, me parece recordar, Alfredo miró fijamente antes de responder:

—Mi padre dejó escritas sus memorias.

—¿Y qué dicen al respecto?

—Su contenido se hará público después de algún tiempo. Eso fue lo que él dispuso.

—¿Dentro de cuánto tiempo?

No sé si Alfredo volvió a mirar el lábaro patrio o si esto no es más que una adecuación que hace mi subconsciente para dar tintes de dramatismo a la narración (lo que estaría en armonía con mi profesión). De cualquier modo sus palabras implicaron un elemento dramático, pues su respuesta fue:

—Sólo te puedo decir dos cosas: una, que lo que mi padre escribió fue la verdad; dos, que yo no estaré presente para confirmarlo.

Lo dramático fue la premonición, pues Alfredo falleció no mucho después. (Mi primo era mucho más joven que yo.) ¿Pero a qué obedeció tal premonición? ¿Se sabía enfermo? ¿Simple intuición? No sé. Alfredo se llevó el secreto a la tumba. ¿O se llevó un número mayor de secretos?

* * *

Muy poco después de los lamentables acontecimientos del 2 de octubre, la Ciudad de México fue sede de los Juegos Olímpicos del 68, magno evento que, según el decir de algunos, debía haber sido cancelado como una forma de expresar el dolor que había dejado la tragedia de Tlaltelolco. Otros, en cambio, pensaban que los disturbios habían sido expresamente planeados en coincidencia con los juegos, de modo que sirvieran para atraer la atención de todo el mundo. De cualquier manera, el 12 de octubre se llevó a cabo la ceremonia de inauguración de los Juegos Olímpicos.

Pero, independientemente de las anteriores apreciaciones, el México 68 fue una fiesta de emoción y colorido, muchas veces aderezada con escenas de fraternidad universal que llegaban a constituir inesperadas sorpresas. En la ceremonia de clausura, por ejemplo, me toco ver a un judío y a un árabe que se fotografiaron uno al otro para después intercambiar sus respectivas cámaras.

* * *

Como lo había mencionado anteriormente, el remate de ese convulsivo año de 1968 fue el fallecimiento de mi mamá. El desenlace se presentó la noche del 22 de diciembre, cuando ella llevaba ya algún tiempo hospedada en la casa de mi hermano Paco, donde había mayores recursos para proporcionarle la atención que exigía su lamentable estado de salud, y aunque todos sabíamos que el acontecimiento debía presentarse más temprano que tarde, no pudimos evitar las lágrimas que rubrican ese sentimiento de dolor y de vacío que genera el último adiós de un ser tan querido. Para nosotros había sido madre, padre, confidente, guía, maestra, consejera y amiga entrañable. Fue sepultada en la misma tumba que alojaba los restos óseos de mi padre, fallecido 33 años antes, en el panteón Francés de la Ciudad de México. Y 32 años después, coincidentemente, esa misma sepultura daría también cobijo a los restos de mi hermano Paco.

VIII

A principios de 1969 recibí una llamada telefónica de Sergio Peña.

—Oye, Che'pirito —me dijo con ese acento cubano que conservó toda la vida—: necesito verte con urgencia.

—¿Cuándo y dónde? —le pregunté sin más ni más.

—Dentro de cinco minuto', aquí en la instalacióne' del Canal 8. ¿Tú sabe' dónde están?

Sí sabía donde estaban dichas instalaciones, pues había sido extensamente publicado que Televisión Independiente de México había adquirido los Estudios San Angelín para adaptar sus foros cinematográficos a foros de TV; y me sería fácil llegar a dicho lugar. Lo que no resultaba tan fácil era aquello de que pudiera yo llegar en cinco minutos, como me había pedido.

—Bueno, chico —dijo con una sonrisa—, tómate el tiempo que necesite'; yo no vo' a salir de aquí, mi socio.

Así pues, acudí a la cita con la mayor prontitud posible. Ahí Sergio me comunicó que él estaba contratado para encargarse de buena parte de lo que habría de ser la programación del nuevo Canal 8, añadiendo que, por supuesto, yo debía ser un elemento muy importante de su equipo. Y yo me apresuré a aceptar, sin tomarme la molestia de averiguar cuáles serían las condiciones (que seguramente serían las mejores posibles, ya que estaba Sergio Peña de por medio).

Lo primero que me encargó fue que escribiera una serie humorística en la que el protagonista fuera uno de esos tipos que se meten en todo para defender a los más necesitados. Entonces escribí el primer capítulo de una serie a la que puse por título *El Ciudadano*. El guión recibió las mejores críticas (entre ellas la de don Aurelio Flores Ísita, director general de Canal 8) y me pidieron que escribiera un diálogo breve, basado en el mismo personaje, de no más de tres minutos de duración. Lo hice rápidamente, y al entregarlo pregunté que cuál era el destino de algo tan breve. Me respondieron que serviría para hacer un casting. (Sólo a partir de ese momento supe que el mentado anglicismo significaba algo así como "prueba de actuación".) Entonces, al saber que convocarían a varios actores para probar quién sería el más adecuado para interpretar al personaje, yo pedí que me incluyeran entre los que harían dicho casting. Todos los que hicimos la prueba interpretábamos el papel del Ciudadano, contando (también todos) con el auxilio de Rubén Aguirre como contraparte, de tal modo que ahora puedo decir que aquella fue la primera ocasión en que Rubén y yo actuamos juntos. Entre los aspirantes al papel hubo lo mismo actores conocidos que desconocidos, mientras que el análisis y el juicio correspondientes estuvieron a cargo de varios ejecutivos de Televisión Independiente de México, los cuales determinaron que el elegido sería yo. Esto era como dar un brinco superior a los de un campeón mundial de salto de altura; y creo que eso fue precisamente lo que hice cuando me informaron al respecto: pegué un brinco de júbilo, que si no rompió el récord de altura, sí rompió el de felicidad.

Y muy poco después ya me encontraba en el foro grabando la serie, el primero de cuyos capítulos sería aquel que había escrito como prueba. En ese capítulo, por cierto, el papel estelar femenino corrió a cargo de una famosa y excelente actriz de cine, Anabel Gutiérrez, que muchos años después pasaría a tener un lugar fijo en mis programas como la simpatiquísima mamá de la Chimoltrufia. Se grabarían después otros 12 programas, hasta completar un bloque de 13, los necesarios para cubrir un ciclo de tres meses. El título definitivo del programa, me dijeron, debía completarse con un apellido del Ciudadano, y como dejaron la elección a mi cargo, le puse mi propio apellido (que resultaba adecuado para la idiosincracia del personaje). El título completo fue, por lo tanto, *El Ciudadano Gómez*.

La serie contó con un ingrediente más; un ingrediente que yo compararía con un aderezo de optima calidad: me refiero a la inclusión de ese genio de la canción vernácula que se llamó Chava Flores (que se sigue llamando, diría yo, pues sus canciones prevalecen en todos los ámbitos, conformando un nicho de inmortalidad para el incomparable Chava).

Como bien se recuerda, el gran compositor era además un excelente intérprete, cualidad que aprovechábamos para que Chava apareciera en todos los programas, encarnando diferentes personajes que resultaban ser algo así como el "juglar" que enriquecía el desarrollo de cada capítulo con canciones alusivas a la trama. Estas intervenciones remataban cada uno de los bloques en que se dividía el programa, cuyo tema musical era precisamente "Sábado, Distrito Federal", una de las canciones más famosas del célebre compositor. Por si fuera poco, Chava resultó ser un excelente y simpatiquísimo actor.

La serie prometía, por lo tanto, convertirse en un éxito. Entonces sucedió algo que pude haber considerado como un elogio pero que, a pesar de ello, terminó por poner un obstáculo en mi camino.

—*El Ciudadano Gómez* es excelente —me dijeron— y por lo tanto vamos a guardar la serie para proyectarla en el momento oportuno.

—¿Y cuál será ese momento oportuno? —pregunté yo con una buena dosis de desconcierto.

—Cuando funcione como arma de contraataque.

—¿Como arma de contra qué?

—Taque.

—¡Chanfle!

—Es que, mira —me explicaron—: Telesistema Mexicano, que es la competencia, va a responder con sus mejores armas para combatir la presencia de Canal 8 y nosotros responderemos con esa arma formidable que es *El Ciudadano Gómez*.

Dicho de esa manera, resultaba inobjetable que aquello era un elogio. De lo que no estaba yo muy seguro era de que fuera además una atinada estratagema. Y nunca llegué a saber si lo era, pues diversas circunstancias se aglutinaron para impedir que llegara a ser necesario el uso de la supuesta estratagema.

* * *

Mientras tanto, también me encargaron la elaboración de un guión para todo el programa de inauguración del Canal 8, el cual habría de tener una duración de muchas horas. Yo escribí presentaciones de números musicales, introducción de secciones, sketches, diálogos y todo lo que hizo falta. Y creo que el programa salió muy bien.

A partir de entonces las pantallas de televisión tuvieron un ingrediente más: el que representaba la programación del Canal 8, la cual incluía algunas series importadas, como

La Lucha en Patines que alcanzó cierta notoriedad, pero que pronto pasó a formar parte del sector en que siempre debió haber estado: el de programas de relleno. También hubo series originales, grabadas en las instalaciones de San Ángel, que alcanzaron una buena calidad. Y claro: también comenzó la competencia que representaba la elaboración de telenovelas, entre las cuales destacó *Los Hermanos Coraje*, que incluyó muchas escenas grabadas en un pueblo tipo tejano, expresamente construido en terrenos de los propios estudios.

Simultáneamente se me presentó la oportunidad de compartir nuevamente un escenario con el gran Chava Flores; y esta vez con un añadido sensacional: la actuación de don Hermenegildo Torres, creador y presidente vitalicio del célebre PUP (Partido Único de Pendejos). El hombre era constantemente solicitado para dictar sus estupendas y originales conferencias, las cuales habían sido ya grabadas en discos que se vendían como pan caliente.

Esta vez se trataba de hacer una sola emisión con comentarios acerca de la inmediata elección presidencial en Estados Unidos y los comentaristas seríamos Chava Flores, don Hermenegildo Torres y yo, hablando cada quien por cuenta propia y de manera improvisada. Estas condiciones propiciaron, por supuesto, que mis dos compañeros se lucieran mucho más que yo, pero también provocó que yo me divirtiera mucho más que mis dos compañeros.

No obstante, poco después volví a quedar sin empleo. Y entonces, sin empleo y sin reserva económica me fui de paseo a Europa.

IX

Mis hermanos ya habían planeado el viaje cuando me invitaron a participar en él. ¿Los gastos consecuentes? Mi hermano Paco me prestaría la cantidad necesaria para obtener un crédito por parte de la agencia de viajes que organizaba el proyecto. Y así fue como cruzaron el Atlántico los tres hermanos Gómez Bolaños, acompañados por las respectivas cónyuges: Anita con Paco, Luz María con Horacio y Graciela conmigo. El recorrido incluyó ciudades de Italia, Francia, España, Inglaterra, Austria, Dinamarca, Suecia y Noruega.

Sobra decir que la pasé estupendamente bien, a pesar de que nos hospedamos en hoteles de calidad entre modesta y mediana. En algunos de ellos, por ejemplo, las habitaciones carecían de baño propio (me refiero al excusado y la regadera, pues sí había un lavabo). Esto implicaba que si teníamos una necesidad, ya fuera del "uno" o del "dos", debíamos hacer uso de un baño general que comúnmente estaba en el extremo de un pasillo de cada piso, lo cual significaba que en muchas ocasiones era necesario hacer "cola" en la fila de huéspedes que iban a lo mismo; y en una de esas ocasiones, por cierto, me bastó contar a las personas que estaban formadas antes de mí, para decidirme a regresar a mi habitación a paso de marcha forzada (pero "apretadito" de rodillas). Y afortunadamente se trataba del "uno" (léase "pipí") pues lo que hice fue vaciar mi vejiga en el lavamanos. Pero eso sí: lo hice poniendo cuidado en que todo cayera en el agujerito de desagüe, para lo cual tuve que treparme a una silla. Y menos mal que Graciela me ayudó a detener la silla, pues ésta se tambaleaba como borracho en autobús de segunda clase (la silla, no Graciela). Al día siguiente, sin embargo, fuimos víctimas de una mala interpretación que nos causó la más desagradable de las sorpresas: resulta que abrí la llave del lavabo con intención de lavarme los dientes, cuando descubrí que el agua salía con un aterrador tono amarillento.

—¿Ya viste eso? —le dije a Graciela—. ¡El huésped del piso superior está haciendo lo mismo que yo!

—No seas menso —me dijo ella muerta de risa—. El agua sale así porque se oxida al paso por las tuberías viejas, pero sólo dura un momento; al rato empieza a salir mejor.

Así sucedió, afortunadamente, sin que el incidente lograra desviar el propósito que había manifestado mi hermano Horacio cuando acababa de elevarse el avión que cruzaría el océano:

—¡Bien! —dijo en aquella ocasión—. De aquí en adelante sólo vamos a tener una preocupación: cómo hacer todo lo posible para pasarla de maravilla.

Lo que, a decir verdad, no nos costó el menor trabajo. Más aún: podría decirse que uno de los escasos inconvenientes que tuvimos en aquel viaje fue la falta de noticias acerca de lo que sucedía en nuestras casas, ya que en ese tiempo eran muy contados y difíciles los contactos telefónicos. Por otra parte, nuestro amado México era entonces (y desgraciadamente lo sigue siendo) un lugar punto menos que inexistente para los europeos, de modo que los periódicos no nos dedicaban más de 14 líneas ágata a la semana. A menos que se tratara de alguna tragedia notable, pues el amarillismo sí es materia de consumo para toda la prensa del mundo; como sucedió cuando supimos que un avión se había estrellado en México y que entre las víctimas del accidente se encontraba el famoso tenista Rafael El Pelón Osuna. En el mismo percance falleció también Carlos Madrazo, destacado político mexicano, pero de esto nos enteramos después, ya en México, pues los políticos jamás han sido tan importantes como para merecer un espacio en los periódicos europeos, tal como lo pueden merecer algunos deportistas. (Esto no es exclusivo de los mexicanos; si muere un presidente de Brasil o Argentina, la noticia ocuparía un espacio mucho menor que si murieran Pelé o Maradona.) Y en aquella ocasión, por cierto, se comentó que el accidente podía haber sido producto de un atentado contra Carlos Madrazo, dado que éste había inquietado más de la cuenta al gobierno con proyectos de una democratización que forzosamente reduciría las prebendas de la extensa y poderosa clase gubernamental. Pero la sospecha nunca se llegó a esclarecer (lo cual es raro que suceda en México, ¿no?).

* * *

Ese mismo año (1969) también habría de ser testigo de acontecimientos que resultaron positivamente trascendentes, el mayor de los cuales sería, sin lugar a dudas, el arribo del Apolo 11 a la superficie de la Luna, incluyendo la singular caminata que efectuaron Neil A. Armstrong y Edwin E. Aldrin, mientras Michael Collins permanecía circundando el satélite a bordo del módulo de mando, en espera del regreso de sus compañeros. Lo que había sido ciencia ficción devenía en espléndida realidad.

Mucho tiempo después, Florinda me comentaría algo que había dicho su abuelita en aquella memorable ocasión:

—Yo estaba totalmente segura de que tarde o temprano el ser humano realizaría la proeza de poner un pie en la Luna. Pero lo que jamás pude imaginar fue que yo misma estaría presenciando la hazaña, cómodamente sentada en la sala de mi casa.

Es que eso era parte importantísima del prodigio: la tecnología había llevado a cabo el avance más significativo en pos de constituir la "aldea global" anunciada por McLuhan. LA TELEVISIÓN (así: con mayúsculas) acercaba los lugares más remotos; y lo que acontecía en Australia sería contemplado simultáneamente en París, México, Buenos Aires, etcétera. Las noticias podían ser positivas y alentadoras (como esta del viaje a la Luna) o aterradoras y tristes como había sucedido seis años antes con el asesinato de John F. Kennedy. Lo que ya no tenía lugar en el mundo era el aislamiento, ya que, desde muy poco después de su arribo, la TV dejó entrever que muchas transmisiones se convertirían en presas que serían disputadas por las fieras mundiales de la comunicación. Y, en aquella ocasión, México no fue la excepción, pues Telesistema Mexicano y Televisión Independiente de México entablaron la lucha por tener el mayor número de televidentes. No tengo datos al respecto, aunque me imagino que la balanza se inclinó del lado de Telesistema, cuyas transmisiones fueron encabezadas por Jacobo Zabludovsky y Miguel Alemán, quienes estuvieron en las instalaciones de lanzamiento del Apolo 11. Por el lado de Canal 8 destacó la presencia, en el foro, del popularísimo Mario Moreno "Cantinflas", quien hacía comentarios con su muy peculiar estilo. Me tocó presenciar esto en persona. (Debo reconocer que no me pareció adecuado el aderezo excesivamente humorístico para una transmisión que exigía un enfoque que evitara distracciones, de manera que pudiera centrarse en enfatizar la enorme trascendencia del acontecimiento.)

Por otra parte, yo ya tenía un nuevo trabajo…

* * *

Se trataba de una serie que se presentaría todos los sábados (con duración del horario completo de tales días). El programa estaría constituido por bailables, canciones, rutinas cómicas, magos, malabaristas y demás elementos circenses, así como toda clase de concursos y sorteos. El productor era, una vez más, mi ángel protector: Sergio Peña, quien me dijo:

—Che'pirito: te vo' a dar do' espacio' de algo así como die' minuto cada uno, para que tú haga' lo que quiera; lo que te salga de lo´ cojóne, mi socio.

Y no sé de donde precisamente, pero sí me salió algo, porque lo que hice fue el preámbulo de sucesos que finalmente resultaron sobresalientes para mí, pues uno de mis espacios fue ocupado por *La Mesa Cuadrada*, que era algo así como una parodia de los programas de mesa redonda. El grupo estaba constituido por tres "supergenios" (?) que responderían a todas las preguntas que supuestamente enviara el público (preguntas que, obviamente, estaban redactadas por mí, al igual que las respuestas). Y los seudo genios éramos Rubén Aguirre, a quien desde entonces bauticé como Profesor Jirafales; Ramón Valdés, hermano de los famosos Tin Tan y El Loco Valdés, al cual puse el nombre de Ingeniebrio Ramón Valdés; Tirado Alanís (en razón de que representaba a un borrachín); y yo, con el nombre y las características del doctor Chapatín, para lo cual usé la peluca, los bigotes y todo lo que había confeccionado para el personaje que iba a hacer en *El Hotel de Kippy* que se había eliminado tiempo antes. Sólo le añadí algo que después despertaría la curiosidad de más de un espectador: la bolsita (de papel) del doctor Chapatín.

Las preguntas de las supuestas cartas eran leídas por Aníbal de Mar, aquel comediante cubano que había sido compañero del gran Tres Patines. Había también una secretaria representada por la simpática Bárbara Ramson. Esta última, sin embargo, pronto fue llamada por la competencia (Canal 2) y fue sustituida por una chaparrita que terminó siendo uno de los pilares de mi grupo: María Antonieta de las Nieves. Después emigró Aníbal, y María Antonieta se encargó de leer las cartas.

Esta sección de *Sábados de la Fortuna* tuvo tanto éxito, que la empresa consideró conveniente darle la oportunidad de participar en una serie propia. Así fue como empezó el programa que durante varias semanas todavía se llamó *Los Supergenios de la Mesa Cuadrada* y que luego adquirió el título de *Chespirito*.

* * *

Después de la experiencia narrada muchas páginas atrás, cuando mi Club de los Aracuanes lidió a un novillo, yo pensé que nunca más volvería a intentar algo semejante. Sin embargo, cometí el error dos veces más.

Y la primera estuvo a cargo de *La Mesa Cuadrada*. ¿Qué era lo que hacíamos entonces? Pues nada menos que la rutina de preguntas y respuestas con María Antonieta de las Nieves, Rubén Aguirre (como Profesor Jirafales), Ramón Valdés (como el Ingeniebrio Tirado Alanís) y yo (como el doctor Chapatín). El número se presentaba en el centro del ruedo, y en determinado momento soltaban un novillo que se iba sobre nosotros, provocando la desbandada general del grupo, con las carcajadas correspondientes. Pero todos teníamos diseñada la actitud que debíamos adoptar: María Antonieta hacía mutis antes de que apareciera el novillo; yo corría hasta saltar la barrera, lo que resultaba cómico por la caracterización de ancianito del doctor Chapatín, mientras Ramón y Rubén, conocedores del arte taurino, darían algunos pases. Y todo salió casi al pie de la letra, con la excepción de lo hecho por Ramón, ya que éste decidió convertirse en héroe haciendo un tancredo. Los expertos me dicen que ésta es una suerte en la cual el torero permanece totalmente inmóvil, con lo cual se evita ser embestido, ya que los toros persiguen solamente aquello que se mueve (y no al color rojo, como piensan algunos). Pero esa vez tuvimos la mala suerte de que el novillo ignoraba el reglamento, pues dejó tremendo rayón en el costado derecho del valiente Ramón.

Y luego tuvimos otra experiencia similar cuando Rubén Aguirre y yo lidiamos un becerrito que era un poco más grande, pues pesaba algo así como 150 kilos. "Otro perrito faldero" dirían los taurófilos, pero un auténtico coloso según mi muy particular modo de ver al animal. Yo iba ataviado como Chapulín Colorado, y en vez de capote o muleta usaba el chipote chillón, lo que representaba una desventaja para mí, pero Rubén me aconsejaba que permaneciera tranquilo (su experiencia representaba la mejor garantía de seguridad). Y así fue, pues evitó la tragedia haciendo un quite profesional y oportuno con el que evitó que yo sufriera una cornada o algo parecido, aunque poco antes el novillo ya me había dado un tope que me dejó aturdido durante el resto del día.

Pero el público había reído a mandíbula abierta, sin importarle que yo hubiera caído a clavícula abierta (sin fractura, afortunadamente, pero bien pelada) lo cual fue suficiente para que, pocos días después, yo recibiera una jugosa oferta: un sueldo equivalente al que recibía el torero mejor cotizado del momento, a cambio de protagonizar una corrida en regla en el ruedo de la Plaza México. Pero yo rechacé la oferta como si me hubieran invitado a ser el protagonista de una ejecución en la guillotina de la Revolución Francesa. Y entonces sí cumplí lo que había prometido anteriormente, pues no volví a cometer el error de enfrentarme a uno de esos animales, fuera del tamaño que fuera.

Por otra parte, la parodia de corrida había sido "incruenta", como la llamaron los enterados. Esto es: no hubo banderillas ni picas ni espadas que hicieran sangrar al novillo... Pero era el tiempo en que comenzaba la era de la televisión a color, lo que colaboró para que los no aficionados, como yo (y como muchos otros, supongo) nos diéramos cuenta de que la sangre del toro también era roja. No era que antes hubiéramos pensado que la llamada fiesta brava fuera algo semejante a una ronda infantil; pero las pocas ocasiones en que se nos ocurría ver una corrida por televisión, el blanco y negro disfrazaba lo que luego se hizo evidente con el color: el toro iba quedando bañado por la sangre que brotaba por sus innumerables heridas; la llamada "fiesta" era en realidad un rito bestial, un rito de muerte.

Tengo muchos amigos que no sólo son auténticos aficionados a la tauromaquia, sino que además se yerguen en apasionados defensores de las supuestas bondades que contiene la práctica de esa actividad. Sé que debo respetar su manera diferente de pensar, pero también sé que nunca voy a compartir su convicción y que seguiré considerando al toreo como algo primitivo, como algo salvaje, como reminiscencia de un circo romano o de uno de aquellos terribles enfrentamientos que debían tener nuestros antepasados con las fieras que poblaban su entorno.

* * *

Medio año antes había sucedido algo tan inesperado como hermoso: el nacimiento de la sexta y última de mis hijas: Paulina. Esto aconteció cuando Roberto, que hasta entonces había sido el menor de mi prole, tenía ya seis años de edad, por lo que era difícil imaginar que pudiera haber un incremento en la familia. No obstante, eso fue lo que sucedió. Y el nuevo retoño llegó a colmar de dicha mi existencia, convirtiéndose muy pronto en mi consentida. Tanto, que ella fue la única a quien permitía que me interrumpiera cuando estaba yo trabajando en casa. Por ejemplo: me encontraba yo escribiendo a máquina, y Paulina se "escurría" hasta sentarse en mis rodillas, donde permanecía observando, primero con curiosidad y luego con atención, la forma en que se iban imprimiendo las letras en el papel. ¿Habrá sido eso una premonición de que la pequeña Pau llegaría a tener excelentes cualidades de escritora? Tal vez. Pero eso sí: lo que no admite dudas es que tiene un gran talento para ésta y muchas otras actividades relacionadas con la creatividad.

* * *

Por todos lados se topaba uno con el singular anuncio: MÉXICO 70. Lo cual significaba que en el transcurso de ese año (1970) México sería la sede oficial del campeonato mundial de futbol. Era la primera vez en que un mismo país tenía el privilegio de organizar los dos eventos deportivos de mayor trascendencia en el mundo entero: los Juegos Olímpicos y el Mundial de Futbol. ¡Y se realizaban con tan sólo dos años de diferencia entre ellos: Juegos Olímpicos en 1968 y Mundial de Futbol en 1970! (Tiempo después, para colmo de privilegios, México se convertiría también en el primer país del mundo que alcanzara a celebrar en dos ocasiones el Mundial de Futbol, pues salió al rescate del magno evento cuando Colombia se vio imposibilitada de llevar a cabo el campeonato correspondiente a 1986, cuya sede le había sido otorgada de manera oficial.)

En ambos mundiales, 70 y 86, la sede fue obtenida gracias al entusiasta (y poderoso) esfuerzo de un hombre: Emilio Azcárraga Milmo, quien contó además con la colaboración del estupendo equipo que se hizo cargo de los complicadísimos detalles de tecnología, logística, diplomacia y demás, entre los cuales destacaba el enorme talento de Guillermo Cañedo.

Como si todo eso no fuera suficiente privilegio, los mundiales celebrados en México se distinguieron por otro aderezo con el que fueron condimentados: la consagración de las máximas estrellas que ha habido en el futbol: Pelé en 1970 y Maradona en 1986. Y no fue una coincidencia, por lo tanto, el hecho de que los campeones respectivos hayan sido Brasil y Argentina.

* * *

Por esos días mi hermano Paco se divorció de Anita. La separación, como sucede en algunos casos, resultó benéfica tanto para ellos como para sus cuatro hijos, pues la relación matrimonial llevaba tiempo de mostrar enormes desajustes de compatibilidad. Poco después Paco se casaría con la inolvidable y tierna Marta Zamora, quien sería su entrañable pareja hasta su fallecimiento en mayo del año 2000, víctima de un despiadado cáncer pulmonar. Mi hermano no pudo resistir su ausencia y fue a su encuentro tan sólo tres meses después (en agosto), a consecuencias de un inesperado infarto cardiaco.

* * *

En el programa *Chespirito* conservé la participación de Rubén, Ramón y María Antonieta, aparte de completar elencos con otros actores cuya participación era eventual. Y todo marchó muy bien, pero únicamente durante un par de semanas más, pues entonces tomé una decisión que no sólo era altamente sorpresiva, sino que, en opinión de todo mundo, constituía la peor de las tonterías: era la decisión de eliminar *La Mesa Cuadrada*. Esto, por supuesto, generó los comentarios más adversos:

—¡Pero si es el sketch que motivó a la empresa para darnos un espacio propio!

—¡Estás loco!

—¡Pero si es un exitazo!

Etcétera, etcétera.

Había un motivo poderoso: la constitución misma del sketch exigía que hubiera muchos chistes adecuados al momento, de modo que había funcionado muy bien en un programa como *Sábados de la Fortuna*, que se presentaba en vivo, pues esto permitía la mención de personas y acontecimientos actuales, pero perdía tal característica cuando el producto se almacenaba durante dos o tres semanas (como mínimo) para constituir la reserva necesaria de capítulos. Eso no sólo representaba una deficiencia en actualidad, sino que, inclusive, podía generar aspectos negativos. Como sucedió, por ejemplo, cuando María Antonieta leyó una carta que decía:

—¿Qué opinan de *Zona roja*? —una película de estreno reciente.

—Que no tiene la culpa el indio, sino el que lo hace Fernández —respondió uno de los supergenios.

El chiste reunía varios aspectos negativos. Para comenzar, emitía una opinión desfavorable acerca de la película, en un espacio que no tenía derecho para hacerlo. Por otra parte, el chiste se encerraba en una limitante: para entenderlo se hacía necesario saber que la película había sido dirigida por Emilio "el Indio" Fernández, y hay grandes sectores de la población que ignoran estas circunstancias. Dicha limitante se ampliaba al considerar al público de otros países. Finalmente, y esto fue lo peor del caso, en el lapso comprendido entre la grabación del programa y la proyección de éste por televisión, Emilio Fernández tuvo el infortunio de involucrarse en un accidente de tránsito que culminó cuando el director de cine mató de un balazo a un hombre de origen humilde. Una vez sucedido esto, imaginemos la reacción de quien oyó: "No tiene la culpa el indio sino el que lo hace Fernández".

—¡Como te atreves a burlarte —me decía la gente— del doloroso percance ocurrido a esa gente!

Y tenían razón. Yo no lo había hecho con dolo, pero sí con negligencia. Difícil de prever, sí, pero negligencia al fin. Y si a eso le añadimos la burla injusta que hacíamos de mucha gente famosa (actores, cantantes, deportistas, etcétera), la solución tenía que ser ésa: la eliminación del sketch que nos había dado fama.

Por otra parte, en aquel tiempo me resultaba imposible imaginar el grado de sangrienta ofensiva que alcanzaría la crítica, tal como se ejerce en la actualidad, cuando las burlas van aderezadas con los comentarios más nauseabundos, perniciosos y crueles.

* * *

Dicen que las adversidades suelen ser productivas. Y yo lo creo así, pues como consecuencia de haber sufrido aquella adversidad (la eliminación de *La Mesa Cuadrada*) surgió la necesidad de crear algo nuevo que entrara en sustitución de dicho sketch; y entonces fue cuando recordé a aquel personaje que había sido rechazado por muchos comediantes: El Chapulín Colorado.

Inicialmente yo había puesto otro "apellido" al personaje, pues lo pensaba llamar Chapulín Justiciero. Pero después de haber diseñado un atuendo apropiado, me topé con un inconveniente: el color del atuendo. Porque yo daba por definido que, en el caso, tendría que ser verde. Sin embargo, las mallas y los leotardos que serían parte fundamental del atuendo sólo se encontraban fácilmente en cuatro colores: negro (demasiado fúnebre); blanco (demasiado reflejo para la iluminación de televisión); azul (inapropiado para los trucos de croma key, que ya planeaba utilizar); y rojo (que también presentaría problemas técnicos, pero entonces no lo sabía). De manera que, por eliminatoria, el personaje tendría que usar un atuendo rojo. Esto lo justifiqué cambiando el "apellido" Justiciero por el de Colorado, lo cual, además, representaba una doble ventaja: una singular eufonía y una asociación con el célebre remate de los cuentos: "y colorín colorado, este cuento se ha acabado". (Esto, por

193

cierto, podría ser otro ejemplo de adversidad productiva.)
El atuendo se completaría con una trusa de baño amarilla,
un corazón del mismo color en el pecho, con las letras
"CH" en rojo, unos zapatos tenis que combinaban amarillo
y rojo y una capucha de la que surgían un par de antenitas
como las de los insectos, pero que yo di en afirmar que eran
de vinil (material plástico que entonces se usaba mucho en
la fabricación de juguetes). En un principio llevaba también
un par de pequeñas alas, semejantes a las de los insectos,
pero muy pronto opté por eliminarlas, ya que no tenían
utilidad alguna y sí, en cambio, estorbaban mucho a la hora
de actuar.

Lo que yo jamás había imaginado fue el inmediato e
impactante éxito que obtendría mi personaje, pues a lo mucho habrían transcurrido dos o tres semanas de su debut
cuando la gente ya repetía: "¡No contaban con mi astucia!",
cada vez que encontraba la ocasión propicia para ello. (Que
la encontraba a cada rato.) El Chapulín Colorado había
pronunciado la frase desde el primer programa en que hizo
acto de presencia; luego iría añadiendo otras muchas que
no sólo pasaban a formar parte del vocabulario del público,
sino que llegaban a ser usadas en caricaturas con personajes
políticos y hasta en la propaganda de estos mismos. En más
de un país de Hispanoamérica se hicieron campañas elec-
torales en las que los candidatos decían: "¡Síganme los buenos!", "Todos mis movimientos están fríamente calculados",
"Se aprovechan de mi nobleza", "Lo sospeché desde un
principio", etcétera.

El Chapulín Colorado popularizó también una rutina
que diseñé especialmente para tal personaje, misma que
consistía en la combinación de dos refranes populares cuya
mezcla producía un buen efecto cómico: "No olvides que

ya lo dice el viejo y conocido refrán", era la frase con que el Chapulín empezaba invariablemente la rutina, para citar a continuación las frases entremezcladas. Por ejemplo: "La suerte de la fea... amanece más temprano... No", corregía, para luego rectificar: "No por mucho madrugar... la bonita la desea... No", volvía yo a rectificar: "La bonita no desea madrugar muy temprano... y la fea tiene mala suerte desde que amanece... Bueno —aclaraba finalmente—; la idea es ésa".

Muy pronto nuestra popularidad creció a pasos agigantados, lo que constatábamos no sólo por los muchísimos autógrafos que nos pedían, sino también por la multitud de veces que nos llamaban para contratar presentaciones del grupo. De las contrataciones se encargaba mi hermano Horacio, con cuya colaboración tuve la suerte de contar a partir de esa época. Su desempeño fue tan eficaz, que después de presentarnos en más de 70 ciudades de la República Mexicana y otras tantas del extranjero, sólo en una de ellas dejamos de cobrar el pago de un día de hotel. Veo difícil que haya antecedentes de algo similar, pues en este ambiente es más que frecuente el toparse con seudo empresarios que emprenden el vuelo con el dinero que había en la taquilla.

Antes de alcanzar tales éxitos, el programa seguía contando con un incremento constante de auditorio, lo cual empezaba a ser considerado como todo un fenómeno, ya que la serie se proyectaba en el novel Canal 8, cuyo rating solía estar muy por abajo del prestigiado Canal 2 de Telesistema. Y entonces se presentó una vez más aquello de la adversidad productiva.

Aparte del Chapulín Colorado, el programa contaba con otros sketches de variado estilo, entre los cuales empezaba también a destacar uno titulado Los Chifladitos que, como su nombre lo indica, tenía como protagonistas a dos loquitos. Estos se llamaban Lucas Tañeda y Chaparrón Bonaparte, y los intérpretes éramos Rubén Aguirre y yo, respectivamente. Y a pesar de que tal sketch no alcanzaba a tener el enorme impacto del Chapulín, sí era un estupendo complemento en la serie... hasta que se presentó la adversidad en forma de un contrato que le ofrecían a Rubén Aguirre para trabajar como animador en un programa de la competencia.

—¿Qué puedo hacer? —me preguntó Rubén—. La oferta es tentadora por todos lados. Yo sería el titular del programa y mi sueldo estaría muy por arriba del que tengo aquí contigo. Además, ¡se trata del Canal 2!

—Yo creo que tú mismo tienes ya la respuesta, ¿no?

—Pues, digamos que sí. Pero tengo un compromiso contigo y con el programa.

Era una bonita manifestación de lealtad y ética profesional por parte de mi compañero y amigo. Y estaba claro que yo debía responder con las mismas virtudes, de modo que le dije:

—Acepta la oferta y ojalá que te vaya estupendamente. Pero si de casualidad no llegara a suceder esto o si hubiera algo que no marchara a tu satisfacción, ya sabes que aquí tú encontrarás las puertas abiertas en todo momento.

X

Rubén regresaría tiempo después, pero mientras tanto su ausencia significaba la adversidad del momento, ya que el personaje que él representaba (Lucas Tañeda) era insustituible por múltiples la razones; la principal de éstas era el hecho de que el público se acostumbra a una imagen y le resulta muy difícil aceptar otra en sustitución de aquella. La solución, por lo tanto, no radicaba en sustituir al actor, sino en sustituir el sketch. Es decir: quitar a Los Chifladitos del programa y poner en su lugar algo diferente. ¿Pero cuál sería ese algo diferente? Porque me pasé dos o tres días (con sus respectivas noches) intentando encontrar la respuesta, pero ésta no llegaba. Entonces, agobiado por la premura del tiempo, decidí salir del paso por una semana, escribiendo un sketch de los que yo llamaba "sueltos", en razón de que no tenían continuidad temática temporal. Para esto utilicé material que me había sobrado de otro sketch suelto que había hecho algunas semanas antes, el cual se había referido a un niño pobre que andaba por un parque público y tenía un breve altercado con un vendedor de globos. El niño había sido representado por mí y el vendedor de globos por Ramón Valdés. El resultado no sólo fue aceptable sino que, además, me volvió a sobrar material. Y mientras seguía cavilando, repetí la receta: usé el material sobrante para escribir algo de ambiente similar. Esta vez el resultado fue algo más que aceptable, y no se hicieron esperar los comentarios a favor. Hasta que un par de semanas después bauticé al personaje con el nombre que habría de ser conocido en muchas partes del mundo, rivalizando en popularidad con el Chapulín Colorado (y, en más de un aspecto, inclusive superándolo): el Chavo.

* * *

Jamás pretendí que el público pensara que yo era un niño. Lo único que buscaba era que aceptara que yo era un adulto que estaba interpretando el papel de un niño. El reto no era sencillo, ya que las características del personaje diferían sustancialmente de las que habían distinguido a quienes habían hecho algo semejante. Porque todos (o al menos casi todos) han sido variantes diversas del clásico Pepito, cuya gracia radica precisamente en que es un niño, pero que actúa con la picardía propia del adulto, mientras que el Chavo era el mejor ejemplo de la inocencia y la ingenuidad: la inocencia y la ingenuidad propias de un niño. Y lo más probable es que esa característica haya sido la que generó el gran cariño que el público llegó a sentir por el Chavo; cariño que no sólo se reflejaba en los aplausos, las sonrisas y los comentarios de la gente, pues a todo eso hay que añadir a los cientos de personas (niños y adultos) que se acercaban para dejar en el escenario "una torta de jamón", un par de zapatos, juguetes, etcétera; al tiempo que repetían cotidianamente las expresiones usadas en los programas, como: "Fue sin querer queriendo", "Se me chispotió", "Bueno, pero no te enojes", "¡Eso eso eso!", "¡Cállate, cállate, que me desesperas!", "¡Chusma, chusma!", "¡Tenía que ser el Chavo del Ocho!", etcétera.

A decir verdad, ese cariño del público fue también un obsequio para todos los actores que tuve a mi lado, los que llegaron a conformar el grupo de comedia más famoso en todo el mundo de habla hispana. Sin embargo, para alcanzar esa fama se tuvieron que aglutinar varias circunstancias, entre las cuales hay que destacar la selección de los actores que habrían de acompañarme. Había tres que ya formaban parte de mi equipo desde *Sábados de la Fortuna*: Rubén Aguirre, Ramón Valdés y María Antonieta de las Nieves.

Ya mencioné a Rubén y las circunstancias en que lo conocí, pero debo añadir que aparte de sus facultades como actor tenía características físicas que lo hacían inmejorable como compañero de trabajo, tales como su voz gruesa y segura (había sido locutor y cronista taurino) y su elevada estatura (1.92 metros), que lo convertían en contraparte ideal del Chapulín Colorado, razón por la cual fue el más reconocido de los "villanos" a los que se enfrentaba el héroe. Es, además, ventrílocuo y estupendo animador.

También narré ya el episodio de la partida de Rubén para trabajar en "la competencia" (Canal 2) y que en aquella ocasión le prometí que si alguna vez quisiera regresar, las puertas del programa estarían abiertas para él. Pues bien, eso fue lo que sucedió no mucho tiempo después, de modo que tuvo fácil acomodo en el entorno del Chavo, interpretando magistralmente al profesor Jirafales, el riguroso maestro de escuela que sufre por las travesuras de los niños, pero que siempre termina soportándolas con la bondad y el estoicismo que caracterizaba a aquellos auténticos apóstoles de la docencia. Su máximo enojo terminaba con la exclamación que se hizo famosa: "¡Ta ta ta ta ta!" El Profesor Jirafales y Doña Florinda estaban mutuamente enamorados y mantenían un romance chapado a la antigua que inundaba de miel las pantallas de los televisores.

* * *

Dos años antes había tenido la suerte de contar con Ramón Valdés como compañero de actuación, en una película que se llamaba *El cuerpazo del delito*, conformada por tres episodios independientes entre sí. Ramón y yo trabajamos en uno que estaba encabezado por Mauricio Garcés, Angélica María y Pepe Gálvez, y me la pasé de maravilla durante el rodaje. Por un lado, el trío de estrellas desparramaba simpatía, calidad histriónica y algo que no se ve con demasiada frecuencia: compañerismo, ausencia total del "estrellismo" de que suelen hacer gala los actores consagrados. Y, por otro lado, ahí fue donde tuve la oportunidad de evaluar la gracia sin igual de Ramón Valdés. Ese fue, por tanto, el antecedente que me llevó a seleccionarlo para conformar el elenco de mi programa. Y fue él quien interpretó a Ron Damon (Don Ramón) uno de los más agraciados personajes que rodeaban al Chavo. Hacía el papel de uno de esos tipos que ocultan sus múltiples insuficiencias tras una mampara de arrolladora simpatía. Era holgazán, inculto, comodino, etcétera, pero poseedor de esa gracia natural que identifica al pícaro, y de ese ingenio que invariablemente lo ayudaba a salir del peor de los atolladeros. Por ejemplo: jamás pagaba la renta de la vivienda que ocupaba en la modesta vecindad, al lado de su hija, la Chilindrina.

* * *

María Antonieta de las Nieves, como ya dije, entró a formar parte de *La Mesa Cuadrada* en sustitución de Bárbara Ramson.

Cuando llegó dijo que haría ese papel temporalmente, mientras yo conseguía a otra actriz que entrara en su lugar, pues aseguro que lo suyo era la tragedia y no la comedia. Sin embargo, después de verla actuar, yo le hice notar que tenía la calidad más que suficiente para hacer comedia, ya que los papeles trágicos los hace cualquiera. A ella le extrañó aquello que parecía una especie de reto, pero tomó el toro por los cuernos. Poco después, reconoció que no cambiaría su posición por nada en el mundo. Y ahí fue donde alcanzó la cúspide de la fama con su inigualable caracterización de la Chilindrina, personaje que la lanzó a los más altos estratos de popularidad.

Diseñé a la Chilindrina como una niña que tendría tantas o más pecas que el Chavo, a modo de constituir un lazo de identificación entre ambos; pero ella sería traviesa a más no poder (chimuela, como suelen ser los niños traviesos debido a que su hiperactividad los induce a correr riesgos) y mucho más inteligente que él (con el uso de anteojos que ha llegado a ser paradigmático de los niños inteligentes). La Chilindrina figuraba como la hija de Don Ramón y de la esposa de éste que, según se mencionaba en el transcurso de la serie, había fallecido al dar a luz a la niña. Ésta dejaba ver que había heredado la picardía de su padre, aunque la manifestaba adecuándola al contexto infantil que le correspondía. Estaba ingenuamente enamorada del Chavo, y era quien generalmente se encargaba de urdir y encabezar las múltiples travesuras que llevaba a cabo en compañía de los niños de la vecindad y de la escuela.

María Antonieta representaba también, aunque con poca frecuencia, el papel de su propia bisabuela, Doña Nieves, una viejecita que reunía todos los defectos de Don Ramón, su hijo, a los que añadía una actitud de abuso sin barreras ni restricciones. Para poder interpretar tan diversos papeles, María Antonieta no sólo contaba con su gran calidad de actriz, sino que a esto añadía una vasta experiencia en el campo del doblaje, actividad en la que había alcanzado una sobresaliente reputación. Esto le permitía lo mismo hablar con voz de niña que con voz de anciana, con gran facilidad.

* * *

Por aquellos días hubo una ocasión en que, para llegar al foro donde se grabaría mi programa, se cruzaba por el escenario de otro programa humorístico que se llamaba *La Media Naranja*, cuya figura principal era el gran comediante Fernando Luján, y cuyo escritor era su primo, el estupendo Toño Monzel. Y en cierta ocasión, al pasar por ahí, me llamó la atención una actriz que en ese momento realizaba un monólogo, con la caracterización de una de esas mujeres que esparcen chismes mientras lavan la ropa en el patio de una vecindad. Me impresionó lo bien que lo hacía. Luego seguí mi camino hasta llegar a mi foro, donde me encontré con Lalo Alatorre, director de cámaras de mi programa y estupendo amigo, quien me dijo:

—Oye: estoy buscando a alguna actriz que reúna muchas facultades y algunas características —y las enumeró antes de proseguir—: ¿Conoces a alguien así?

—Sí —respondí al instante.

—¿Quién es?

—No tengo ni la menor idea, pero ahora mismo te la enseño. Sígueme.

Regresamos al foro de *La Media Naranja* y, señalando a la actriz que hacía el monólogo, le dije a Lalo:

—Ahí la tienes.

—¡Estupenda! —exclamó Lalo después de haberla visto y escuchado.

—¡Más que estupenda! —dije yo exhalando un suspiro.

—Quiero decir: como actriz.

—Ah, sí: por supuesto.

Así fue como Lalo contrató a Florinda Meza García. Y poco después fue contratada también para hacer un papel en mi programa, donde realizó una actuación que me dejó más que satisfecho... Y su presencia me dejó más que impresionado aun antes de saber que tenía un caudal extra de cualidades, entre las que destacaba un talento excepcional para cantar, bailar, escribir, producir, etcétera, todo acompañado de una disciplina y un esfuerzo que pronto la harían sobresalir en cualquier cosa que emprendiera. En aquellos momentos, yo tampoco sabía lo mucho que significaría en mi futuro; pero fue entonces cuando empecé a transitar por el sendero que me conduciría al privilegiado destino llamado Florinda Meza.

* * *

Antes de eso, Florinda había tenido que enfrentarse a mil obstáculos y contratiempos. Nacida en Juchipila, Zacatecas, el 8 de febrero de 1949, era la mayor de los tres hijos sobrevivientes de Héctor Meza Solano y Emilia García Valero, matrimonio que luego quedó desintegrado, con consecuencias directas para la prole, constituida por Florinda, Héctor y Esther. Los últimos habían nacido circunstancialmente en Estados Unidos, donde permanecieron durante algún tiempo, mientras Florinda quedaba en México al resguardo de varios parientes, entre los que destacaron sus abuelos paternos: Hipólito Meza y Lucía Solano.

Don Hipólito era hacendado y médico. Aunque quizá sería más apropiado decir que era médico antes que cualquier otra cosa, pues fue esa actividad la que hizo de él uno de los hombres más queridos y respetados de la región. Pero, simultáneamente, era su capacidad de hacendado la que aportaba lo necesario para solventar los gastos que exigía su apostolado médico, ya que la mayoría de sus pacientes eran los muchos pobres que había en la región. Paralelamente ejercía una actividad cívica que lo inducía a apoyar causas justas y a denunciar las injustas. Y fueron precisamente sus valientes denuncias las que lo llevaron a padecer el encierro en las húmedas y sórdidas mazmorras de La Loba, lóbrego recinto carcelario donde su salud sufrió el consecuente quebrantamiento, mismo que terminó por llevarlo a la sepultura. Había sido encerrado por órdenes del intocable cacique de la región, Leobardo Reynoso, quien, por cierto, siguió después viviendo largos y apacibles años al amparo de su también intocable partido político; amparo que además, fue suficiente para que, a pesar de su analfabetismo, fuera nombrado embajador en Bélgica.

A Florinda le quedó su abuela, con la cual, creo yo, llegó a establecer algo así como una relación simbiótica. Porque doña Lucía fue para Florinda la madre que ya no tenía a su lado, mientras que para la señora, Florinda era ese "alguien por quién vivir" que tanto suele necesitar la gente. Es decir: la niña había pasado a ocupar el centro de atención que había sido su querido esposo. No sé qué tan acertada sea esta apreciación, pero de lo que sí estoy seguro, es de que su abuela sigue y seguirá teniendo siempre un lugar privilegiado en la memoria de Florinda.

Ella dio una demostración más de seguridad y profesionalismo cuando aceptó hacer el papel de Doña Florinda en los episodios del Chavo, pues la caracterización exigía que se sacrificaran sus encantos personales en pro de dar la apariencia de una mujer de más edad y que estaba muy lejos de cuidar su arreglo personal. Su actuación incluía, además, que su rostro irradiara toda la ternura y toda la dulzura que pueden anidar en el interior de una mujer enamorada, pero sin menoscabo del rigor con el que maquillaje y vestuario acentuaban su edad y su desarreglo personal. Esto, que sucedía cada vez que se encontraba con el profesor Jirafales, era un verdadero alarde de facultades histriónicas. Y con la misma capacidad interpretó después a la Popis, la bobalicona sobrina de Doña Florinda, apareciendo en no pocas ocasiones al lado de su tía, lo cual provocaba que más de un espectador pensara que se trataba de dos actrices diferentes, pues era un recurso muy poco común con la tecnología de aquella época. Y otra característica de Doña Florinda era la forma desmesurada y sin límites con que consentía a su hijo Quico.

* * *

Carlos Villagrán hacía pequeños papeles en un programa que animaba Rubén Aguirre, pero yo no había tenido oportunidad de verlo. Sin embargo, lo conocí en una fiesta particular en casa de Rubén, donde éste y Carlos representaron un sketch en el que hacían los papeles de un ventrílocuo y su muñeco, que me hizo reír a más no poder. Carlos, en el papel del muñeco llamado Pirolo, hablaba con los cachetes inflados, lo cual le daba un aspecto abiertamente caricaturesco que favorecía ampliamente la comicidad del número.

Esto me hizo recordar una de las causas de risa que destaca Henri Bergson en su excelente estudio: "Son frecuentes causantes de risa —dice el eminente filosofo y literato— la humanización de lo mecánico y la mecanización de lo humano." Era lo que estaba haciendo Pirolo (sin habérselo propuesto): aplicar la última parte del concepto bergsoniano: la mecanización de lo humano. Tanto, que Bergson incluye precisamente un ejemplo como éste cuando expone su razonamiento: "Los movimientos mecanizados de una persona nos hacen reír en cuanto nos hacen recordar la rigidez de un mecanismo o la producción en serie de títeres, muñecos, etcétera". Entonces me hice una pregunta: ¿qué tal funcionaría un niño con estas características como contraparte del Chavo? Al decir contraparte me refiero al hecho de que tal niño sería rico (en comparación con el Chavo), caprichoso, testarudo, consentido, envidioso, etcétera. Mi respuesta fue el diseño completo del personaje, al que puse como nombre Federico (Fede"rico"), pero que sería llamado por el cariñoso apodo de Quico. Su ubicación en la vecindad requería la presencia de un familiar adulto, lo que me llevó a diseñar el personaje de una mamá cuya conducta justificara lo consentido, caprichoso y demás características del niño, entonces inmediatamente pensé en Florinda, quien no tuvo empacho en llevar su propio nombre, que a mí me parecía adecuado si iba precedido por el clásico "doña", que representa un cierto nivel social. Y muy pronto se hicieron famosas las frases reiterativas de ambos personajes: "Vámonos, Quico; no te juntes con esa chusma"; "¡Chusma, chusma!"; "¡Cállate, cállate, cállate, que me desesperas!", etcétera.

* * *

Yo había confiado el papel de dueño de la vecindad a un actor que tenía capacidad histriónica, pero que no era el ideal para representar a dicho personaje. Entonces se acercó un buen amigo mío (Nacho Brambila) y me dijo:

—Yo conozco a un actor que es excelente y que muy bien podría encarnar a ese personaje. ¿Quieres que te lo mande para que le hagas una prueba?

Y así fue como tuve el primer contacto con ese magnífico histrión que se llama Edgar Vivar, un actor cuyo peso físico (que es mucho) queda muy por abajo de su peso artístico. Con lo cual quiero decir que Edgar tiene una enorme calidad histriónica, misma que lo ha llevado a desempeñar toda clase de papeles, de tragedia, comedia o lo que sea, siempre con la destreza que caracteriza a los grandes actores. Sobra decir que yo aproveché estas cualidades encargándole la interpretación de muchos personajes, entre los cuales se encontraba el Señor Barriga, propietario de la vecindad, quien muy difícilmente lograba cobrar una renta (jamás, por cierto, la de Don Ramón).

Pero sus cuitas no se reducían al fracaso en el cobro de las rentas sino que, además, el infortunio lo había seleccionado como víctima fortuita de muchas de las travesuras o imprudencias que cometían los niños de la vecindad. Estas últimas, las imprudencias, provocadas casi siempre por el Chavo, eran las que generaban la expresión que luego se hizo popular: "¡Tenía que ser el Chavo del Ocho!" Obviamente, sus enojos iban conformando el predicamento de gruñón en que lo tenía todo mundo, hasta que el público descubría que tras esa apariencia había un hombre que esparcía bondad, ternura y, sobre todo, indulgencia. Su mano se extendía para exigir un pago, pero su corazón se encogía hasta perdonar la deuda.

Poco después el mismo Edgar interpretaría también a su propio hijo; es decir, al hijo del señor Barriga, un niño llamado Ñoño, que había heredado todas las características físicas de su padre y no pocas de las intelectuales. Jugaba con todos los niños de la vecindad y de la escuela, dejando ver que la infancia es democrática por naturaleza... Es después, en la edad adulta, cuando deleznables prejuicios llegan a desplazar a la Ética.

* * *

Al grupo se integrarían también otros elementos, como Angelines Fernández, una actriz de reconocida trayectoria que había actuado con regular frecuencia al lado de Cantinflas, donde había demostrado tener un sentido del humor que la hacía idónea para mi programa. Al igual que Florinda, Angelines aceptó caracterizarse de manera que no permitía recordar ni por un instante la castiza guapura que había tenido, de modo que se encargó de interpretar a la quisquillosa solterona Doña Clotilde, a quien los niños de la vecindad llamarían "la Bruja del 71".

Doña Clotilde decía frecuentemente que ella era soltera por convicción.

—Pero por convicción de aquellos a quienes ella ha perseguido —dijo alguna vez Don Ramón.

Es que, la verdad, Doña Clotilde suspiraba de amor por el simpático viudo. Y era obvio que en pos de ese amor habría sido capaz de sacrificar todos los principios que, según decía, le habían dado fuerza para seguir siendo una mujer honesta. Bueno, tampoco era cosa de sacrificar todos esos principios así, de golpe... Quizá uno por uno... Digamos que uno hoy, otro mañana y así: sin mucha prisa.

El grupo siguió incrementándose con la inclusión, como actor, de mi hermano Horacio; pero para escribir acerca de él (al igual que acerca de mi hermano Paco) podría gastar tantas páginas que excedería totalmente el cometido de este libro. Por tanto me limitaré a mencionar que también caracterizó estupendamente a diversos personajes, entre los cuales cabe destacar a Godínez, compañero de escuela del Chavo y los otros niños. Godínez se distinguía por ser el alumno que menos estudiaba; por lo tanto, no tenía la menor idea de lo que eran la historia, la geografía, la aritmética y demás materias escolares, pero, en cambio, era un verdadero experto en deportes, tanto en la práctica de éstos como en la información que tenía al respecto. No era capaz de recordar la fecha en que Cristóbal Colón descubrió América, pero podía citar con precisión el día en que Pelé anotó su gol número mil. Si se hablaba de Di Stéfano, Godínez aludía al futbolista, por supuesto, y jamás al tenor. Los tigres no eran de la India; eran de Detroit, etcétera.

Raúl El Chato Padilla se incorporaría al elenco de planta del programa en una etapa posterior, pero se podría decir que su integración al grupo fue más que instantánea. Esto, debido a tres factores contundentes: sus facultades de actor, su enorme capacidad para caracterizar toda clase de prototipos y su enorme calidad de ser humano. En el conjunto del Chavo se distinguió por su caracterización del tierno y delicioso Jaimito el Cartero, el viejecito que "prefería evitar la fatiga" y acordarse de Tangamandapio, aquel "hermoso pueblecillo con crepúsculos arrebolados" donde había nacido y en el que "los tangamandapianos enamoraban a las lindas tangamandapianas con las que luego procrearían multitud de tiernos y amorosos tangamandapianitos".

Después, durante las muchas temporadas en que estuvo en el aire, el programa contó con la participación eventual de grandes actores que fueron invitados, entre los cuales puedo citar a la incomparable Ofelia Guilmain, Germán Robles, Patricio Castillo, Héctor Bonilla, Rodolfo Rodríguez, Rogelio Guerra y muchos otros cuya enumeración sería larguísima.

Con ese insuperable elenco, reforzado por un enorme cariño por el trabajo y un infatigable entusiasmo para realizarlo, el programa seguía ascendiendo en calidad y en popularidad. Tanto, que la empresa decidió dividirlo para conformar dos programas: *El Chapulín Colorado* y *El Chavo del Ocho*, proyectados en días diferentes (lunes y miércoles, respectivamente). Ambos se complementaban ocasionalmente con otros sketches, entre los que destacaban El doctor Chapatín, acompañando al Chapulín y Los Caquitos acompañando al Chavo. Estos últimos eran dos rateros tan torpes que jamás lograban robar algo: el Peterete, interpretado por Ramón Valdés y el Chómpiras, interpretado por mí. Al paso del tiempo, tras el fallecimiento de Ramón, el compañero del Chómpiras fue el Botija, interpretado por Edgar Vivar. A ellos se unirían luego la Chimoltrufia (quien muy pronto se convirtió en personaje fundamental del sketch), Rubén Aguirre como el sargento Refugio Pazguato y otros personajes, pero esto merece comentario aparte; que expondré a su debido tiempo.

Mientras tanto, mencionaré que el éxito de ambos programas seguía en auge, por lo que el Canal 8 decidió (¡al fin!) proyectar también *El Ciudadano Gómez*, aquella serie que había grabado inicialmente y que se había guardado como "arma de contraataque" para enfrentar a la competencia. Se le asignó el miércoles como día de proyección, con lo cual mis programas ocupaban el horario estelar (las 8:00 pm) los lunes, los miércoles y los viernes de cada semana. Sin embargo, al cabo de tres meses se terminó el material de *El Ciudadano* que teníamos almacenado (13 capítulos) y yo consideré que no tendría tiempo suficiente para escribir tres programas a la semana conservando la misma calidad que habían tenido en todo momento, por lo que solicité que se suprimiera uno de ellos. Y, a pesar de que también había alcanzado un gran éxito, fue *El Ciudadano Gómez* el seleccionado para salir del aire, dado que *El Chapulín* y *El Chavo* ya llevaban una buena temporada ocupando los primeros lugares en la preferencia del público. Y tanto, que poco después alcanzaron algo que se consideraba inalcanzable: superar el rating de la competencia (Canal 2) en el mismo horario. Pero esta circunstancia genero una reacción que también merece capítulo aparte.

XI

—¿Tienes algo que hacer esta noche? —me preguntó Humberto Navarro por teléfono.

—Dormir —le respondí—. Es más: ya estoy a punto de meterme a la cama.

—¿A estas horas? Apenas van a dar las 10 de la noche.

—Pero estuve trabajando todo el día.

—Pues ya dormirás en otra ocasión —añadió Humberto con aquella cachaza que lo caracterizaba—, de momento lo que importa es que vengas ahora mismo a La Fuente.

Este era por aquel entonces el centro nocturno de mayor categoría que había en México, y Humberto Navarro estaba encargado de la contratación de los espectáculos que ahí se presentaban, razón por la cual le dije:

—Oye, Humberto: no estarás pensando en contratarme para trabajar ahí. *El Chapulín* y *El Chavo* no son espectáculos para La Fuente.

—Ya lo sé; pero el motivo de la invitación no es ése. La cosa va por otro lado.

Y no recuerdo qué tanto seguimos discutiendo, pero lo que sí sé fue que terminé yendo al centro nocturno, donde me recibieron con toda clase de atenciones. A un lado de la mesa había una cubeta con hielo; y en el hielo reposaba lujuriosamente una botella de Don Perignón.

—Ahora mismo viene el señor Navarro —me dijo el mesero, al tiempo que colocaba un par de copas y un plato con rebanadas de manzana. Luego se retiró, dejándome como blanco absoluto de las miradas que había a mi alrededor, casi siempre acompañadas por sonrisas y gentiles saludos a distancia. Tres o cuatro personas se acercaron a la mesa y me pidieron un autógrafo. No traían un álbum de autógrafos, pero no hacía falta; las servilletas sirven para lo mismo.

Luego llegó Humberto Navarro, con esa sonrisa amable y hasta candorosa que después fue característica de muchos cappi di cappi.

—¡Qué bueno que viniste! —me dijo, al tiempo que hacía una seña al mesero para que descorchara la glamurosa y costosa botella de champaña—. Tengo un show que te va a encantar. ¡De primerísima categoría, eh!

—Como siempre —comenté sin asomo de originalidad.

La conversación prosiguió por ese rumbo incierto que precede a cosas más importantes. Y luego Humberto me dijo sin más ni más:

—El señor Azcárraga quiere hablar contigo.

* * *

—Tus programas son lo mejor del Canal 8 —me dijo Emilio Azcárraga Milmo cuando estuve en su oficina—, y me gustaría que fueran parte de nuestra programación.

Yo había tenido un trato muy breve con él en épocas anteriores cuando no era más que "el hijo del patrón", el único varón de la prole de don Emilio Azcárraga Vidaurreta. Éste, por su parte, había sido el imponente y audaz em-

213

presario que había ascendido hasta un primerísimo lugar en varias industrias, la principal de las cuales había sido la de comunicación (radio y televisión). Con el calificativo de "imponente" me refiero a su sólida figura, tanto como a su arrolladora personalidad. Estas características fueron parte de lo que recibió en herencia su hijo Emilio, al tiempo que pasaba a ocupar la cabecera de lo que ya había empezado a ser eje central de la industria televisiva en México, y que luego él se encargaría de impulsar hasta ocupar dicha primera posición en todos los países latinoamericanos. Aunque esto no se le dio de manera gratuita, ni mucho menos. Al contrario: cuando falleció su padre, a Emilio II se le auguraba un fracaso rotundo.

—¿Qué podrá hacer este pobre muchacho —decía más de uno— cuando tenga que quedar al frente del negocio? Si lo único que sabe hacer es divertirse y ligar romances a diestra y siniestra.

Bueno, esto último lo siguió haciendo durante toda su vida, pero lo hacía al mismo tiempo en que engrandecía sus negocios de manera espectacular. Por otra parte, muchos de los que le auguraban un fracaso ignoraban que cuando murió su padre, Emilio II ya llevaba buen tiempo de ser quien manejaba el negocio. Algunas veces, inclusive, teniendo que soportar la oposición del mismo Emilio I, como sucedió con la construcción del estadio Azteca, cuyo futuro no llegaba éste a comprender. Tampiqueño de nacimiento y de corazón, don Emilio Azcárraga Vidaurreta no podía aceptar que "un deporte tan primitivo como el futbol lograra desplazar a algo tan grandioso como el béisbol". Pero Emilio Azcárraga Milmo sí previó el auge que cobraría el "primitivo deporte", hasta constituirse en el fenómeno que actualmente maneja miles de millones de dólares y que hipnotiza a muchos millones de personas en todo el mundo. Entonces, para poder llevar a cabo su magno proyecto, tuvo que recurrir a un préstamo que le hizo otro visionario: nada menos que el grupo que entonces manejaba, entre otras cosas, el Canal 8, su competidor televisivo.

—Mi oferta es la siguiente —añadió Emilio cuando me senté frente a él en su despacho—: por cada programa ganarás tanto (la cantidad representaba exactamente el doble de lo que ganaba yo en Canal 8). Además, de entrada recibirás 300 mil pesos en efectivo.

Esto representaba para mí, algo así como todo el dinero del mundo, más cuatro pesos. Por supuesto que me apresuré a decirle:

—¡Claro que acepto!

—¡A toda madre! ¿Cuándo empezamos?

—No me quedan más que ocho semanas de contrato con TIM. (Televisión Independiente de México. Canal 8.)

—Bien; aquí te esperamos.

Así pues, llegué a mi casa feliz de la vida y le conté a Graciela todos los pormenores del arreglo. Por lo tanto, nos la pasamos muy bien hasta entrada la noche, cuando recibí otra llamada telefónica.

—Hola, ¿como estás? —me dijo Humberto Navarro, que era quien hablaba—. Te fue bien, ¿verdad?

—¡De maravilla! —respondí. Y le conté con detalle los pormenores de la cita que había tenido con Emilio.

—Sí —me dijo Humberto—: ya me contó el señor Azcárraga. Pero me pide que te haga una aclaración.

—A ver: dime...

—Dice que no le gusta eso de tener que esperar ocho semanas. Que debes venir para acá inmediatamente o, de lo contrario, que te olvides de Telesistema.

Me dolió como puñalada en el corazón. (¿O en el bolsillo?) Pero de cualquier modo no lo tuve que pensar durante más de dos segundos, al cabo de los cuales respondí:

—Lo siento, pero yo tengo un compromiso con Canal 8, y lo voy a cumplir.

—¡No seas pendejo! Nadie está respetando esa clase de contratos. Los de allá vienen para acá y los de acá van para allá, y a todos les vale madre si tenían o no tenían contratos.

La discusión se prolongó durante un rato, pero no hubo argumento que me hiciera cambiar.

—Está bien —me dijo Humberto al despedirse—. ¡Conste que fue tu decisión!

Ante la noticia, Graciela quedó tan triste como yo, pero comprendió que la dignidad estaba antes que el interés.

Alterando un poco el orden cronológico de los acontecimientos, contaré que en la tarde del siguiente día recibí otra llamada telefónica de Humberto Navarro:

—Al señor Azcárraga le pareció que tu respuesta fue muy digna —me dijo—. Por lo tanto, me manda decirte que no te preocupes; que te vamos a esperar hasta que terminen esas ocho semanas que te restan en Canal 8.

—Pues dile al señor Azcárraga —le contesté— que agradezco mucho su apreciación, pero que ahora tendrán que esperarme 60 semanas.

¿Qué había sucedido? Que a la mañana siguiente de la segunda llamada me despertó (literalmente) otro telefonema que resultaría trascendente. Sólo que éste provenía de don Luis de Llano Palmer, a la sazón director de producción y programación de Canal 8, a cuyo frente estaba el exitoso y dinámico don Alfredo Martínez Urdal.

—Me urge que vengas inmediatamente —me dijo—. Tenemos que ver algo muy importante.

El horario era inusual. No recuerdo exactamente qué era lo que marcaba el reloj, pero sí sé que no llegaba a las 9:30 am, un horario totalmente atípico para ejecutivos de televisión de cualquier parte del mundo. Pero cuando llegué a su oficina, ahí estaba don Luis con ese gesto de seguridad y franca gentileza que lo caracterizaba.

—Hemos estado pensando —me dijo— que tu sueldo no corresponde a lo mucho que representas para nosotros, de modo que hemos decidido un aumento. A ver: ¿qué te parece?

Dijo esto último poniendo frente a mí una tarjeta en la que estaba escrita una cantidad, que era exactamente la misma que me había ofrecido Emilio. La diferencia radicaba en que aquí no habría una cantidad adicional en efectivo como la que me ofrecía Telesistema, pero de cualquier modo el aumento era sensacional. Sin embargo, el asunto no terminó ahí.

—Te hablan por teléfono —me dijo Graciela esa misma noche.

—¿Es de Canal 8 o de Telesistema? —pregunté en tono de broma.

—Es Humberto Navarro —aclaró ella.

Fue entonces cuando le dije aquello de que debían esperarme 60 semanas, ya que a las 8 del contrato debía añadirle 52 más (un año) concernientes al contrato que había firmado esa misma mañana con TIM.

Tiempo después sería frecuente oír a Emilio Azcárraga Milmo cuando me halagaba contando aquel hecho como un ejemplo de la lealtad que se debe tener con una empresa, y de la ética con que se deben cumplir los compromisos adquiridos. Y recordaba que esto había sucedido cuando personal de TIM se pasaba a Telesistema, al igual que personal de Telesistema se pasaba a TIM, haciendo caso omiso de contratos y demás instrumentos de compromiso. Esto lo comentaba muchas veces en mi presencia y frente a toda clase de testigos.

Sin embargo, de todo aquello saltaba una duda: ¿por qué se había dado la insólita coincidencia de que don Luis me hablara precisamente un día después de que había yo recibido la oferta de Telesistema, y que él me ofreciera un aumento exactamente igual al ofrecido por la empresa de Emilio? ¿Será posible que la respuesta se encuentre en las prácticas de contraespionaje que ya eran comunes en aquellos tiempos (1973)? Claro que esto no pasa de ser una especulación carente de fundamento, pero al narrar la anécdota he recordado algo que es, en cambio, una verdad absoluta: el hecho de que en estas líneas me había faltado destacar a don Luis de Llano Palmer como uno de los mayores genios que ha habido en el ámbito mundial de la televisión en español, tanto en lo referente a la producción como a la programación, al descubrimiento y contratación de elementos artísticos, directivos, técnicos, etcétera.

Por cierto, también hacía falta señalar que, en lo relacionado con mi contratación, Telesistema no tuvo que esperar que transcurrieran aquellas 60 semanas, pues antes de que se cumpliera el lapso concerniente sucedió algo que modificaría todos los arreglos existentes: Telesistema y TIM unieron sus destinos y sus intereses, conformando lo que hasta la fecha se conoce como Televisa. Entonces mis programas empezaron a transmitirse por Canal 2 y los ratings se elevaron hasta las nubes.

* * *

No todo era reír y cantar. En cierta ocasión, cuando ya nos disponíamos a comenzar la grabación de un programa, Ramón se me acercó con un gesto que reflejaba algún problema. Me dijo:

—Fíjate que el Pachuco acaba de palmar.

Esto significaba, en el lenguaje popular, que su hermano Germán acababa de morir. Era algo que ya se esperaba, pues el genial Tin Tan padecía un cáncer que no tenía curación posible, lo cual no impidió que la tristeza invadiera el foro, pues el estupendo actor se había granjeado siempre el cariño de compañeros, técnicos, ejecutivos, etcétera. Entonces Ramón me hizo ver que Rubén o Edgar podrían tomar su lugar en los papeles que le correspondía representar ese día. Así era, en efecto, de modo que Ramón partió rumbo a la capilla donde ya estaban velando los restos de su querido y admirado hermano.

Yo había escrito dos películas para ese extraordinario comediante que fue Tin Tan: *Vagabundo y millonario* y *Fuerte, audaz y valiente*, y durante el rodaje de ambas tuvimos oportunidad de charlar, reír, hacer bromas y demás. También tuve la satisfacción de haber sido invitado a su casa, donde toda la familia se encargaba de que los invitados la pasaran de maravilla. Pero Germán fue, por sobre todo, un estupendo compañero. No recuerdo haber oído que hablara mal de alguien o que hiciera cosa alguna que pudiera perjudicar a otro. Me dolió mucho su deceso.

Pero no terminaban ahí los contratiempos que se presentaron durante esos días, pues muy poco después, durante la grabación de un programa, sufrí un accidente que pudo haber tenido pésimas consecuencias. Me refiero a una bala de salva que casi me agujeró la mano. El accidente ocurrió durante la grabación de una escena, momento que quedó como recuerdo en una cinta de videotape que, supongo, debe estar por ahí almacenada. Me llevaron inmediatamente al hospital de la Marina, que estaba precisamente frente a la puerta de Televisa San Ángel, donde fui atendido de emergencia por médicos que debieron limpiar muy bien el agujero que provocó la explosión, retirar grumos de pólvora quemada y coser la herida. Cuando llegué, el dolor era insoportable, pero fue mitigado rápidamente con un analgésico inyectado. El único inconveniente fue que en ese momento no había ahí un especialista, pues las manos tienen una compleja red de nervios, tendones y demás, cuyo tratamiento exige la intervención de verdaderos expertos en la materia. Por tal razón quedaron sin ligar algunos nervios, motivo por el cual perdí, para siempre, la sensibilidad de gran parte de los dedos índice y medio de la mano izquierda. Además, durante buen tiempo tuve que traer la mano vendada y, de paso, sujetarme a una serie de terapias que me ayudaban a recuperar el movimiento de los dedos, lo que conseguí poco a poco y hasta después de varios meses. Debido a esto tuve un par de problemas: el menor fue el impedimento para tocar la guitarra durante un lapso considerable; y el mayor fue la incapacidad para escribir a máquina. Esto último se resolvió recurriendo a la escritura manual (a lápiz) a lo que me acostumbré a tal grado, que sólo volví a la escritura mecánica hasta mucho tiempo después, cuando ya existía el enorme adelanto que significaba el uso de máquinas de escribir eléctricas y después electrónicas (las computadoras tardarían todavía un buen rato en hacer acto de presencia).

* * *

Un poco excedido de optimismo, había iniciado la compra a plazos de un terreno más grande, en la misma zona de Tlalpan, con el objeto de hacer una casa de mayores dimensiones, tal como lo exigía el número de hijos que ya teníamos: seis. Pero después de haber cubierto una buena cantidad de mensualidades, el dinero se agotó y tuvimos que devolver el terreno. Del dinero que ya habíamos pagado, el banco nos devolvió menos de la mitad, como suelen hacer las honorables instituciones (pues ya se sabe que un banco te presta dinero a condición de que compruebes fehacientemente que ese dinero no te hace falta).

Tiempo después, conseguí vender algunos argumentos cinematográficos, por lo que pude reiniciar aquella aventura. Al decir "reiniciar" lo hago usando el sentido literal de la palabra, pues el nuevo terreno era exactamente el mismo que había comprado (y perdido) anteriormente. La diferencia consistió en que esta vez lo pude pagar de contado.

Así fue como tiempo después nos fuimos a vivir a Circuito Tesoreros 63, una casa cuyo plano tracé yo y cuya construcción corrió a cargo del arquitecto Miguel Hernández, amigo de mi hermano Paco desde la infancia.

* * *

El Canal 13 se había inaugurado casi simultáneamente al Canal 8, y ahí también se dejaba ver un espíritu de competencia que pronto llegaría a afectar mis planes, pues llamaron a María Antonieta para estelarizar un programa de concurso que habían diseñado. El programa se llamaría *Pampa Pipiltzin*, y María Antonieta sería la animadora y conductora del mismo. Ella también me dio la noticia con la pena que sentía al saber que provocaría un desajuste en el programa del Chavo, ya que la Chilindrina destacaba como uno de los personajes importantes; pero, al igual que había sucedido con Rubén, le hice ver que no sería yo quien impidiera el legítimo ascenso que esto parecía representar en su carrera. Así pues, con la indicación de que nuestras puertas estarían abiertas cuando quisiera regresar, la dejamos marchar.

Para justificar la ausencia de la Chilindrina, en el programa se comentaba que Don Ramón había mandado a su hija a estudiar en una escuela de Guanajuato, donde viviría bajo el amparo de unas tías que radicaban ahí. Esto en lo que se refería al programa del Chavo, pues en cuanto a su actuación como dama joven al lado del Chapulín o en otros sketches, el problema quedó resuelto al ser sustituida por Florinda Meza. Los pesimistas, que nunca faltan, pensaron que estos cambios influirían de forma negativa en el programa, pero el rating no sólo no disminuyó, sino que siguió ascendiendo al mismo ritmo en que lo había hecho antes.

Año y medio después, María Antonieta reconoció que el dinero no compensaba el descenso de popularidad y decidió regresar al programa, donde fue bienvenida, tal como le habíamos dicho. Y claro: recuperó pronto la popularidad.

* * *

El Sindicato de Técnicos y Artistas de Radio y Televisión organizó un congreso de productores y directores que se efectuó en Puerto Vallarta y en el cual menudearon los hechos anecdóticos, entre los cuales destaca una competencia que organizamos y que resultó muy reñida. Se trataba de dar un voto de reproche a cualquiera que dijera una tontería durante las sesiones (el término oficial no era "tontería" sino "pendejada", pero la idea había sido de Humberto Navarro, cuyo dominio del lenguaje no era exactamente académico). Como secretario de actas fungía Alberto del Bosque, a quien le bastaba echar un vistazo a los concurrentes para que estos emitieran su voto condenatorio mediante un ademán o un simple gesto. Cuando esto sucedía (que era casi siempre y por consenso general) Beto trazaba una crucecita en el renglón correspondiente al nombre del infractor. El recuento de votos se efectuaría al finalizar el congreso. Para poner un ejemplo de lo anterior, si alguien pedía la palabra para decir algo que ya había dicho otro, su error ameritaba una cruz. Si alguien pedía la palabra cuando ya teníamos ganas de ir a la playa, a comer, a tomar una copa, o simplemente a descansar, la sanción era de dos. Pero hubo casos excepcionales, como el que se derivó de la denuncia presentada contra Sergio Peña, a quien se acusó de haber ido al congreso acompañado por su esposa. Y aunque ésta (Kippy Casado) era una linda y simpática dama, esto no la privaba de su condición de esposa, de modo que Sergio no alcanzaba disminución de culpa. Por lo tanto, la sentencia dictaminó cinco crucecitas, sin derecho a libertad condicional. No obstante, cuando las encuestas señalaban a Sergio en el primer lugar de la contienda, la intención de voto dio un giro tan significativo, que todo empezó a pronosticar un empate técnico con otro productor: Jaime Jiménez Póns. Luego éste, sacando fuerzas de flaqueza, empezó a ligar el más impresionante número de pendejadas que se haya oído jamás en un congreso, hasta alcanzar un amplio e indiscutible triunfo. No es fácil recordar el número de crucecitas que logró acumular, pero baste con señalar que la hoja de papel donde se anotaban llegó a tener más cruces que un cementerio de regular

223

tamaño. Y se hace preciso señalar el excelente sentido del humor que mostró Jaime cuando recibió su premio con palabras de complacencia y orgullo.

Llevábamos pocas sesiones cuando se nos informó que el hotel sería también escenario de un encuentro diplomático entre México y Corea del Sur, y que al frente de la delegación mexicana iría el entonces presidente Luis Echeverría, quien se entero de que había un congreso de directores y productores de televisión, a una de cuyas sesiones pidió ser invitado en calidad de observador.

Y ahí estuvo; aunque entonces supimos que su calidad de observador incluía la de orador, de modo que nos obsequió con una breve charla de algo así como tres horas de duración que incluyó felicitaciones y observaciones acerca de cómo se debe manejar la televisión. Luego, cuando se despidió del grupo lo hizo estrechando nuestras manos uno a uno, haciéndonos sentir que daba unos apretones con la fuerza del atleta que era. Conmigo tuvo además el detalle de decirme que había visto alguna vez al Chapulín Colorado, lo que yo aproveché para preguntarle:

—Señor presidente, ¿se quiere tomar una foto conmigo?

—Por supuesto —me respondió con amabilidad.

Entonces yo me coloqué a un lado, y señalando al señor presidente, le dije al fotógrafo de nuestro grupo:

—¿Oíste, Carlos? ¡Dice que se quiere tomar una foto conmigo!

Don Luis se volvió hacia mí mirándome fijamente como si aclarara: "Fuiste tú y no yo quien se interesó por una foto". Eso era cierto, pero yo había querido hacer un chistecito. Digo: se vale, ¿no?

Como despedida del congreso se organizó una cena en la playa, a la que fueron invitados también los turistas que habían llegado como pasajeros de un lujoso crucero que acababa de atracar en Puerto Vallarta. Entre estos pasajeros destacaban dos estrellas deslumbrantes del mundo del espectáculo: Harvey Korman, el simpático compañero de Carol Burnet, y la bellísima Jaqueline Bisset. Aunque, en realidad, eso de que los turistas fueron "invitados" es un decir, pues ya se había hecho el arreglo, de modo que la tal visita ayudara a sufragar los gastos del congreso. Y qué bueno, porque los turistas tenían la capacidad necesaria como para sufragar aquello, mientras que a nosotros no nos alcanzaba para sufragar nada, y así pudimos evitar el sufragadero. Además, la cena incluía un show que fue presentado por Kippy Casado. (No digan que "con razón estaba ahí"; habría ido de todas maneras.) Y en medio del show, Kippy presentó a algunas personalidades (así dijo ella), que se encontraban ahí. Cada uno iba agradeciendo la presentación con un ademán o un saludo, y cuando llegó mi turno, lo que hice fue "robar cámara" brincando sobre la mesa sin tomar vuelo, tal como solía hacer el Chapulín Colorado, acto que mereció un gentil aplauso de la concurrencia, incluidos los invitados. Pero luego, cuando pasé junto a la mesa que ocupaban los actores estadounidenses, Harvey Korman me dijo: "It was a very good jump!", que en español significa "eso haber sido mocho bueno brincou", lo cual me permitió presumir ante mis compañeros, diciéndoles: "¿Oyeron eso? Esta gente sí fue capaz de entender lo que hice; o sea que brinqué en inglés".

* * *

Nuestro programa seguía viento en popa, de modo que no tardó en ser contratado para Guatemala, que fue el primer país, aparte de México, donde fue proyectado. Se inició con *El Chapulín Colorado*, cuya presentación fue un éxito total. Lo mismo sucedió en otros países de Centroamérica, por donde se extendía su popularidad como si fuera una epidemia (sin hacer daño, espero yo). De ahí, a exhibirse en Puerto Rico y República Dominicana, no hubo más que un paso. Luego, el fenómeno se hizo presente en Sudamérica, donde el Ecuador fue el primer país que se animó a adquirir la serie. De hecho, la empresa ha reconocido que *El Chapulín Colorado* fue usado como ariete para abrir las puertas de todos esos mercados, pues si antes no había quien se interesara en las series mexicanas, a partir del Chapulín se abrieron de manera amplia las posibilidades. La estrategia establecía que, una vez contratada esta serie, se ofrecería *El Chavo del Ocho*, con la que se obtendría un éxito como no lo había tenido serie alguna de televisión, incluyendo las importadas de Estados Unidos.

* * *

En México continuaba el sexenio encabezado por Luis Echeverría Álvarez, cuyo mandato inicio el declive económico y social que sufriría su partido, el PRI, hasta el derrumbe político ocurrido el 2 de julio del 2000. De su postura populista se derivó la devaluación del peso que durante mucho tiempo había permanecido a 12.50 por dólar para pasar a 20. (Luego, con la "ayuda" de López Portillo en el sexenio siguiente, la proporción llegaría a niveles vergonzosamente altos.)

También fue notoria su participación en el caso del periódico *Excélsior*, donde aseguran que maniobró hasta conseguir la expulsión de Julio Scherer, Vicente Leñero y demás periodistas de limpia trayectoria que habían cometido la "osadía" de mostrar su desacuerdo con muchas medidas gubernamentales. Paradójicamente, esto fue un acicate para la incipiente libertad de prensa que ahora me permite escribir esto. Pero antes de que terminara aquel sexenio me tocó ser testigo de un hecho que sacudió a la industria cinematográfica mexicana.

Muchos trabajadores del cine habíamos sido invitados a un desayuno que fue ofrecido en los hermosos jardines de Los Pinos, la residencia oficial del presidente que estaba por terminar su mandato. Había productores, directores, actores, escritores, etcétera. El menú era autóctono, tal como se acostumbraba en los tiempos que corrían; esto es tamales, chilaquiles, sopes, empanadas, gorditas pellizcadas, atole, aguas de tamarindo, jamaica y horchata, todo de mucha calidad y aderezado con tres o cuatros discursos de los que nunca faltan en esa clase de reuniones. Uno de aquellos discursos estuvo en boca de Josefina La Peque Vicens quien habló a nombre de la SOGEM (Sociedad General de Escritores de México), aunque no recuerdo que los escritores hubiéramos sido consultados en cuanto a otorgar o no la representación de nuestro gremio a la querida compañera. Lo que sí recuerdo es el contenido básico de su discurso, que era una grotesca exposición de la "triste condición" en que nos encontrábamos los trabajadores de la industria cinematográfica, como víctimas cotidianas de nuestros patrones; es decir: de los productores. Y no niego que eso podría ser verdad en más de una ocasión. ¡Pero no siempre, ni mucho menos, como parecía generalizar La Peque! Y, en cualquiera de los casos, su discurso era un dechado de inoportunidad pues, por una parte, no había justificación para usar el convivio como tribuna para externar reproches, y menos en presencia de los agredidos (los productores), quienes no habían sido citados para escuchar quejas laborales. Por otra parte, la inoportunidad se agigantaba al considerar que el discurso había sido pronunciado frente al licenciado Echeverría, a quien le bastaba la llama de un fósforo para arder en santa ira. Porque eso fue lo que sucedió: en su discurso de respuesta, el presidente fustigó a todos los productores sin distinción alguna y remató dictaminando el retiro de todos éstos de la producción cinematográfica. ¡Ni más ni menos!

Pero aparte de lo patéticamente drástica que resultaba la medida, ésta revestía la injusticia que produce toda generalización de esa naturaleza, pues si bien había productores cuya conducta podía haber sido merecedora de todos los reproches y todos los oprobios, había también quienes merecían nuestro agradecimiento y nuestros elogios, lo que puedo ejemplificar con un recuerdo personal.

Me encontraba yo en las oficinas de Oro Films, una de las más acreditadas empresas de la producción cinematográfica en México, cuando me enteré de que el mandamás de la compañía, don Gonzalo Elvira, necesitaba una buena adaptación para cierto argumento. Éste era nada menos que el de la célebre película *Claro de Luna*, escrita y dirigida años atrás por el no menos célebre Luis César Amadori, un pilar del cine argentino. La película había sido protagonizada por las famosas hermanas Legrand, actrices gemelas que destacaron ampliamente en el cine de su país, y había alcanzado un éxito enorme, por lo que se trataba de hacer una nueva versión con la participación de las gemelas españolas Pili y Mili. Sería dirigida por el mismo César Amadori, quien a la sazón, llevaba ya varios años de radicar en España. Pero habían hecho ya seis o siete adaptaciones y ninguna había resultado satisfactoria para el afamado director; yo me enteré de esto y solicité una oportunidad para hacer una adaptación.

—Présteme el argumento —le dije a don Gonzalo Elvira—, e intentaré hacer una adaptación. Si les gusta, me pueden pagar el mínimo (que entonces era de 17 mil 100 pesos) y si no les gusta, no ha pasado nada.

—Lo que ya me gustó fue tu arrojo —contestó el señor Elvira—, y tanto, que aunque no nos guste tu adaptación, de todos modos te daré la mitad de eso (es decir, poco más de 8 mil 500 pesos).

Entonces me prestó un ejemplar de *Claro de Luna* y al instante empecé a trabajar en la elaboración de un guión que debía adecuar la historia para Pili y Mili, a la época del momento y para ubicarla en México y España. Se trataría de una coproducción entre Oro Films por México y Benito Perojo por la Madre Patria. El entusiasmo me ayudó para terminar y entregar la adaptación rápidamente. Y poco tiempo después acudí a las oficinas de don Gonzalo, atendiendo a un llamado telefónico que me había hecho su hijo, Gonzalo Elvira Jr.

—Lee esto —me dijo Gonzalo al tiempo que me entregaba un telegrama que acababa de llegar procedente de España y firmado por don Luis César Amadori. Este decía escuetamente: "Adaptación escrita Gómez Bolaños, excelente. No busquen más. Regreso México tal día".

Eso significaba que mi trabajo había sido seleccionado. Y casi al instante me pasaron al despacho de don Gonzalo Elvira grande, quien me felicitó y preguntó:

—¿Habíamos acordado algo acerca del sueldo?

—Bueno —contesté—: usted me dijo que aun en caso de que fuera rechazada mi adaptación, la compañía me daría la mitad del mínimo que establece la Sección de Autores y Adaptadores; pero si era seleccionada me daría el pago completo; esto es 17 mil 100 pesos.

Don Gonzalo pareció reflexionar brevemente; luego tomó una chequera, llenó un cheque y me lo dio al tiempo que me decía:

—Creo que esto es lo que vale tu adaptación.

¡Y entonces vi la cantidad de dinero que ascendía a 50 mil pesos!

—¡Cincuenta mil pesos! —exclamé— ¡Pero esto es prácticamente tres veces lo acordado!

—Por eso —confirmó el gran productor—: es lo menos que vale tu adaptación.

Él fue uno de los productores separados de la industria cinematográfica porque "esquilmaban" a los trabajadores...

Creo que la anécdota amerita el complemento de unos cuantos detalles, el primero de ellos se refiere a la cita que tuve con el señor Amadori en el hotel María Isabel (donde se alojó cuando regresó a México), poco antes de iniciar el rodaje. Se trataba de cambiar impresiones acerca de mi adaptación.

—Hay algo que me interesa preguntarle —me dijo—. ¿De dónde se le ocurrió añadir la secuencia en que Fernando (Fernando Luján, protagonista masculino) se la pasa subiendo y bajando el pesado sillón? Eso no estaba en mi guión original.

Era una secuencia que yo consideraba graciosa; y si se me ocurrió añadirla era por eso mismo y porque también la consideraba adecuada para la trama y los personajes, mas esto es algo difícil de explicar al director y autor original; y más cuando éste es un personaje cuya trayectoria profesional era tan ampliamente reconocida. Sin embargo, mi balbuceo debe haber revelado la angustia que me había provocado la pregunta, de modo que el señor Amadori se apresuró a aclarar:

—Si le pregunté que de donde se le ocurrió, fue por simple curiosidad, pues considero que ésa es la mejor secuencia humorística de la película.

El elogio era una gentileza del prestigiado director, pero esas palabras me ayudaron, además, a recuperar la tranquilidad. Lo que siguió fue un análisis sereno de lo escrito y la ejecución de pequeños cambios, casi todos relacionados con el diferente significado que tienen algunas palabras en México, España y Argentina. Pero ésa no fue la única experiencia positiva al respecto.

La película se llamó *Un novio para dos hermanas*. Su rodaje empezó en locaciones de la ciudad de Guanajuato y prosiguió en los foros de los Estudios San Angelín (convertidos luego en Canal 8 y después en Televisa San Ángel), lugar al que acudí poco después, en atención a un llamado del señor Amadori, quien me dijo:

—Mire: la topografía de este escenario contiene diferencias considerables con lo que habíamos imaginado, de modo que me veo forzado a adecuar unas escenas cambiando un poco la acción y el diálogo. A mí se me ocurrió esto.

Y me enseñó el libreto con las correcciones que había escrito a mano.

—¿Qué le parece?

—Muy bien —contesté.

—¿Entonces me autoriza a filmarlo así?

Me quedé con la boca abierta por el asombro. Se trataba de una gentileza que yo jamás había recibido de parte de un director de cine. Los que habían filmado con base en un guión mío, unos más y otros menos, pero todos habían hecho modificaciones sin que les importara un cacahuate si yo estaba o no de acuerdo con los cambios. Por lo tanto, en mi memoria hay un recuerdo de infinito agradecimiento hacia el señor Luis César Amadori.

Remato este anecdotario señalando que muchos productores regresaron después. Y a la muerte del gran caballero que se llamó Gonzalo Elvira, su empresa quedó en manos del hijo que heredó su mismo nombre, su misma honestidad, su misma capacidad profesional y su misma condición de gran caballero.

XII

Mientras tanto, el éxito del programa seguía extendiéndose en todos sentidos, lo que significó una larga cadena de contrataciones personales en multitud de lugares. El espectáculo se presentaba generalmente conformado por dos actos: el primero estaba a cargo de toda la vecindad del Chavo e incluía diálogos, acción, bailables y canciones, todo armado en derredor de una trama que simulaba la actuación espontánea e improvisada de un grupo de vecinos del barrio en que vivían. En este contexto, los niños supuestamente se equivocaban mientras los adultos intentaban encubrir los errores. Pero la verdad era que todo había sido profusamente planeado y ensayado, de modo que fueron muy eventuales las improvisaciones. Y lo mismo se puede decir del segundo acto, protagonizado por el Chapulín Colorado y acompañado también por todo el elenco. El desenlace fue invariablemente premiado por los más nutridos y afectuosos aplausos.

Ni siquiera con estos antecedentes nos imaginábamos la magnitud del éxito que nos esperaba en los países que habríamos de visitar posteriormente que, con excepción de Cuba, fueron todos los países de Hispanoamérica. También fuimos a muchas ciudades de Estados Unidos, lo que amerita la narración de un par de anécdotas.

Para poder cruzar por primera vez la frontera norte, tuvimos que solicitar una visa de trabajo en la embajada respectiva, de modo que acudimos a ella después de haber llenado los papeles correspondientes. Y todo el trámite había transcurrido sin problema alguno hasta que llegó el turno de quien comandaba a todo el grupo: yo.

Me tocó una ventanilla que estaba a cargo de una dama que, después de haber revisado mis papeles, señaló que yo no había llenado el renglón referente a tarjetas de crédito, y me preguntó la causa de tal omisión.

—Es que yo no tengo ninguna tarjeta de crédito —respondí.

—Pues entonces no le puedo dar una visa de trabajo —dijo ella hablando en espanglish. Pero le entendí. E igualmente entendí cuando me explicó la razón por la cual me negaba la visa: el carecer de tarjetas de crédito significaba que yo era un "mojado" potencial que trataría de permanecer en su país para buscar un trabajo de manera clandestina. Y de nada sirvió que yo argumentara que en México yo tenía un trabajo seguro que me permitía vivir decorosamente, y que si carecía de tarjetas de crédito se debía simplemente a que yo prefería pagar todo en efectivo. (Lo que en aquellos tiempos era más que común en nuestro país.) Y, por si fuera poco, daba la casualidad de que esa semana la exitosa revista *Tele-Guía* llevaba en su portada una fotografía del Chapulín Colorado; y también se dio la casualidad de que un muchacho que iba a nuestro servicio (al cual ya le habían otorgado su visa) traía un ejemplar de la revista en el bolsillo, de modo que me la pasó y yo la mostré a la cónsul, presumiendo: "This is me". Pero tampoco sirvió para nada, pues después de mirar la revista con un gesto de desprecio, me dijo tajantemente: "I'm not going to give you any visa" (o algo así).

Entonces mi hermano Horacio me tuvo que calmar, pues con total imprudencia me puse a despotricar:

—¡Con razón están perdiendo las guerras! (eran los tiempos en que estaban saliendo de Vietnam con síntomas de estreñimiento).

Por fortuna, en ese momento llegó una señora de mayor jerarquía que nos reconoció y nos preguntó si teníamos algún problema. Le explicamos lo que sucedía, y ella nos invitó con toda amabilidad a acudir a su oficina, donde se encargó personalmente de expedir mi visa de trabajo.

La otra anécdota se refiere a una ocasión en que viajaba yo solo rumbo a Los Ángeles, donde debía grabar una entrada con efectos especiales para mi programa. Ahí debía reunirme con Florinda y Carmelita Ochoa, quienes habían llegado antes.

Al arribar al aeropuerto de dicha ciudad yo tuve la tonta ocurrencia de hacer una broma, para lo cual me formé en una fila en cuya ventanilla había un letrero que decía claramente: "American Citizens". Ahí mostré mi pasaporte y la visa, lo cual motivó una mirada que significaba enojo, recelo, desconcierto o todo ello junto, al tiempo que se acerco un "hispano" que llegaba en mi auxilio después de haberme reconocido. Entonces permití que éste me ayudara, simulando que yo no entendía ni media palabra de inglés, a pesar de que sí lo hablaba y lo entendía medianamente. Pero aquí transcribo todo en español:

—Ellos preguntan —me dijo el amable hispano— que si no sabías que esta ventanilla es únicamente para ciudadanos americanos.

—Sí —respondí. Y añadí señalando el letrero—: ahí lo dice.

—Pero tú no eres americano.

—¡Como de que no! —repliqué—. Nací en México: que está en América.

—Ellos se refieren a la nacionalidad de norteamericano.

—¡Por eso! —insistí—: México está en Norteamérica.

Pensaba seguir más o menos en el mismo tenor, pero me di cuenta de que ya les estaba empezando a caer en la mera… Bueno, el caso es que desistí, ofrecí una disculpa y me formé en la fila que me correspondía.

* * *

Volviendo a Latinoamérica, la experiencia no podía haber sido mejor. En Santiago de Chile, por ejemplo, la gente formó una valla ininterrumpida desde el aeropuerto hasta el hotel donde nos instalamos (algo así como 17 kilómetros de valla humana). Luego, para ver el espectáculo, se estableció un récord que aún persiste en el estadio Nacional de Santiago, con capacidad para 80 mil espectadores, donde se dieron dos funciones el mismo día. Y fue tan grande el éxito que se obtuvo en toda la República de Chile, que el empresario Leonardo Shults contrató un enorme jet particular para que, de manera exclusiva, se ocupara de trasladar al grupo de ciudad en ciudad. (Con las imágenes del Chapulín y el Chavo pintadas en los costados del avión, tal como habían pintado a Charlie Brown y Snoopy en los aviones de guerra norteamericanos.) Y en la famosa Quinta Vergara, escenario de los festivales de Viña del Mar, la asistencia fue tan copiosa que gran parte del público se tuvo que instalar en las montañas aledañas al local.

Por cierto, mientras hacíamos este recorrido triunfal, todos pensábamos que tales éxitos serían ampliamente comentados por la prensa mexicana. Y sí: sí hubo comentarios, pero con características que me exigen regresar unos cuatro años en la historia.

En septiembre de 1973, un ataque sorpresivo a la sede del gobierno chileno provocó la caída de éste y el suicidio de quien lo encabezaba: el presidente Salvador Allende. El golpe de estado había sido obra de las poderosas fuerzas militares del país, encabezadas por el general Augusto Pinochet, quien, por cierto, llevaba entonces poco tiempo de haber ascendido al primer lugar de la jerarquía castrense por designio... del presidente Salvador Allende. (Entre paréntesis, me parecía imposible evitar la comparación de lo sucedido en México cuando Francisco I. Madero otorgó el mando de sus tropas al general Victoriano Huerta, apenas unos días antes de que éste encabezara el golpe de estado y el magnicidio que lo llevarían a la presidencia.) Regresemos a Chile.

Tiempo después empezaron a esparcirse noticias que detallaban los inhumanos procedimientos de que se valían los nuevos gobernantes para asegurarse el dominio absoluto de la nación; entre estos procedimientos destacaban la tortura y la eliminación de quien pareciera dar señales de inconformidad. No obstante, estas noticias se esparcían en lejanos países extranjeros mucho antes que en el propio territorio chileno. (Si especifico lo de "lejanos" es simplemente por señalar que un país "cercano" a Chile, como lo es Argentina, también ocultaba noticias al respecto, ya que entonces el gobierno de Buenos Aires ostentaba igualmente el carácter de dictadura castrense.) Y aún cuatro años después —cuando nosotros estábamos ahí en gira de trabajo—, la información seguía sin alcanzar a la mayoría de los chilenos.

Regreso, por lo tanto, a lo que empecé a narrar varios párrafos atrás, donde me preguntaba si la prensa mexicana había hecho comentarios acerca de la exitosísima gira que estábamos realizando en Chile. Y ya dije que sí hubo comentarios al respecto, pero me falta añadir que la mayoría tenía el carácter de implacable reclamo:

—¡Despiadados! —nos decían—. ¡Como se han atrevido a hacer payasadas en el terreno que sirvió de infamante prisión a las víctimas del sangriento golpe de estado! ("Hacer payasadas" significaba presentar el espectáculo; y el "terreno" era el estadio Nacional de Santiago.) ¡Como han cometido la ignominia de enlodar la memoria de los miles de inocentes que fueron vejados ahí! ¡Pero, claro: con dinero baila el perro! Es decir: lo más seguro es que hasta se hayan atrevido a cobrar por su actuación (sic).

Es obvio que, para comenzar, ninguno de nosotros recordaba que el estadio hubiera sido alguna vez usado como "campo de concentración" o cosa semejante; y para terminar, también es obvio que, de haberlo recordado, de todos modos habríamos trabajado ahí. De lo contrario, ningún actor debería presentarse a trabajar en el zócalo de México, por poner un ejemplo, "enlodando la memoria de todos los que fueron asesinados ahí durante la Decena Trágica".

De cualquier manera, el éxito obtenido en el estadio de Santiago fue algo más que inolvidable. Y es que, cómo olvidar la prolongadísima ovación que nos brindaban mientras dábamos la "vuelta olímpica" (lo cual tuvimos que hacer dos veces) aun a costa de terminar resoplando de agotamiento. ¡Pero valía la pena! ¿No?

* * *

Del Luna Park, enorme y legendario auditorio de Buenos Aires, se decía que solamente lo podía llenar Carlos Monsón, el popular boxeador argentino, pero las presentaciones de nuestro grupo abarrotaron totalmente el local durante siete días consecutivos. Y ocho años después, cuando regresamos, el número de días con boletaje agotado aumentó de siete a nueve. Pero los llenos se daban por todo el país, independientemente de que los escenarios fueran estadios de futbol como el de Mendoza, el del Talleres de Córdoba, el del Independiente en La Plata, etcétera. En este último, por cierto, se presentó un fenómeno que parece extraído de otro tipo de escenarios. Digamos que era algo que podía haber sido común durante una presentación de Los Beatles o de algún otro grupo que tuviera fama universal y que estuviera constituido por músicos o cantantes jóvenes, pero no por un grupo de actores más que adultos y que ya se encontraban en el polo opuesto de lo que podría ser el galán ideal para una adolescente. Porque lo que sucedía era que las jovencitas se desgañitaban para expresar su amor por nosotros, al tiempo que un buen número de ellas se desmayaban presas de la emoción, tal como sucedía con Los Beatles o Los Rolling Stones. Y las reacciones de este tipo alcanzaron más de una vez grados superiores, como las ocasiones en que algunas admiradoras se las ingeniaron para estar en nuestras habitaciones del hotel cuando regresábamos después de las funciones. Entonces teníamos que exigir mayor rigor a los encargados de seguridad del hotel; aunque esto representaba un dilema, pues si es verdad que teníamos derecho a la privacidad, también es verdad que los actores "se deben a su público"... sobre todo cuando el público está conformado por damiselas de agradable presencia... (en mi caso, el objetivo de las damiselas era un mito: quiero decir que a quien ellas buscaban era al Chavo o al Chapulín, y no a Roberto Gómez Bolaños).

Por otra parte, también debo exponer un par de consideraciones: una era que entonces se daba la coincidencia de que mis relaciones conyugales estaban cada vez más lejos de ser las adecuadas. Otra: que yo habría cambiado todas las aventuras por cualquier migaja de lo que seguía siendo mi sueño imposible. Digamos: por un beso de Florinda.

Y claro que durante las giras se dieron las más diversas experiencias, en todos y cada uno de los sitios que visitamos. En el aeropuerto de Lima, Perú, el ejército tuvo que acudir para desalojar (afortunadamente sin violencia) a las 50 mil personas que invadieron la pista después de haber derribado la valla protectora. En Caracas, Venezuela, se tuvieron que suspender carreras de caballos porque el hipódromo está en el mismo trayecto que conduce al Poliedro, auditorio donde se presentó nuestro grupo. En Honduras nos vimos precisados a hospedarnos en un lugar secreto (un motel) porque la multitud formó una masa infranqueable en las cercanías del hotel al que debíamos ir. En Nueva York llenamos a reventar el grandioso y legendario Madison Square Garden en toda su amplia capacidad. Como fueron igualmente abarrotados todos los locales en Colombia, Ecuador, Uruguay, Puerto Rico, Panamá y, sin excepción alguna, todos los lugares donde nos presentamos.

* * *

En cierta ocasión, tiempo atrás, yo había descubierto que mi hija mayor, Graciela, parecía ser víctima de un gran desasosiego. La situación llegó a preocuparme hondamente... hasta que me armé de valor para preguntarle la razón de ese estado de ánimo.

—Es que no me gusta la carrera que estoy estudiando —me dijo hecha un mar de lágrimas. Lo cual me hizo suspirar con profundo alivio.

—¿Eso es todo? —le pregunté sonriente.

—¿Te parece poco? —insistió aún con lágrimas que inundaban esos hermosísimos ojos que tiene—. Llevo años haciéndote gastar por los estudios que he llevado —añadió—, y ahora te salgo con que prefiero estudiar otra cosa.

Graciela había estudiado diseño (¿gráfico o industrial?, da lo mismo). Lo importante fue que para entonces se había dado cuenta de que le atraían mucho más las actividades relacionadas con la docencia, y quería encausarse por esa vía. Entonces yo la abracé con toda la ternura que pude, la llené de besos y le dije que estudiara lo que quisiera, sin que le importara el tiempo o el dinero que pensara haber desperdiciado. Que lo que podría ser imperdonable sería el tomar un derrotero equivocado consciente de que no era lo que anhelaba.

—Es más —añadí—, si estudias lo que ahora quieres, y 15 minutos antes de graduarte caes en cuenta de que te conviene más estudiar otra cosa, deja aquello y empieza con lo otro.

No hubo necesidad de llegar a ese extremo. Graciela estudió docencia, y no sólo se graduó brillantemente, sino que añadió una maestría a sus estudios y extendió éstos al campo de la psicología, donde también se graduó de manera relevante.

Su vida particular, por cierto, también partió de buen puerto, pues se casó con "el amor de su vida", el destacado contador público y economista Raúl Pérez Ríos, con quien ha procreado a mis dos adorables nietas mayores: Ana

Lorena y Valeria, bellísimas adolescentes que encabezan la lista de mis nietos, lista que está conformada, ni más ni menos, por "los 12 mejores nietos del mundo". Raúl es un hombre cabal, de los que ya no quedan muchos, que ha sabido destacar como profesionista y como ser humano de una enorme calidad moral. A esto hay que añadirle una gran simpatía personal y estupendas dotes para cantar, tocar la guitarra, organizar grupos musicales y muchas otras cualidades.

A propósito: sin que haya relación alguna con esa anécdota, no puedo evitar el recuerdo de una costumbre que de alguna manera puede interpretarse como consejo para otros padres.

Cuando estaba de visita el novio de alguna de mis hijas, yo hacía lo más prudente y recomendable que se debe hacer en esos casos: bajar por la escalera tosiendo fuertemente, de modo que uno anuncie con toda claridad la inminencia de su arribo. Es el método más adecuado para evitar sorpresas embarazosas, tanto para la pareja novio-hija, como para los padres de la joven. Y uso el término "joven" deliberadamente, pues cuando la hija ya no es joven, lo aconsejable es dejar que suceda lo que haga falta.

* * *

En el Vaticano falleció el papa Paulo VI, cuyo lugar fue ocupado por el cardenal Albino Luciani, quien había sido Patriarca de Venecia y cuyo pontificado (como Juan Pablo I) duró solamente 34 días.

Luego sucedió algo más que imprevisto: la silla del santo padre no fue ocupada por un italiano, sino por un extranjero, lo que no había sucedido desde hacía muchísimos años. El nuevo Papa era un cardenal polaco, Karol Wojtyla, que había sido arzobispo de Cracovia, Polonia. Adoptó el nombre de Juan Pablo ii, en homenaje a su antecesor.

* * *

La oti (Organización de Televisión Iberoamericana) llevaba algún tiempo de efectuar festivales de música en los que competían compositores de todos los países que conformaban la organización. En cierta ocasión, la convocatoria fue lanzada cuando yo había compuesto una canción que, en mi opinión, tenía los atributos necesarios para participar en dicha competencia. Por lo tanto, me puse en contacto con Polygram, grabadora de discos, y les llevé una grabación rudimentaria (pero excelentemente cantada por Florinda). Y Polygram quedó interesada en mi proyecto.

Sin embargo, propusieron el cambio de algo que a mí me parecía inadecuado, pero que ellos consideraban necesario: que la canción, en vez de ser interpretada por Florinda, lo fuera por Dulce, con la cual tenían un contrato establecido. Yo no pude oponerme a esto. Así pues, mi canción entró a competir en el festival interpretada por Dulce (quien, además, también es una estupenda cantante, y realizó una excelente interpretación en el festival).

Mi canción se llamaba "Nacer", y durante la competencia tuve el gusto de constatar que el público le proporcionó el aplauso de mayor duración de todas las que se presentaron, como se puede comprobar con la grabación respectiva. Mi emoción se vio acrecentada por las muchas lágrimas que reflejaban la emotividad que había producido mi composición. Esto quizá pueda ser comprendido al conocer la letra de "Nacer", que transcribo a continuación:

Había un ser muy pequeño
en las entrañas de una mujer
que veía en su sueño
que habría de nacer.
Lo deseaba con tal frenesí
y con tanta ilusión lo esperaba
que llegó a soñar que cantaba
este canto que dice así:

Yo quiero ya nacer
y quiero conocer
el color
que tiene cada flor.
Yo quiero ya jugar
y el juego disfrutar
con otros niños
Ya quiero recorrer
los campos por doquier;
escuchar
mil pájaros cantar.
Ya quiero sonreír
y quiero recibir
muchos cariños.

Pero alguien pensó de otro modo
y en un instante fatal decidió
que terminara todo
...y todo terminó.
Y ahora ya nunca podrá
conocer el color de las flores

ni escuchar pajarillos cantores
ni decir: "yo te quiero, mamá".

Yo quiero ya nacer (etcétera).

Todos esperábamos con ansiedad el resultado de la votación de los jueces. Y este resultado decía que de las 40 canciones que habían participado, la mía ocupaba el lugar número 37.

No obstante, al salir del teatro recibí muchas felicitaciones por parte del público. Y no sólo del público, pues también recibí la felicitación de quien había obtenido el primer lugar en el concurso: Napoleón, el excelente compositor e intérprete, quien me dijo con un derroche de generosidad que agradecí infinitamente:

—Tú canción es mejor que la mía.

También me topé con algunos miembros del jurado, entre los cuales destacaba una buena amiga mía: Lourdes Guerrero.

—¿De veras merecía mi canción una calificación tan baja como la que le dieron ustedes? —le pregunté a la estupenda periodista y comentarista de televisión. Lourdes me miró fijamente durante un lapso de tiempo, que quizá fue tan sólo de unos cuantos segundos, pero que a mí me pareció durar una eternidad. Luego me dio un beso en la mejilla y siguió su camino sin haber pronunciado una sola palabra.

Tiempo después, durante una cita que tuve con Miguel Alemán en su oficina de Televisa Chapultepec, éste me dijo:

—Aparte de lo que hemos tratado, quiero aprovechar para decirte algo más. Espero que me comprendas.

—Tú dirás —le respondí.

—Televisa no debía acudir al Festival de la OTI con una tesis acerca del aborto. Ni a favor ni en contra. ¿Me entiendes?

Lo entendí, por supuesto. Y no sólo eso; también caí en cuenta de que así debía haber sido. No habría sido leal aprovechar el escenario del festival como tribuna proselitista. Y salí después de agradecer a Miguel la honestidad que implicaba su revelación.

* * *

Mi relación con Graciela se había ido deteriorando paulatinamente. Al igual que en la gran mayoría de los casos semejantes de otras parejas, la culpa debía ser repartida entre los dos; pero lo más probable es que a mí me correspondía el porcentaje mayor de dicha culpa, pues mientras ella cometía fallas de mediana dimensión, como carencia de apoyo o falta de interés, mis errores se extendían hasta el campo de la infidelidad. Durante las giras, como ya he dicho, éramos frecuentemente asediados por damas que no se conformaban con el recuerdo que representaba un autógrafo, sino que solicitaban un testimonio más íntimo.

Pero esto sucedía acompañado por una circunstancia especial: a raíz del nacimiento de mi sexta hija, y por sugerencia del ginecólogo de Graciela (y aceptada por mí), yo me había sometido a la vasectomía, de modo que estaba imposibilitado para embarazar a una mujer. Por otra parte, era la época en que las enfermedades venéreas habían sido prácticamente erradicadas por los antibióticos, al tiempo que aún estaba lejano el día en que aparecería la terrible amenaza del sida, situaciones que ponían en bandeja de plata las experiencias fuera de casa. Está claro que eso no era un justificante, pero también está claro que, aunado a las fallas mutuas mencionadas anteriormente, esas circunstancias van cavando una zanja entre los cónyuges, poco profunda en un principio, pero abismal finalmente. Por si fuera poco, así como yo me aburría en los círculos que frecuentaba Graciela, ella rechazaba los que conformaban mi mundo.

Al mismo tiempo, la esencia de Florinda me iba inundando cada vez más. Pero yo tenía que ahogar mi sentimiento en silencio, ya que mi condición de jefe seguía conformando el obstáculo infranqueable: la barrera ética que me impedía intentar cualquier aproximación que rebasara los límites de un trato decoroso y honesto (¿con tintes de galanteo? Es posible…).

XIII

Valentín Pimpstein era uno de los productores de mayor renombre en Televisa, aparte de que intervenía en muchos otros aspectos de la organización. Fue él quien un día me invitó a cenar a su casa, a la que acudí acompañado por mi hija Graciela, que entonces tenía poco más de veinte años. Ahí me fue presentado alguien a quien habría de tratar más de una vez: Fabián Arnaud, productor de cine.

—Televisa —me dijo Valentín— se dispone a iniciar la producción cinematográfica, actividad que estará encabezada por Fabián.

—Y yo creo —añadió éste— que la primera película que hagamos deberá ser estelarizada por ti.

La noticia me dejó mudo por la sorpresa. Y más cuando me dijeron que yo escogería el argumento de la película (preferentemente escribiéndolo yo mismo), al igual que el elenco, el director y todo lo que considerara pertinente al respecto.

Y no recuerdo si fue Fabián o Valentín quien me preguntó:

—¿Qué crees que sea más conveniente: *El Chapulín Colorado* o *El Chavo del Ocho*?

—Ninguno de los dos —respondí al instante, causando el natural desconcierto de ambos. Mi decisión era, seguramente, producto de un acto intuitivo. Algo que me señalaba veladamente que ninguno de mis dos personajes era adecuado para la pantalla grande, pero fue hasta algún tiempo después cuando pude encontrar una explicación razonada para esta intuición.

Con respecto al Chavo, comenzaba por la limitación que imponía su escenario natural (la vecindad), escenario al que estaba acostumbrado el público de la televisión y del cual no sería fácil evadirse. Estaba también la dificultad de encontrar un argumento que fuera representativo de la serie, pero sin repetir lo que ya había mostrado la pantalla chica. Finalmente, me resultaba grotesco imaginar mi rostro proyectado en el enorme tamaño que acostumbra el cine. Es verdad que yo nunca había pretendido hacer creer que era un niño; que mi objetivo (supongo que bien logrado) había sido que el público aceptara que era un adulto representando a un niño. Pero entonces yo ya tenía 48 años (tenía 42 la primera vez que caractericé al Chavo). Y a pesar de que conservaba la agilidad necesaria, las arrugas harían poco menos que imposibles los acercamientos de la cámara. En lo referente al Chapulín Colorado, el cine exigiría trucos mucho más espectaculares que los presentados en la serie de televisión. Pero en el cine esto representaba (y sigue representando) un costo prohibitivo para las películas mexicanas. Se pueden invertir muchos millones en Hollywood, pero no en México. Por otra parte, la misma intuición me decía que al público no le agradaría pagar un boleto en el cine para ver más o menos lo que podía ver gratuitamente en televisión. Y mi intuición acertó en esto, como lo comprobarían después las películas de otros actores de televisión, que después de un inicio altamente prometedor terminaron por no ser atractivas para la gente que decía: "Eso lo puedo ver en el televisor de mi casa".

De cualquier manera, tenía que pensar muy a fondo acerca del argumento que debería tener esa mi primera película. Y tuve la suerte de recordar que mi pasión deportiva, el futbol, era también la pasión deportiva de mucha gente. Entonces me fue fácil escribir el argumento de *El Chanfle*. E igual de fácil me resultó conformar el elenco con todos los actores de mi grupo, pero en papeles que no tenían nada que ver con los que desempeñaban en televisión. Yo representaba a un aguador del Club América de futbol, apodado El Chanfle; Florinda hacía el papel de mi esposa; Rubén Aguirre era el presidente del equipo, cuyo director técnico estaba representado por Ramón Valdés; Carlos Villagrán era uno de los futbolistas; Edgar Vivar era el médico del club y María Antonieta era la secretaria del mismo. El Chato Padilla y Angelines Fernández formaban un matrimonio ajeno al equipo.

La trama del argumento estaba enmarcada en el mundo del futbol profesional, pero diseñada abiertamente para hacer una apología de la honradez, virtud que tenía como representante a mi personaje. El antagonismo estaba a cargo del técnico, cuyas tácticas futbolísticas parecían extraídas del más acreditado manual de picardía, pues su meta era la consecución de un objetivo sin importar los medios de que se valía para alcanzarlo. "Hay que evitar que el otro equipo nos anote un gol; si para ello tenemos que romper la pierna de un contrario, pues qué mala suerte, ¿no?"

El humilde aguador, en cambio, era capaz de desobedecer al técnico cuando éste le ordenaba que entrara al campo para interrumpir tramposamente el juego. "¡Es que debemos cortarles el ritmo!", exclamaba el técnico. "Pero eso sería antideportivo", razonaba El Chanfle, quien luego llegaba al extremo de protestar contra el árbitro (interpretado por el famoso árbitro profesional Arturo Yamasaky) cuando éste marcaba un penal a favor de su equipo. "¡Pero si el penal es a favor de tu propio equipo!", explicaba el árbitro. "Pero nadie tocó a nuestro jugador; él se dejó caer intencionalmente. Y él mismo acaba por confesarlo", informaba El Chanfle. Réplica inútil: el árbitro siempre tiene la razón.

La honradez del aguador se extendía a todos los ámbitos. Por ejemplo: declararse culpable cuando su carcachita había chocado contra un carro que estaba estacionado... y buscar al dueño de éste para pagarle por el desperfecto causado. ¡Pero quién podía haberse imaginado que estos ejemplos llegarían a convertirse precisamente en el blanco de las críticas desfavorables para la película!

—Eso es ridículo —escribía un crítico—. No hay en el mundo una sola persona que actúe de esa manera.

—He conocido idiotas —escribía otro—, pero como el tal Chanfle, ninguno.

—¿Dónde van a encontrar un público que se trague semejante ridiculez?

No llegué a leer, en cambio, comentarios acerca de la actuación, la dirección, la fotografía, la iluminación, el ritmo, la edición, etcétera. ¡Lástima!, porque nos habría sido muy útil.

En cambio habíamos contado con el invaluable apoyo de Emilio Azcárraga Milmo y de Guillermo Cañedo, quienes pusieron a mi disposición el estadio Azteca, el Centro de Capacitación Futbolística, uniformes y servicios del Club América, etcétera. Para dirigir la película escogí al director de cámaras de mi programa, Enrique Segoviano, quien con este trabajo debutaba como realizador cinematográfico. Y, al igual que en TV, su trabajo fue sobresaliente.

Tiempo después recibí una sorpresa más que agradable:

—¿De casualidad has pasado esta tarde por la esquina de Insurgentes y Baja California?

Era Valentín Pimpstein quien me hacía esa pregunta por teléfono.

—No —respondí con el natural desconcierto que me provocaba dicha pregunta—. ¿Por qué?

—Porque ahí está uno de los cines donde hoy se estrenó *El Chanfle*, y el tránsito está interrumpido por la multitud que acudió al estreno.

El fenómeno se produjo en muchísimos otros cines, tanto del Distrito Federal como del interior de la república, lo cual hizo que *El Chanfle* rompiera todos los récords de taquilla existentes hasta el momento. Además, tiene el privilegio de ser la primera película que obtenía mayores ingresos que los producidos por la cinta de Cantinflas exhibida en el mismo año.

Luego, con esta constancia de que en el cine encontrarían algo diferente a lo que veían en televisión, el público acudió también en forma masiva a las siguientes películas que hice.

* * *

La compañía Polygram me buscó con la intención de hacer algo que a mí no me había pasado por la cabeza: grabar un disco. En dicha oferta yo veía un lado positivo y otro negativo. Lo positivo era la oportunidad de dar a conocer algunas de las composiciones musicales que había hecho; y lo negativo era que a la compañía le interesaba que fuera yo mismo quien cantara, ignorando que el canto es un arte que jamás he podido dominar. Dije esto sin pretensiones de falsa humildad, pues en cambio aceptaba que mis composiciones no eran malas. Pero luego, ante la insistencia de la disquera, dije que aceptaba con una condición: que mis compañeros también intervinieran cantando, lo que aceptaron inmediatamente. Medida inteligente, pues entre los compañeros había algunos que sí cantaban muy bien, como era el caso de Rubén Aguirre, Edgar Vivar, Ramón Valdés y, destacadamente, Florinda Meza. Ella tenía (y sigue teniendo) una excelente voz, con un registro amplísimo, una sensibilidad fuera de serie y una experiencia sustentada por muchas clases de solfeo y canto.

Di la noticia a los integrantes del grupo, quienes manifestaron un gran entusiasmo por el proyecto, con excepción de Carlos Villagrán, quien nos dijo que él ya tenía una oferta similar (y personal) por parte de otra compañía disquera. Esta falta de integración parecía ir en contra del interés general, pero yo terminé por dar mi consentimiento.

Nos dedicamos entonces a la producción de un LP, para lo cual hacía falta algo muy importante: canciones. Porque la idea era que todas las canciones fueran composiciones mías, pero la mayoría de las que ya tenía, abordaban temas que no eran adecuados para el grupo. Aquí debo hacer una aclaración: cuando uso el término "temas" lo hago con su acepción original; la que dice que el término se refiere a un "asunto", "materia", "idea", etcétera, y no como algunos lo usan ahora, convirtiéndolo en sinónimo de "canción". Un disco, dicen, contiene 10 temas, lo cual es absolutamente falso; contiene 10 canciones y, muy probablemente, un sólo tema: el amor, por ejemplo.

De cualquier modo, la solución al problema que se presentaba era la más obvia: había que componer otras canciones hasta completar las 10 que integrarían el disco. Y eso fue lo que hice.

Este primer disco fue un éxito sensacional, lo que luego se tradujo en un premio por la venta masiva. En todas las estaciones de radio se oían mis canciones, entre las cuales destacaba "El Chapulín Colorado". (Actualmente, las grabaciones originales se venden como objeto de colección, a un costo que muchas veces equivale a multiplicar por 300 o 400 su costo original.)

Y lo mismo sucedió con otros dos discos que grabamos después, donde sobresalían las canciones referentes al Chavo; sobre todo destacó "¡Qué bonita vecindad!", canción que, cinco lustros después, aún se sigue vendiendo (a últimas fechas, por cierto, grabada por el famoso y eminente Kronos Quartet y con arreglos de Ricardo Gallardo, ese genio que dirige el Ensamble Tambuco).

* * *

¡Y sucedió durante una gira por el extranjero!

Habíamos llegado al hotel por la noche, después de haber efectuado una buena representación del espectáculo que llevábamos con el Chapulín Colorado y el Chavo del Ocho, de modo que el grupo mostraba esa sabrosa euforia, serena pero intensa, que suele presentarse al final de una jornada exitosa. Entonces, como acostumbrábamos hacer en situaciones semejantes, acudimos al restaurante-bar del hotel para cenar y tomar una o dos copas, mientras la charla de sobremesa incluía, rutinariamente, comentarios acerca de la función, chistes, anécdotas, etcétera. Luego, también condicionado a una rutina, el grupo empezó a desintegrarse para dirigirse a las respectivas habitaciones, donde un sueño reparador pondría el broche de oro que cerraría la jornada. Poco después no quedaban ahí más que cuatro o cinco parejas que seguían bailando al compás de la música que brindaba el pequeño pero excelente conjunto musical del hotel… aparte de dos rezagados de nuestro grupo: "ella" y yo. "Ella" era, por supuesto, Florinda.

Ella y yo habíamos bailado en algunas ocasiones, pero esa vez yo sentía que las circunstancias del momento envolvían algo diferente, lo cual me impidió encontrar las palabras adecuadas para invitarla a bailar. Sin embargo, tras una pausa de mutuo silencio, decidí impulsivamente tomarla del brazo y conducirla a la pista. Florinda se dejó conducir sin hacer comentario alguno, pero fijando en mí una mirada que mezclaba sorpresa y docilidad. En la sorpresa se filtraba un atisbo de sonrisa; y la docilidad dejaba adivinar un mar de ternura.

Seguíamos sin pronunciar palabra cuando empezamos a bailar.

Música embriagadora; música excitante; música cómplice; música que me envolvió con su cadencia y me permitió tener a Florinda en una cercanía que rebasaba cualquier antecedente similar. Tanto, que no tardé en disfrutar la deliciosa suavidad de su mejilla apoyada en la mía, para sentir después que el rítmico roce de nuestros cuerpos se convertía en el más placentero y hechizante de los contactos… hasta que terminó la música y el maestro de ceremonias anunció que había llegado la hora de cerrar el local.

Sólo en ese momento se rompió el silencio entre Florinda y yo.

—Cuando estábamos aún con el grupo —me dijo ella— tú comentaste que tenías hambre… ¡y mucha hambre!, aclaraste. Pero cuando parecía que ibas a añadir algo, te quedaste callado repentinamente. ¿Recuerdas?

—Sí —contesté.

—¿Por qué? ¿Qué era lo que ibas a decir y que luego decidiste guardarlo?

—Era una tontería —dije con sinceridad—. Es que se habían hecho comentarios acerca de los muchos besos que nos dan las admiradoras, y yo comenté que en esta ocasión a mí no me tocó ninguno. ¡Y tenía que ser precisamente hoy, cuando estoy hambriento de besos!... Por eso dije que tenía mucha hambre.

Entonces volvió a reinar el silencio entre los dos. Un silencio cuya duración sería imposible calcular. ¿Un minuto? ¿Un siglo? No sé. Lo único que recuerdo (pero eso sí: con diáfana claridad) es la frase que interrumpió la pausa:

—Si quieres besar a alguien —me dijo Florinda—, ¿por qué no me besas a mí?

—¿...?

¡Y claro está que la besé!

Ese fue el inicio de un romance que perdura durante más de un cuarto de siglo (aparte de lo acumulado durante este y los años que faltan), todo ello alimentado con pasión, ternura, admiración, emoción y dicha.

* * *

Pero el siguiente paso representaba un inevitable trauma, pues no es cualquier cosa la ruptura de una unión como la de Graciela conmigo, que a pesar de las incompatibilidades, había perdurado por más de dos décadas. En el proceso hay un fiscal que actúa de manera implacable: el sentimiento de culpa. Ése que con cierto masoquismo hace que uno se considere como único responsable de lo acontecido, cuando la realidad señala que siempre hay que compartir la culpa.

Pero la evidencia de esto sólo llega con el paso del tiempo, y mientras tanto, el remordimiento golpea de manera sistemática, a la vez que cuestiona: "¿Por qué hicieron mal las cosas? ¿Por qué permitieron que se fuera levantando ese muro infranqueable entre los dos? ¿Se han dado cuenta de que tienen hijos? ¿Qué culpa tienen ellos?" Etcétera, etcétera.

No obstante, después se analizan las circunstancias y de ahí surge una conclusión que es determinante: si la separación va acompañada por dolores y problemas, la unión forzada no haría más que acrecentar tales problemas y tales dolores, con el agravante de que los más perjudicados suelen ser precisamente los hijos. La solución de ruptura, por lo tanto, era la más razonable. Y para ello tomé la decisión de dejar en propiedad de Graciela todos los bienes raíces que teníamos, incluyendo las dos casas que habíamos construido, un buen número de terrenos, centenarios, el mejor de mis dos coches, todos los muebles...

No fue fácil, sin embargo, superar aquel lacerante sentimiento de culpa que mencioné líneas arriba, pues el proceso tuvo que ser lento, paciente y acompañado por actos que a veces eran de humildad y a veces de indulgencia, a lo cual hubo que añadir, el eventual hallazgo de cosas que marchaban bastante mejor de lo que se había augurado. Luego, también de modo bastante lento, Florinda comenzó a ser aceptada por mis hijos, algunos más pronto que otros. Y puedo asegurar que esta aceptación ha alcanzado el grado de cariño.

* * *

Un día, a finales de 1977, Carlos Villagrán me había dicho que quería tratar conmigo un asunto muy importante, para lo cual me citó en el Vip's de Insurgentes y Altavista.

—Lo he estado pensando a fondo —me dijo cuando estuvimos ahí—, y he llegado a la conclusión de que ya es tiempo de que yo encabece mi propio espectáculo; para lo cual, claro, necesito separarme del grupo.

La decisión era de esperarse, pues las últimas giras por el extranjero, sobre todo en Chile y Venezuela, le habían dado a probar de manera sustanciosa las mieles de la fama. Es verdad que los méritos correspondían básicamente al trabajo realizado en conjunto, pero más de un espectador había acicateado su ego diciéndole que él era la piedra angular del edificio, de modo que su decisión era irrevocable. Y, de cualquier manera, yo pensé que lo asistía el lógico derecho de superación personal que tiene todo individuo, de modo que acepté su propuesta deseándole la mejor de las suertes.

—Pero es que yo quisiera seguir actuando como Quico —añadió—. O sea, hablando con los cachetes inflados y todo eso. De modo que me gustaría contar con tu autorización para hacerlo.

—Cuenta con ella —respondí.

Carlos no sólo me dio las gracias más sinceras por las oportunidades que yo le había brindado, sino que, además, me pidió que le diera los consejos que yo considerara pertinentes.

—Sólo te voy a dar uno —le dije—: Quico es un personaje que te puede dar grandes satisfacciones y los triunfos correspondientes, pero no te limites a él. El hablar con los cachetes inflados resulta muy gracioso, pero el exceso puede ser dañinamente empalagoso. Por lo tanto, dosifícalo; combínalo con otros personajes que tú mismo puedes crear.

—¡Así lo haré! —me dijo con entusiasmo—. ¡Y muchas gracias!

Un caluroso abrazo puso punto final al breve encuentro.

Pero creo que Carlos no siguió el consejo muy al pie de la letra que digamos.

XIV

La Sección de Directores del stpc se había convertido en algo así como un club cuya membresía estaba vedada para todo profano; es decir, para todo aquel que no hubiera tenido la suerte de haber ingresado muchos años antes o el privilegio de tener un papá que fuera productor de películas. No obstante, llegó el momento en que una serie de circunstancias hizo que fueran más flexibles las condiciones de ingreso; una de estas circunstancias fue el nombramiento de Sergio Véjar como secretario general de la sección, a la que llevó el aire fresco que tanta falta le hacía. Entonces, después de haberlo deseado durante mucho tiempo, tuve la oportunidad de dirigir mi primera película.

Se llamo *Charrito*, y fue una de esas películas a las que se puede calificar como "cine en el cine". Esto es debido a que el tema es precisamente la filmación de una película. En ella hay un actor secundario (que interpreto yo) al que apodan Charrito, mote que va de acuerdo con los papeles de maldoso campirano para los que ha sido comúnmente contratado. La parte cómica radica en la torpeza del actor, misma que obliga a repetir muchas escenas, con el consiguiente aumento de gastos que esto implica. Pero dichas torpezas desembocan en lo que podríamos llamar la "tesis" del argumento: la que dice que toda película es un conjunto de escenas hilvanadas en un orden riguroso, en el que cada escena tiene una estrecha relación con la anterior y con la posterior, así como las letras que se hilvanan para formar una palabra. Si las letras a, m, o y r se unen en este orden, forman la palabra amor; pero el significado cambia totalmente si se invierte el orden en que se colocan las letras, pues resulta roma. Y con otras variaciones se puede obtener ramo, mora, omar. De manera semejante, la supresión de una letra puede generar una nueva palabra; por ejemplo: mar. Y en *Charrito* se muestra como cambia el significado de una secuencia cuando se altera el orden en que se colocan las escenas o se suprime alguna de ellas.

La dama joven de la película era Florinda, quien interpretaba a una maestra rural cuya escuelita no cuenta con más "pupitres" que unos burdos cajones de madera acomodados al aire libre. Y la trama comienza cuando el remedo de escuela se ve de pronto invadido por el rodaje en locación de algunas escenas de la película, donde Rubén Aguirre hace el papel de director y cuya actriz principal es interpretada por María Antonieta. Actúan, además, El Chato Padilla en el papel de sheriff del pueblo y padre de la maestra, Angelines Fernández, Horacio Gómez, Víctor Alcocer, Beny Ibarra, Arturo García Tenorio y Gilberto Román.

Antes de que se estrenara *Charrito*, la empresa consideró que el éxito sin precedentes de *El Chanfle* exigía la filmación de una secuela. Yo condicioné esto a que pudiera tener un argumento que justificara el hecho, lo cual fue relativamente fácil, puesto que los caracteres de los personajes habían quedado totalmente definidos. Entonces escribí *El Chanfle* II en el que intervinieron los mismos actores de la primera, con excepción de Carlos y Ramón (quienes se habían separado del grupo) y el añadido de Sergio Ramos

El Comanche (y la presentación del pequeño Héctor Meza en el papel de bebé).

Lo que no resultó tan fácil fue hacerme cargo de la dirección de *El Chanfle* ii. Emilio Azcárraga me dijo que él y varios ejecutivos de Televisa habían visto la copia ya terminada de *Charrito* y no les había gustado. Como consecuencia de esto dedujeron que yo había fallado como director y, por lo tanto, buscarían otro director para *El Chanfle* ii. Yo me negué rotundamente.

—Estoy seguro —les dije— de que mi dirección fue buena.

Lo mismo dijo Javier Carreño, el excelente ayudante de director que me había auxiliado en *Charrito*. Y si alguien sabía de cine, ése era Javier Carreño (como que por eso lo escogí).

—Pero si no quieren que dirija esta otra —añadí—, pues no la dirijo y se acabó el asunto. Pero se acabó totalmente, pues tampoco acepto que la dirija otro.

La discusión se prolongó durante un buen número de días, hasta que culminó en la oficina de Emilio Azcárraga, quien terminó diciéndome:

—¡Carajo! ¡Vaya que eres terco!

Sin decirme más, tomó el teléfono, marcó la extensión de su secretaria y dijo secamente:

—Elisa, háblale a Fernando (Fernando de Fuentes, entonces al frente de Televicine) y dile que se hará como diga Roberto.

Por lo tanto, dirigí *El Chanfle* ii, película que sería exhibida inmediatamente para aprovechar el boom que había significado la anterior. Esto fue un acierto, pues *El Chanfle* ii fue otro éxito de taquilla.

Pero luego, cuando llegó el turno de estreno para *Charrito* se revivió la discusión que había surgido inicialmente:

—Seguimos pensando que le falta o le sobra algo —me dijo Fernando de Fuentes—. Pero ya tenemos la solución: se estrenará directamente en televisión, sin pasar antes por la pantalla grande.

—¡No! —supliqué.

—Pero es que...

—¡Nooo! —exigí.

—Pero es que...

—¡Nooo! —grité. Y abandoné la oficina de Fernando.

Al día siguiente acudí al despacho de Emilio Azcárraga, en Televisa Chapultepec, donde Emilio y yo escenificamos una nueva versión de la misma discusión. Y todo siguió igual: sin alcanzar acuerdo alguno y rematando con la misma expresión de mi patrón:

—¡Carajo! ¡Vaya que eres terco!

Yo sabía que en mi contrato no había una cláusula que me permitiera oponerme a que la película fuera distribuida o exhibida de acuerdo con mi criterio, pero en Televicine sabían que yo no tenía firmado ningún contrato que me obligara a filmar otra película con ellos, lo que me daría libertad para arreglarme con cualquier otra compañía (y ya había varias que me habían hecho propuestas al respecto). No obstante, yo me sentía éticamente obligado a esperar durante un lapso razonable antes de entablar pláticas con otra compañía; pero pasaron dos largas semanas antes de que recibiera noticia alguna, hasta que recibí una invitación para ir a las oficinas de Televicine.

—Creo que ya tenemos la solución conciliadora —me dijo Fernando, al tiempo que me conducía a la sala donde veríamos la copia en video tape de *Charrito*. Se le hicieron algunos cambios en la edición —añadió—, y se le cortaron algunas escenas, pero creo que quedó bastante aceptable.

Y vimos mi película tal como había quedado después de haber sido recortada y editada de manera diferente. Por un momento pensé que se trataba de una broma, pues lo que habían hecho era precisamente parodiar la "tesis" que contenía *Charrito*: "Cómo cambia el significado de una secuencia cuando se altera el orden en que se colocan las escenas o cuando se suprime alguna de ellas." Pero no, no se trataba de una parodia; lo habían hecho con la "sana" intención de mejorar mi película, tal como me aclararon cuando yo reía por lo que había considerado como "broma".

—¿Qué te parece? —me preguntó Fernando al tiempo que se encendía la luz de la sala.

—Pues me parece que agradezco mucho la buena intención —respondí—. Pero repruebo por completo la edición que hicieron. Mi película debe conservar la edición que tenía. Y en cuanto a cortar escenas, ni de casualidad.

Días después hubo una comida en el Foro A de Televisa Chapultepec, en la que yo compartí una mesa con Rubén Aguirre y mi hermano Horacio, a la cual se acercó Emilio Azcárraga Milmo para decirme, sonriendo y con un volumen de voz intencionalmente alto (como para que fuera oído en los alrededores):

—Quiero que me disculpes por haber opinado que *Charrito* no era una buena película. La acabo de ver nuevamente, ahora en compañía de varias personas, y creo que es muy buena y que está muy bien dirigida. Te felicito por el trabajo... y por lo terco.

De ahí es fácil desprender que *Charrito* se estrenó en salas cinematográficas. Y afortunadamente fue otro éxito rotundo.

Durante mi niñez y mi juventud yo había sido admirador de diversos actores, tanto mexicanos como extranjeros. Y supongo que fue una coincidencia el hecho de que mis preferencias apuntaran directamente a los comediantes, pues en aquel entonces yo no tenía la menor idea de que algún día llegaría a ser uno de ellos.

Entre los mexicanos había tres que sobresalían en mi muy particular apreciación: Mario Moreno Cantinflas, Germán Valdés Tin Tan y Joaquín Pardavé. (Los he citado en orden aleatorio, pues me resulta difícil destacar a alguno de ellos por sobre los demás.)

De Cantinflas se ha dicho todo. O casi todo, pues los elogios a su gracia y su comicidad han construido, paradójicamente, una barrera que no da oportunidad al comentario acerca del excelente desempeño que tenía como actor. Sólo en tres ocasiones pude tratar de manera personal, aunque muy brevemente, al celebérrimo comediante, y de las tres guardo un estupendo recuerdo. Principalmente de la que se refiere a la ocasión en que Florinda y yo entrábamos a un restaurante y nos topamos con don Mario, quien ocupaba una mesa situada en nuestro trayecto hacia la mesa que teníamos reservada. Ahí, Cantinflas se puso de pie y fue a nuestro encuentro para felicitarnos, a mí por los programas y a Florinda por su producción y actuación en la telenovela *Milagro y magia*. La distinción fue un verdadero halago para nosotros.

A Tin Tan sí tuve el privilegio de conocerlo personalmente. Y puedo asegurar que su trato tenía la misma excelencia que mostraba como estupendo actor. Pero, al igual que sucede con Cantinflas, la simpatía y el don de gentes de

Tin Tan han impedido que se aprecie totalmente la enorme calidad histriónica que tenía el gran comediante.

No sucede lo mismo, por ventura, con Joaquín Pardavé, a quien sí se le ha hecho justicia en este aspecto, ya que de éste se ha dicho muchas veces (y con total acierto) que era un actor en toda la extensión de la palabra. No tuve la suerte de tratarlo en persona.

Me resulta más difícil seleccionar a mis favoritos entre los comediantes extranjeros, los cuales conforman una lista tan amplia como heterogénea, de modo que me limitaré a mencionar a los más sobresalientes, como Charles Chaplin y la pareja formada por el Gordo y el Flaco. Pero éstos, Oliver Hardy y Stan Laurel, son para mí la esencia de la gracia y la ternura. A Chaplin lo seguiré admirando siempre... así como siempre seguiré amando a Stan Laurel y Oliver Hardy. Pero no es justo que deje de nombrar por lo menos a algunos más de los que conforman lo que yo podría titular como "mi elenco de favoritos". Por ejemplo: Benny Hill, Carol Burnet, Groucho Marx, Buster Keaton, Louis de Funes, Gila, etcétera.

Pero hay alguien más; alguien que tal vez no ha alcanzado un reconocimiento semejante a nivel mundial porque no tuvo la suerte de haber sido estadounidense, inglés, francés o algo semejante. Se trata de un argentino que debería tener residencia oficial en el Olimpo de los comediantes: el señor don Luis Sandrini, un actor en toda la extensión de la palabra, que lo mismo nos arrancaba carcajadas que lágrimas. Había sido mi ídolo desde la infancia y lo siguió siendo siempre. Y con él me sucedió algo que merece párrafo aparte.

Estábamos de gira en Argentina, país que nos había recibido con los brazos abiertos (y con las taquillas cerradas, pues el boletaje se agotó, afortunadamente, en brevísimo tiempo). Pero además de las representaciones concedíamos entrevistas de prensa, radio y televisión, y durante una de éstas mencioné la admiración que sentía por el incomparable Sandrini, lo cual trajo para mí la más agradable de las sorpresas cuando alguien me dijo:

—Don Luis Sandrini acaba de escuchar recién lo que vos decís y te invita para que vayas mañana mismo a su casa.

Tuve que pellizcarme para certificar que no estaba soñando. ¡Mi ídolo me invitaba personalmente a su casa! ¿Cuándo podía yo haber imaginado que algún día llegaría a gozar de semejante privilegio? Y por supuesto que acepté gustoso la invitación (que el señor Sandrini, con esa gentileza que lo caracterizaba, hizo extensiva a todos los actores y actrices de mi grupo).

Sólo hubo un pequeño inconveniente: todo esto se dijo durante la entrevista que se transmitía en vivo y en directo... de modo que al día siguiente, a la hora de la cita, una multitud se arremolinaba en las tres o cuatro manzanas adyacentes al domicilio del gran actor. La multitud estaba conformada lo mismo por periodistas que por aficionados, y todos ellos impedían cualquier intento de acercarse a la casa. Hasta que, finalmente, también hizo acto de presencia un considerable número de policías, quienes nos ayudaron a cruzar por entre aquel mar de personas hasta introducirnos en la residencia de don Luis.

El encuentro fue altamente conmovedor, pues además de halagarnos diciendo que no se perdía uno solo de nuestros programas, el comediante nos hizo pasar una velada realmente deliciosa, dejándonos ver que era, además, un ser humano de arrolladora personalidad y de insuperable calidad moral.

Al año siguiente, por desgracia, don Luis Sandrini se despidió de este mundo, quizá en cumplimiento de aquello que dijo en una película cuando le preguntaban si continuaría: "Y bueno... mientras el cuerpo aguante".

* * *

El recuerdo de aquella anécdota me remite al de otro par de circunstancias que tuvieron lugar tiempo después, pero que también fueron producto de un hecho similar: el haber sido objeto de la atención por parte de destacadísimos personajes que habían sido mis ídolos.

Yo estaba en un foro de Televisa San Ángel, encargado de la dirección escénica de *Milagro y magia*, la deliciosa telenovela que escribió y protagonizó mi deliciosa Florinda, cuando llegó alguien a decirme que en la cabina había una llamada telefónica para mí.

—¿De parte de quién? —pregunté con indiferencia.

—Es de Brasil.

Eso era totalmente inusual, de modo que insistí:

—¿Pero quién me habla?

—Te habla Pelé.

¿Pelé? ¿Nada menos que Pelé? ¿Edson Arantes do Nascimento? ¿Uno de los dos genios que ha producido el futbol de todo el mundo? ¡Y sí: sí era él! ¡Y sí, quería hablar personalmente conmigo! Esto lo comprobé cuando acudí a la cabina y, presa de un nerviosismo enorme, me identifiqué.

—Hola, Chaves —me dijo O Rey, usando el término portugués brasileño que designa al Chavo del Ocho—. ¿Como estás?

A continuación me detalló el motivo de su llamada: quería que filmáramos un largometraje, compartiendo créditos; pero había un inconveniente que nos impediría realizar tal proyecto: él quería que yo actuara caracterizando al Chavo, y esto era algo que yo había evitado siempre y que seguiría evitando.

—Desde hace mucho —le dije— he tomado la determinación de que el Chavo jamás debe aparecer en las pantallas cinematográficas. Es un producto de la televisión y ahí debe permanecer.

Le expliqué brevemente las razones que tuve para tomar tal determinación, como lo grotesco que sería el personaje en la pantalla grande, la ausencia del fallecido Ramón Valdés, lo reducido del escenario natural (la vecindad), etcétera, y Pelé comprendió que yo tenía razón. Por tanto, no quedó más que despedirnos afectuosamente. Pero eso sí: no hubo persona a la que no le contara lo que me acababa de suceder.

Diez u 11 años después recibí otra llamada telefónica. En esta ocasión yo estaba en mi casa, cuando me dijo Florinda:

—Te hablan por teléfono.

—¿Quién? —pregunté con la misma naturalidad con que lo había hecho la vez anterior.

—¡Maradona! —respondió Florinda con la más amplia de sus sonrisas.

¡Efectivamente! ¡Era el mismísimo Diego Armando Maradona, el otro genio mundial del futbol, quien me hablaba simplemente para saludarme, aprovechando que estaba de pasada en la Ciudad de México. Había venido para estar presente en un partido del equipo de sus amores (Boca Juniors) contra el mío (América), aunque, por desgracia, no había llegado a tiempo para acudir al estadio Azteca, escenario del encuentro. (Que, por cierto, representó una victoria de 3-1 a favor del América.) Maradona procedía de Cuba, donde había estado sujeto a un tratamiento médico, y lo que me dijo (lo cito de memoria) no pudo haber sido más halagador:

—Vos tenés que saber que sos mi ídolo. Que no me pierdo uno solo de tus programas. Que a Cuba llevé un buen número de esos programas, grabados en video, y que verlos era (y sigue siendo) la mejor medicina que he tenido para combatir mis estados de depresión. Que dios te bendiga a vos y a todos los tuyos.

Gracias, Diego Armando (ahora soy yo quien habla, escribiendo). Gracias por lo que me dices y, por supuesto, gracias por los momentos en que tu maestría futbolística me colmó de placer y emoción. Que dios te bendiga a ti y a todos los tuyos.

Ahora, presumiendo como un pavorreal, me pregunto si habrá muchas personas que hayan sido objeto de las atenciones de dos personalidades del tamaño de Pelé y Maradona. Es decir: tengo motivos más que suficientes para envanecerme, ¿no?

Ya que mencioné a futbolistas extranjeros, debo añadir a otro par que no han alcanzado la fama de los anteriores, pero que son personas extraordinarias y de cuya amistad puedo presumir en cualquier momento: uno de ellos es Alex Aguinaga, un ecuatoriano que dio en México el mejor ejemplo de lo que debe ser un jugador profesional, con los atributos de calidad y honestidad en el juego, y de un gran ser humano en todo momento. Alex me habla con frecuencia desde su patria, Ecuador, y me enorgullezco al contarlo. El otro es el chileno Sebastián González, el famoso "Chamagol", quien aparte de ser un excelente goleador nato, me halaga personalmente cuando festeja sus goles caracterizando al Chapulín Colorado, al Chavo del Ocho, a Don Ramón, a Doña Florinda e inclusive al Chanfle, de la película que hice hace muchos años. Mil gracias a ambos.

* * *

Poco antes de aquella gira por Argentina (cuando tuve la oportunidad de visitar a don Luis Sandrini) sucedió algo que con justicia podría calificarse como desagradable, pero que para mí merece más bien el calificativo de triste:

Emilio Azcárraga me llamó a su oficina y me dijo:

—Vino a verme Carlos Villagrán y se ofreció para realizar una serie de televisión encarnando al personaje de Quico; y yo creo que podría ser un acierto. Pero todos sabemos que el creador de ese personaje eres tú. ¿No es así?

—Por supuesto —le respondí.

—Pues entonces dime si das tu autorización para hacerlo, y bajo qué condiciones. Por ejemplo: ¿cuánto cobrarías por ese permiso?

—No —le aclaré—; no me interesa cobrar por eso. La única condición que yo pondría es que en los programas apareciera un testimonio de agradecimiento por el permiso, que al mismo tiempo sería un reconocimiento de mi autoría. Algo así como: "Agradecemos a Roberto Gómez Bolaños su autorización para usar el personaje de Quico, que es de su creación".

—Entiendo —me dijo Emilio—, temes que alguien pueda alegar después ser el creador del personaje.

—Exactamente. Yo tengo todos los registros que avalan mi propiedad, pero nunca faltan vivales que causan molestias.

—Yo lo sé: pero, por principio de cuentas, Televisa es un testigo a tu favor, al igual que los programas mismos. Y de cualquier modo no hay problema: se hará como tú lo pides.

Pero días después, estando Emilio fuera de México, recibí una llamada de Othón Vélez, quien era brazo derecho de Emilio, tanto en el trabajo como en la relación personal. Othón me pedía que fuera a su oficina y así lo hice.

—Vino Carlos Villagrán —me dijo cuando estuve frente a él— y me dijo que no aceptaba la condición.

—¿A qué te refieres? —le pregunté.

—A la condición que pusiste para permitir que se haga la serie de Quico: el señalar que tú eres el creador del personaje.

—¡Pero es que sí lo soy! —protesté.

—Todo mundo lo sabe, pero este muchacho dice que él mismo es el creador, ya que ha sido él quien lo ha interpretado en los programas.

—Sería algo así como afirmar que el creador de Hamlet no es Shakespeare sino Laurence Olivier o Richard Burton.

—Digamos que algo así.

—Pues en tal caso yo no doy mi autorización para que se haga dicho programa.

—Me tomé la libertad de anticiparme a dar esa respuesta —me dijo Othón con aquella sonrisa que lo caracterizaba—. Pero yo fui un poco más explícito: me puse en contacto con el muchacho y le dije que se fuera mucho a… Bueno, a donde él quisiera, menos a Televisa.

Después de eso yo pensé que Carlos se arrepentiría de haber actuado así, que ofrecería una disculpa y que buscaría nuevamente la oportunidad de llevar a cabo su proyecto, lo cual yo estaría nuevamente dispuesto a aceptar, sin más condición que la que ya había puesto anteriormente: el reconocimiento de mi paternidad en función del personaje

Quico. Pero lejos de que sucediera esto, Carlos interpuso una demanda contra mí, alegando ser él mismo creador y propietario de dicho personaje.

Entonces yo recurrí a la SOGEM (Sociedad General de Escritores de México), organización que me concedió inmediatamente la razón, como consecuencia de lo cual puso en mi defensa al licenciado Magallón, excelente abogado que en un dos por tres obtuvo la decisión del juzgado a mi favor.

—La verdad —me dijo el abogado— fue que las pruebas eran abrumadoras en favor suyo. Entre otras, por ejemplo, el testimonio escrito y firmado por el mismo señor Villagrán.

Se refería a un documento que me habían solicitado poco antes unos empresarios del Perú, quienes harían un pequeño negocio de mercadotecnia con Horacio, mi hermano, como representante mío. En esa ocasión los peruanos le habían dicho a Horacio:

—Necesitamos un documento que certifique que el señor Roberto Gómez Bolaños es el creador de los personajes que aparecen en el programa; principalmente los que acompañan al Chavo del Ocho, y que los creadores no son los actores que los interpretan.

—¿Será suficiente un testimonio firmado por los actores?

—¡Más que suficiente!

Entonces Horacio explicó eso a los compañeros, redactó una declaración mediante la cual daban dicho testimonio y pidió a los actores que la firmaran, lo que hicieron todos (absolutamente todos) los actores. Esto es: Florinda Meza, María Antonieta de las Nieves, Angelines Fernández, Ramón Valdés, Rubén Aguirre, Edgar Vivar, Horacio Gómez y Carlos Villagrán (El Chato Padilla no estaba aún integrado al grupo).

Luego, durante las declaraciones por la demanda, Carlos dijo que yo lo había obligado a firmar dicho documento, presionándolo mediante la retención de su sueldo. El argumento, seguramente sugerido por sus abogados, era plenamente infantil, ya que era Televisa y no yo quien pagaba dichos sueldos (y la empresa jamás retrasó un solo pago). Por otra parte, estaba el testimonio de todos los demás actores. En fin: que el fallo fue total y fácilmente favorable a mí.

—Ahora —dijeron después los abogados de SOGEM— tú puedes hacer dos cosas: contrademandarlo e impedir que trabaje en cualquier país usando el personaje de tu creación.

—No —respondí—; no haré ninguna de las dos cosas.

—¿Por qué no?

—Mira —expliqué—, si te roban un automóvil, tú vas a la procuraduría y denuncias el robo. ¿No es así?

—Por supuesto.

—¿Pero harías lo mismo, ir a poner una denuncia, si te roban el espejito lateral del auto?

—Bueno, no... claro...

—Pues eso fue más o menos lo que me pasó a mí: se robaron uno de los espejitos laterales de mi auto. Pero, además, si ese espejito le ayuda a comer tres veces al día, que lo haga... y buen provecho.

No solamente lo ayudó a comer tres veces al día. Le dio, además, los recursos necesarios para comprar casas en Caracas, en el Distrito Federal y en Cuernavaca, varios automóviles último modelo, oro, joyas y algunas otras cosas.

Pero debo reconocer que nada de eso me lo quitó a mí. Es más: tampoco me quitó lo que podía haber sido mucho más valioso: la popularidad y el éxito de mis programas. Lejos de eso, a partir de su ausencia, mis ratings se mantuvieron en primerísimo lugar, se incrementaron las exitosas giras por todo el continente, y mis series continuaron al aire por 17 años más. Y podían haber seguido ahí durante mucho tiempo más, pero un día la empresa retiró todos los programas humorísticos de Canal 2, para concentrarse únicamente en la proyección de telenovelas. Afortunadamente (no para mí, sino para el público) tal medida fue revocada tiempo después.

En ocasiones posteriores, por cierto, María Antonieta de las Nieves sintió también el legítimo deseo de encabezar su propia serie de televisión, lo mismo que una película de largometraje, y yo rechacé igualmente la compensación económica que me fue ofrecida a cambio de otorgar mi autorización, volviendo a poner como única condición el reconocimiento de mi paternidad como creador de la Chilindrina. Pero, contrario a lo sucedido con Carlos, María Antonieta estuvo totalmente de acuerdo. Por ello, para grabar la serie de televisión *Aquí está la Chilindrina*, así como para filmar la película *La Chilindrina en apuros*, la empresa solicitó mi autorización al respecto, misma que concedí sin exigir pago alguno, y conformándome con el reconocimiento de mi autoría, razón por la cual la pantalla mostraba claramente la leyenda que decía: "Agradecemos a Roberto Gómez Bolaños su autorización para usar el personaje de la Chilindrina, que es de su creación."

* * *

Yo formé parte del comité directivo de la sogem donde tuve la suerte de convivir con inolvidables compañeros, entre los cuales se encontraban José El Perro Estrada, Héctor Azar, Ramón Obón, Raúl G. Basurto, el destacadísimo Vicente Leñero y, presidiendo la sociedad, José María Fernández Unsaín.

Nacido en Tucumán, Argentina, pero avecindado en México desde hacía mucho tiempo, José María había adquirido ya la nacionalidad mexicana, de la cual se sentía orgulloso (sin perder la oportunidad de hacer actos de presunción que recordaran, humorísticamente, su origen argentino). Él y yo mantuvimos una relación de amistad que perduró durante muchos años (hasta su fallecimiento), sustentada por un buen número de afinidades, tanto artísticas como profesionales. A su esposa, la estupenda y bella actriz Jaqueline Andere, la había conocido personalmente durante la filmación de una película, escrita por mí, en la que ella era la protagonista femenina y yo tenía una breve actuación especial.

* * *

Ya que hablamos de la sogem, me brinca a la memoria lo que sucedió el día en que fue inaugurado su flamante edificio ubicado en la colonia San José Insurgentes: una vez terminada la ceremonia, yo bajé al piso inferior en compañía de Alfonso Anaya (el prolífico autor de exitosas comedias), Óscar, el contador de la sociedad y un amigo de éste, cuyo nombre no recuerdo, y nos pusimos a jugar dominó. Lo hicimos durante un buen rato y sin preocuparnos en lo absoluto, hasta que decidimos dar por terminada la sesión. Entonces nos despedimos afectuosamente y nos dispusimos a retirarnos rumbo a los respectivos domicilios particulares, hasta que nos dimos cuenta de que no podíamos abandonar el flamante edificio, pues todo mundo había abandonado ya el lugar, incluyendo al portero, quien había cerrado cuidadosamente todas las puertas y se había marchado llevándose las llaves correspondientes. Claro: lo que había pasado era que ni él ni nadie más se dio cuenta de que los viciosos del dominó estábamos en el piso inferior enfrascados en la disputa de un buen número de rondas.

¿Qué podíamos hacer? Bueno, por principio de cuentas, hablar por teléfono a nuestras casas para que supieran lo que sucedía y no se preocuparan por la tardanza con que habríamos de llegar. Esto se hizo rápidamente y sin problema alguno, pues en el edificio había un buen número de aparatos telefónicos, todos a nuestra disposición en esos momentos. El único que pareció tener un pequeño problema fue Alfonso Anaya, cuya esposa sospechó que el hombre andaba en alguna de esas parrandas que de vez en cuando solía correr. Entonces Alfonso decidió eliminar dichas sospechas, diciéndole a su mujer:

—De veras, mi amor; te estoy diciendo la verdad. Y si no me crees, le voy a pasar la bocina a Chespirito, a quien tú conoces bien, para que te explique y te saque de dudas.

—Sí, señora —dije yo al teléfono—, eso fue lo que nos pasó; y no hay manera de salir de aquí.

—Pues más vale que sea verdad —me respondió la celosa mujer de Alfonso, un instante antes de que éste me quitara la bocina para añadir a manera de prueba adicional:

—Es más —dijo con la seguridad que brinda una conciencia tranquila—, ¿qué tal si tú misma hablas por teléfono a estas oficinas de sogem, que acabamos de estrenar, para que confirmes que estamos aquí?

Era una propuesta razonable, de modo que la señora debe haber contestado que estaba de acuerdo, pues Alfonso añadió entonces:

—¡Por supuesto! —y luego, dirigiéndose al resto de nosotros, preguntó—, ¿cuál es el número de teléfono que tiene ahora la sociedad?

¡Pero nadie pudo responder a su pregunta, pues, por más que buscamos en todos los flamantes teléfonos de la SOGEM, no encontramos uno solo que ostentara el número respectivo! Por lo tanto, supongo que será fácil imaginar cuál fue la reacción de la señora Anaya, y cuáles serías las consecuentes tribulaciones que habría de soportar el buen Alfonso.

No obstante, fue el mismo Alfonso quien sugirió que lo tomáramos por el lado amable, aprovechando que las circunstancias nos permitían seguir jugando un buen número de rondas de dominó, acompañadas por los bocadillos y los tragos que habían sobrado cuando terminaron los actos referentes a la inauguración del nuevo edificio. Y la divertida velada duro hasta las nueve de la mañana del día siguiente, que fue la hora en que nos dimos cuenta de que ya había llegado el portero, quien cargaba el manojo de relucientes llaves que abrirían las puertas de la SOGEM.

* * *

Nuestro grupo seguía efectuando giras al extranjero, y en todas ellas, afortunadamente, el éxito había sido glorioso. Por otra parte, los contratiempos eventuales habían sido mínimos en frecuencia y en intensidad, de modo que no podíamos pasarla mejor. Digamos que uno de esos pequeños contratiempos se presentó en Perú, cuando los empresarios no habían cumplido las normas de pago establecidas en el contrato, por lo que, a instancias de Horacio, nos negamos a ir a Cuzco. Los empresarios consiguieron luego superar el problema, pero lo hicieron tardíamente, lo que motivaba que ya no hubiera vuelos comerciales de Lima (donde estábamos) a Cuzco. Entonces el contratiempo se redujo a la necesidad de volar a bordo de un avión del ejército, de los que sirven para transportar tropas y que, por lo tanto, no se distinguen precisamente por su comodidad. Para volar a Cuzco es necesario cobrar una considerable altura, y el avión de marras no contaba con la oxigenación adecuada, de modo que tuvimos que recurrir a unos tubitos que colgaban del techo del rústico aparato, por los cuales se administraba el oxígeno necesario mediante la introducción de dichos tubitos en la nariz (de hecho, esto es lo que hacen los estoicos soldados cuando son transportados en uno de esos aviones por rutas inadecuadas). Afortunadamente, la gente seguía esperándonos con toda paciencia en el aeropuerto de Cuzco, para luego acudir en forma masiva a la presentación del espectáculo.

Fue precisamente en Perú donde tuvimos la oportunidad de disfrutar de otras hermosísimas e inolvidables experiencias: una de ellas fue la visita a la imponente y asombrosa Machu Pichu, la ciudad sagrada que se levanta majestuosamente en lo alto de una enorme montaña. Dotada de sistemas de riego y otros adelantos que superan todo lo imaginado para su época de origen, Machu Pichu es un vestigio insuperable del esplendor de aquella llamada cultura Inca. Aunque, a decir verdad, la magnificencia de aquellas construcciones se encuentra igualmente en Tiahuanaco, en los enigmáticos trazos que tapizan las llanuras de Nazca y muchas más de las zonas arqueológicas que se esparcen por todo el territorio de Perú y Bolivia.

Y fuimos también a Iquitos, puerto fluvial donde emprendimos un viaje por el Amazonas a bordo de una barcaza, hasta llegar a un campamento enclavado en lo profundo de la enorme selva que flanquea el río. La travesía es más que imponente, pues por un lado desfila el cambiante paisaje conformado por una insuperable diversidad de árboles, helechos, lianas, etcétera, y por el otro lado, hay tramos del río en los que no se alcanza a distinguir la ribera opuesta.

El campamento al que llegamos estaba compuesto por cabañas interconectadas entre sí, todas construidas sobre palafitos. Y se hace preciso dormir al amparo de mosquiteros que protejan de los insectos nocturnos. El baño estaba a buena distancia. Tenía una cubeta con agujeros que hacía las veces de regadera y un agujero en el suelo que funcionaba como excusado (con huellas para apoyar los pies y travesaño para sujetarse con las manos).

Hicimos un par de excursiones alrededor del campamento. Una diurna a algo que viene siendo una mínima aldea de los Yaguas, tribu que, desgraciadamente, parece estar en vías de extinción. Ahí nos dieron una demostración de sus habilidades para disparar dardos con una cerbatana de más de dos metros de longitud, y nos mostraron cómo fabrican los dardos usando como herramienta las fauces dentadas de una piraña. Asimismo, nos explicaron que cuando van de cacería los dardos son previamente impregnados de curare, el veneno original de la región que mata porque inmoviliza a la víctima al afectar su sistema nervioso. Y por la noche hicimos otra excursión, esa vez a bordo de una canoa que se deslizaba silenciosamente por uno de los miles de esteros que forma el Amazonas durante su extenso recorrido. Y si la canoa iba en silencio, igualmente silenciosos debíamos ir nosotros, ya que el atractivo de la excursión radicaba en escuchar los múltiples y diversos sonidos de tantos y tantos animales que pueblan la exuberante selva. Puedo asegurar que la experiencia no tiene parangón.

* * *

Teresita del Niño Jesús (Tere, para los amigos) también decidió casarse. Es la tercera de mis hijas, y al igual que sus hermanas es muy bonita. Y no es porque lo diga yo, que soy el papá de la novia; es porque es muy bonita y punto. ¿Por genética de su mamá, al igual que sus hermanas? Seguramente.

Se casó con Luis Jorge Arnau, ingeniero, escritor, poeta y su novio de toda la vida. Tere es la más reservada de la familia, debido, quizá, a su timidez (ésa sí producto de mis genes) o porque evita preocupar a los demás con sus problemas personales. Para el caso da lo mismo. Lo importante es que se trata de otra muchacha excepcional, nutrióloga (de profesión), excelente cantante (por afición) y madre (por bendición del cielo) de tres estupendos hijos que integran parte de ese maravilloso clan que se llama "los 12 mejores nietos del mundo". En esta ocasión estamos hablando de José Pablo, Diana y Pedro, un trío insuperable.

Luis Jorge es ingeniero, como ya dije, y ha destacado no sólo como exponente de su profesión, sino que además ha resaltado por el humano y estupendo trato que tiene para con parientes, amistades, subalternos o simples conocidos. Y por si esto fuera poco, mi yerno escribe poemas y excelentes cuentos, actividad a la que también podría dedicarse profesionalmente.

Entre las múltiples giras de trabajo que realizó nuestro grupo me gusta destacar la que hicimos a lo que entonces se llamaba Puerto Stroessner (apellido de quien a la sazón detentaba el poder en Paraguay) luego, como consecuencia de la caída del dictador, la ciudad pasó a llamarse Ciudad del Este.

Nosotros habíamos acudido a dicha ciudad para presentar nuestro espectáculo, pero a la hora de pernoctar nos dijeron que mejor lo hiciéramos en el contiguo Brasil; precisamente en Foz do Iguaçú, ciudad aledaña a las imponentes Cascadas de Iguazú. Al día siguiente fuimos a conocer las cascadas, las más grandes del mundo (en anchura) y quizá las más hermosas. Son cientos de "cortinas" de agua, de diversos tamaños y colocadas en diversos niveles, de modo que conforman un espectáculo que se puede calificar como espléndido.

No menos hermoso resulta otro espectáculo muy próximo al anterior, sólo que éste no es producto de la madre naturaleza sino del hombre, ese ente maravilloso que ha logrado incluso modificar a la misma naturaleza (a veces con resultados negativos, cierto; pero ése es otro boleto). Aquí me estoy refiriendo a la famosa presa Itaipú, cuyas dimensiones son mayores que la no menos célebre presa de Asuán, en Egipto. Ésta, Itaipú, fue construida en consorcio con Brasil y Paraguay; y se considera que tiene capacidad para dotar de electricidad a todo Paraguay, además de a gran parte del sur brasileño. Pero lo mejor de todo, para nosotros, fue que tuvimos la suerte de acudir a este lugar precisamente una semana antes de que fuera inaugurada la monumental presa, de modo que nos invitaron a cruzar el lecho del enorme embalse a bordo de un Jeep. Lo singular radicaba en que a la semana siguiente ya no sería posible hacer esto, pues el embalse volvería a rellenarse con las aguas del río Paraná, cuyo curso había sido previamente desviado. Una vez terminada, la presa alimentaría la mayor central hidroeléctrica del mundo.

De esa misma gira, por cierto, también queda el recuerdo de una circunstancia que puede ser anecdótica: el día en que debíamos actuar en Asunción, capital de Paraguay, se soltó un aguacero que tenía poco que envidiar al diluvio universal, lo cual sería un impedimento para la presentación de nuestro espectáculo, ya que éste se efectuaría al aire libre (en el estadio de futbol). Sin embargo, los empresarios nos dijeron que no nos preocupáramos, pues ese tipo de tormentas sólo se presentan de vez en cuando y nunca duran más de un día, de modo que la función podría efectuarse sin contratiempo alguno al día siguiente. Pero sí había inconvenientes: por principio de cuentas, ya no teníamos reservación para el hotel, que estaba ocupado en toda su capacidad; además, de ahí debíamos partir rumbo a Córdoba, Argentina, a bordo del único vuelo que cubría dicha ruta, vuelo que perderíamos si prolongábamos la estancia. Por si eso fuera poco, nosotros sabíamos que ese tipo de cambios repentinos en las fechas de presentación solían traducirse en disminución de asistentes al espectáculo, ya que no hay tiempo suficiente para hacer la publicidad requerida.

—Por esto último no se preocupen —nos dijeron—. Ya dio comienzo la publicidad respectiva y es más que suficiente: anuncios detallados en televisión, cada quince minutos, desde hoy hasta la hora de función de mañana—. Y añadió con toda naturalidad—: Ah, por supuesto que se hace esto en todos los canales.

¡Y era verdad! Lo pudimos comprobar personalmente.

—¡Pero esto es incongruente —objetamos—, el costo de una publicidad semejante no se cubre ni llenando veinte veces el estadio!

—Eso es relativo —respondieron—, dado que nosotros somos los propietarios de las televisoras.

Fácil de entender. ¿Pero el problema del hotel? Con toda claridad nos habían advertido que la demanda de habitaciones haría imposible prolongar la estancia.

—Tampoco hay problema —nos dijeron—, el hotel también es de nuestra propiedad, y siempre hay manera de encontrar huéspedes a quienes se les pueda decir: "Lo sentimos, pero su reservación no está confirmada".

—Bueno —comenté yo—, tampoco cuesta trabajo entender eso. ¿Pero el vuelo en avión a Córdoba? ¡No me diga que pueden retrasar el vuelo para el día siguiente porque también son dueños de la línea de aviación; se trata de Aerolíneas Argentinas! —especifiqué.

—Efectivamente: eso no podremos hacerlo. Pero supongo que no les molestaría viajar a Córdoba a bordo del avión presidencial paraguayo.

Claro que no nos molestó. Como tampoco nos molestó que se encargaran de realizar los trámites necesarios para pasaportes, visas y demás, incluyendo las deferencias reservadas en forma exclusiva para los cuerpos diplomáticos.

* * *

—¿Yooo? —pregunté entre sorprendido y alarmado—. ¿Qué yo me ponga a tomar clases de tap?

—¿Y por qué no? —replicó Florinda.

—Porque ya tengo más de 50 años —respondí—. Porque ya no estoy en edad de empezar a hacer algo como eso.

—Te equivocas —objetó ella—. Tienes todo lo que hace falta para bailar: agilidad, sentido del ritmo, facilidad para coordinar movimientos, etcétera. Y no se trata de que llegues a ser Fred Astaire o Gene Kelly; el objetivo es solamente que bailes de una manera que pudiéramos llamar "aceptable". Digamos, lo suficiente como para que te puedas parar en un escenario y que la gente diga: "¡Pues mira: no lo hace tan mal!"

Alentador, ¿no?

Seguí objetando la idea hasta que, como ha sucedido con frecuencia, mi mujer terminó por convencerme. De modo que empecé a tomar clases de una disciplina que jamás había imaginado llevar a cabo: ¡bailar tap! ¡Hágame usted favor! Florinda lo hace muy bien, pero tiene 20 años menos que yo, aparte de que ha tomado clases de ballet, de danza española y de otras variedades de baile, incluidas algunas lecciones de tap. Pero, en fin...

Se presentaron, sin embargo, circunstancias que atenuaban un poquito el trago amargo. Una era que, efectivamente, yo parecía dar señales de que podía aprender algunos pasos. Y otra, la más importante, que tuvimos la suerte de contar con una maestra de calidad superior: Gabriela Salá. Bonita, excelente persona, de pequeña estatura (pero casada con el grandulón y simpatiquísimo industrial Carlos Núñez) y, sobre todo, dotada de una paciencia, un tacto y una técnica que hacían de ella la profesora por excelencia.

Luego, cuando ya habíamos tomado un considerable número de lecciones, una película nos brindó la oportunidad de mostrar que las lecciones no habían sido totalmente en vano. La película se llamó *Don Ratón y don Ratero*, y en ella aparecía Florinda cantando y bailando en dos números musicales, aparte de otro en el que yo también bailaba a su lado. La música, estupenda, era original de ese genio que es Nacho Méndez.

El reparto de la película era casi el mismo que habíamos tenido en *Charrito*, con el añadido de Edgar Vivar y el juvenil Alfredo Alegría. La acción tenía lugar en el México de los 20, por lo que requirió una ambientación complicada que incluía el alquiler de autos antiguos y vestuario de la época. Tampoco ahí faltaron los contratiempos, como el negarme la contratación de extras adecuados para asistir a un cabaret de lujo. Éstos debían portar, además, un vestuario que estuviera de acuerdo con la calidad del lugar. Y no me quedó otro remedio que echar mano del eterno recurso: Emilio Azcárraga.

—¡Hombre, no jodas! —exclamó Emilio por teléfono. Pero esta vez no me lo dijo a mí sino al gerente de producción de la película. Y añadió—: Dale a Roberto lo que considere necesario, ¡y punto!

Don Ratón y don Ratero, quizá la película mejor elaborada de las que hice, fue otro éxito. Y en esa cinta, por cierto, actúan como "extras" la bella hermana de Florinda, Esther, y los guapos hijos de ésta, Roberto y Lucía Quiroz Meza, entonces de seis y cuatro años. Aquel "niño" es ahora un egresado con todos los honores del Tecnológico de Monterrey. Lucía, por su parte, no se conforma con ser una auténtica belleza, pues además está graduada con mención honorífica en la carrera de Artes Plásticas. Y sobra decir que para Florinda, Beto y Lucy son los hijos que nunca tuvo; así como para ellos, Florinda es una segunda madre.

* * *

La ausencia de Ramón Valdés me hacía pensar en la necesidad de conseguir a otro actor de mayor edad, principalmente para los programas del Chavo. Pero yo no quería que sustituyera a Don Ramón (en el programa se decía que el personaje había salido en busca de fortuna), sino que interpretara a otro personaje cuyas características ya había yo delineado. Se llamaría Jaimito, tendría algunos años más que Don Ramón y trabajaría como cartero. Pero sus características principales serían "evitar la fatiga" y hacer bucólicas remembranzas de su pueblo natal: Tangamandapio, Michoacán. Y había la coincidencia de que ya tenía a la mano al actor apropiado para esto: se trataba de alguien que había participado en todas las películas que hice: Raúl El Chato Padilla. En un principio, sin embargo, Raúl no estaba plenamente convencido de que le gustaría "encasillarse" en un personaje fijo, pero cambio de parecer después de que fuimos a Colombia. Evento que merece narración aparte.

* * *

No se trataba de una gira de trabajo, sino de una colaboración para Solidaridad, una institución de ayuda para los necesitados, organizada desde hacía algunos años por doña Nidia Quintero, esposa del entonces presidente de la república de Colombia, Julio César Turbay Ayala.

—En años anteriores —nos habían dicho los representantes de doña Nidia— se han organizado marchas de actores famosos por las calles de Bogotá, durante las cuales se solicita el apoyo económico de la gente para ayuda de los necesitados. El año pasado —precisaron— la marcha tuvo que efectuarse a bordo de vehículos, pues el actor invitado tenía una trayectoria con fama internacional (el gran Mario Moreno Cantinflas), y la multitud congregada era excesiva. Tanto, que el desfile partió a las 9:30 de la mañana y llegó a su destino hasta la 1:30 de la tarde. El destino era el célebre Campín, complejo monumental formado por un estadio deportivo, un auditorio y otras instalaciones.

—Ahora —continuó explicando la representación colombiana— calculamos que sucederá lo mismo con la presencia del Chavo y su grupo. Por lo tanto, también ustedes irán a bordo de camiones de bomberos.

Y así fue. En el primer camión iba yo en compañía de doña Nidia y otros altos personajes del gobierno colombiano. A continuación, también a bordo de camiones de bomberos, iban mis compañeros, igualmente en comitiva con dignatarios y personalidades importantes. Pero si bien habíamos iniciado el desfile a las 9:30 de la mañana, igual que lo habían hecho el año anterior con Cantinflas, esta vez el arribo al Campín no fue a la 1:30 de la tarde, sino hasta las 6:00 pm. Y es que la multitud, compuesta por algo así como cuatro millones de personas (según los cálculos oficiales) exigía que la comitiva se desplazara a una velocidad que en muchos momentos era nula.

El apoyo económico superó también todos los antecedentes, pues la recaudación fue 15 veces mayor (15 mil por ciento) que cualquiera otra que se hubiera efectuado antes. La base principal de dicha recaudación provenía de la venta de playeras o camisetas que ostentaban un retrato del Chavo. Resultaba impresionante la cantidad de personas que lucían tales camisetas. Y resultaba singular el comprobar que un buen número de esas camisetas era portado incluso por diversas mascotas, entre las que obviamente destacaban los perros.

Esa misma noche fuimos invitados a la residencia oficial del presidente de Colombia, donde nos recibieron éste y su gentil esposa, doña Nidia, además de los principales ministros del gabinete. Los invitados éramos los actores y cónyuges respectivos, además de mi hermano Paco y Marta, su esposa. En el transcurso de la reunión, por cierto, yo sentí la molestia que siempre me ha causado el uso de una corbata, hecho que fue notado por la esposa del presidente, quien me interrogó al respecto. Yo le expliqué lo que me sucedía y, para mi gran sorpresa, pidió la atención de toda la concurrencia y dijo:

—Señores: creo que Roberto (se estaba refiriendo a mí, por supuesto) se sentirá más a gusto si se quita la corbata. Por lo tanto, ¿que tal si todos los caballeros le brindan su apoyo despojándose de la suya?

Así lo hicieron: tanto los ministros como el mismísimo señor presidente de Colombia se quitaron sus respectivas corbatas. Y todos estuvimos más cómodos.

Por demás está decir que, después de haber sido testigo y partícipe de todo esto, el Chato Padilla consideró que sí le convenía adherirse al grupo. Y durante toda su vida siguió manifestando lo feliz que estaba de haber tomado tal decisión.

* * *

La presidencia de México había estado en manos de José López Portillo durante el sexenio en curso, mismo que ya estaba próximo a concluir. Cuando fue elegido todo hacía suponer que México estaba a punto de emprender el vuelo que lo llevaría a la privilegiada cumbre que ocupaban los países del primer mundo, impulsado por el "oro negro" que surgía a borbotones del bendito subsuelo que nos había dado dios. "Los beneficios serán tales", había dicho más o menos el presidente, "que nuestro único problema radicará en como administrar la exultante riqueza." Luego, cuando las cosas no parecían marchar muy bien que digamos, y ante la amenaza de una devaluación monetaria, don José nos aseguró que "defendería el peso como perro". Finalmente decidió abandonar la escena con un mutis que dejará un recuerdo imborrable en los espectadores (los mexicanos)... para lo cual estatizó la banca.

* * *

A mi segunda hija, Cecilia, le llegó el turno del matrimonio. Se casó con Luis Felipe Macías, muchacho que había estudiado y trabajado en ciencias de la comunicación. Ambos estaban realmente enamorados, de modo que, tiempo después, su separación fue algo más que sorpresivo. Pero, antes de esto habían procreado a otros dos de la lista de "los 12 mejores nietos del mundo": Andrea y Alejandro.

No debo (ni deseo) juzgar las razones o los motivos que produjeron el rompimiento de esa unión. Pero sí sé que mi hija ha soportado el trago amargo con toda la dignidad que era precisa, y que ha sabido enfrentar las consecuencias con honradez y valentía. Cuenta con mi apoyo, es cierto, pero también con otros apoyos que son mil veces más importantes y efectivos, como son su propia integridad moral, su estoicismo para enfrentar los contratiempos y su capacidad profesional. (Ella también escogió la docencia, actividad en la que ha destacado tan ampliamente, que llegó a ser directora de una importante escuela: el CIE.)

Pero su otro apoyo, seguramente el mayor de todos, es el de Andrea y Alejandro, sus hijos. Éstos, por su parte, creo que siguen contando con el amor y el apoyo de su padre, a quien también aman y respetan como debe ser.

* * *

En 1983, aprovechando la circunstancia de que coincidían las vacaciones de uno y otro, mis hermanos acordaron abordar un crucero que recorrería el archipiélago griego y lugares adyacentes. Afortunadamente, el viaje había sido planeado con anticipación, de modo que yo me pude adherir a él, ya que, aunque no tenía un tiempo fijo para vacaciones, sí podía crear dicho tiempo mediante el adelanto de programas grabados. Entonces me puse a escribir a un ritmo mayor que el acostumbrado, hasta completar el número suficiente de libretos que haría falta. Luego se grabaron los programas correspondientes a los libretos, y tanto Florinda como yo quedamos listos para sumarnos al ansiado crucero, aprovechando para considerar el viaje como la luna de miel que no habíamos tenido antes.

El barco era uno de los tres que componían la prestigiada Royal Viking Line, una compañía naviera que organizaba cruceros por muchas partes del mundo. El nuestro partía de Venecia, lugar en el que nos reunimos los tres hermanos Gómez Bolaños, acompañados por las respectivas mujeres: Marta con Paco, Luz María con Horacio y Florinda conmigo. Esto sucedió después de que mis hermanos y sus esposas habían ido a Egipto e Israel, en viaje organizado por cuenta propia, independiente del organizado por la agencia de viajes, mientras que Florinda y yo habíamos ido, también de manera independiente, a París, Madrid, Roma,

Venecia y Florencia, más lugares circunvecinos. El crucero recorrió varias de las islas griegas y algunos puntos de la costa occidental de Turquía, todo ello tapizado de ruinas y demás vestigios de la colosal cultura que floreció por aquellos lares. Después cruzamos el Estrecho de los Dardanelos hasta la legendaria Estambul. Visitamos esta ciudad situada en ambos lados del Bósforo, el cual cruzamos para llegar al Mar Negro. Ahí desembarcamos también en Odessa y en Yalta, dos ciudades que hoy pertenecen a Ucrania, país que en ese tiempo aún formaba parte de la Unión Soviética. En Odessa ascendimos por la enorme escalinata que se hizo célebre como uno de los escenarios de la película *El acorazado Potemkin*: aquella donde la tropa acosa al pueblo, con la dramática escena de la carriola que rueda peldaños abajo con un bebé en su interior. La otra ciudad, Yalta, tiene una relevancia histórica, ya que fue ahí donde se firmaron los famosos tratados acordados por Roosevelt, Churchill y Stalin al final de la Segunda Guerra Mundial, mediante los cuales se repartieron buena parte del planeta como si fueran rebanadas de un pastel. Y en el mismo Mar Negro visitamos Varna, puerto de Bulgaria, que entonces era uno de los muchos países situados al este de la llamada "cortina de hierro"; es decir, también bajo la hegemonía soviética. Finalmente, el crucero concluyó en El Pireo, puerto aledaño a Atenas, la cuna de la civilización occidental en la que permanecimos algunos días, disfrutando con la visita a la Acrópolis, al Ágora y a muchos otros lugares donde abundan vestigios de la grandeza que había alcanzado la gran ciudad estado.

Y algo similar encontramos en la península del Peloponeso, donde destaca el espléndido teatro de Corinto, uno de los más grandes y mejor conservados de aquellas épocas.

Pero, coincidentemente, la estancia en aquellos lugares nos permitió establecer algunas comparaciones con la multitud de zonas arqueológicas que hay en México, hasta establecer que hay factores en que lo nuestro no desmerece en comparación con lo helénico. Por ejemplo: la grandiosidad de las construcciones que hay en Teotihuacán y, lo que es más meritorio, la vigilancia que hay en dicho lugar, lo que evita, por ejemplo, los graffiti que inundan el Ágora con expresiones que van desde el "Johnny was here" hasta el "Figlio de putana".

* * *

Estábamos nuevamente fuera de la Ciudad de México cuando recibimos una noticia muy triste: víctima de un cáncer, acababa de fallecer el querido e inolvidable Ramón Valdés. Aunque ya llevaba algún tiempo de haberse separado del grupo, su ausencia definitiva representaba un impacto doloroso para nosotros, y la imposibilidad de que algún día pudiera retornar.

Paradójicamente, Ramón ha "resucitado" para todos nosotros y para las nuevas generaciones, gracias a la repetición de los programas a todas horas y por todos lados. Y nuevamente me hace reír como sólo él podía hacerlo.

* * *

Aprovechando las nociones de tap que habíamos adquirido, Florinda y yo empezamos a planear una aventura que implicaba muchos riesgos: actuar en un centro nocturno.

¿Como reaccionaría la gente? —nos preguntábamos—. Porque a pesar de que yo siempre dije que mi programa estaba hecho para toda la familia, muchas personas insistían en que era un programa "infantil". Esta clasificación siempre me pareció tan tonta como la que establecía lo mismo para Mafalda, la incomparable creación del argentino Quino, pero de cualquier manera no eliminaba el riesgo. No obstante, nos lanzamos a la aventura formando una especie de sociedad con Gabriel García, esposo de nuestra productora Carmelita Ochoa, el cual se interesó en participar proporcionalmente en el aspecto administrativo con un porcentaje económico para la producción.

Lo primero que haría falta sería contar con un libreto que resultara apropiado con lo que planeábamos, lo cual exigía que fuera simultáneamente gracioso, de calidad y con la picardía necesaria para entretener a la clase de adultos que suele ir a los centros nocturnos, pero sin echar mano del albur o del chiste corriente y procaz que tanto abunda en dichos lugares. Tarea difícil, en verdad; pero creo que pude escribir un guión que cumplía con aquellos requisitos.

Sin embargo, todavía haría falta solucionar otros problemas, entre los cuales destacaba el conseguir un centro nocturno que fuera adecuado para el proyecto. Ya habíamos puesto el ojo en el Marraquech, del Conjunto Casablanca, pues sabíamos que el local sería desocupado por el espectáculo que estaba entonces, pero los empresarios que manejaban el conjunto nos dijeron que la gente no acudiría a dicho lugar a ver un espectáculo de Chespirito, de modo que rechazaron nuestra petición. No obstante, yo estaba seguro de que el público asistiría a cualquier lugar donde se supiera que había un buen espectáculo, de modo que decidí hacer la petición directamente al propietario del mismo: don Emilio Azcárraga Milmo.

—Es que esta gente tiene razón —me dijo Emilio—. ¿Dónde vas a encontrar adultos que quieran ver a Chespirito en un centro nocturno?

Pero yo insistía en lo contrario, hasta que terminó por decir:

—Está bien: después de todo es tu riesgo.

Y dio la orden a los empresarios para que se me permitiera montar el espectáculo en el Casablanca.

La noche del estreno fue positivamente inmejorable. La concurrencia fue mucha (aunque la mayoría eran invitados) y hubo un derroche de aplausos para los números musicales que encabezaba Florinda, contando con el discreto pero entusiasta complemento mío y la magnífica colaboración de Fernando Madrid Campos al frente de su conjunto musical, además de los excelentes coros de las Hermanitas Salinas, que cantaban estupendamente. Y no menor fue el derroche de carcajadas que rubricaban nuestra participación humorística. Pero al día siguiente... ¡ay, mamá!

—La concurrencia —comentábamos con tristeza— no llega a ocupar ni la cuarta parte de la capacidad que tiene el centro nocturno.

—¡Pero ayer la gente festejó todo: los diálogos y la acción cómica, así como las canciones y los bailes!

—¡Y hoy también festejaron todo! Digo, los pocos que vinieron.

—Eso sí. A ver si mañana asisten algunos más.

Pero al día siguiente, en vez de asistir algunos más... asistieron algunos menos.

Y algo similar ocurrió los días siguientes: el público festejaba sin reservas todo lo que presentábamos en el escenario, pero el número de espectadores no alcanzaba para ocupar la cuarta parte de las sillas. Es decir: un paupérrimo 25 por ciento.

—Tenían razón los empresarios —comentó alguno de nosotros—: ¿A qué persona adulta le puede interesar ver a Chespirito y Florinda Meza en un cabaret?

No pudimos evitar la tristeza que nos invadió; tristeza que fue aún mayor cuando acordamos con los empresarios que empezaban a correr los siete días de rigor para dar por terminado el contrato. Mucho más que la pérdida económica nos dolía el fracaso que constituía la aventura, y más sabiendo que muchos familiares y amigos no tendrían ya la oportunidad de ver el espectáculo. Uno de ellos sería nuestro amigo y compañero de trabajo Raúl El Chato Padilla, el cual, sin saber todavía que estaba por terminar la pequeñísima temporada, me habló por teléfono y me dijo:

—Oye, Roberto: Lilí y yo no hemos podido verlos ahí en el Casablanca. ¿No sería posible que añadieran una mesita y un par de sillas para que podamos ir mi mujer (Lilí Inclán) y yo?

—Lilí y tú pueden ir en el momento en que quieran —le dije— y como invitados nuestros. Pero además: no hace falta añadir mesas ni sillas.

—Bueno... yo pensé... Con eso de que está agotado...

—¿Que está agotado qué? —le pregunté.

—El boletaje. O sea: que ya no hay lugar.

—¿Quién dice? —pregunté con la furia que empezó a invadirme desde ese instante.

—Llevamos tres noches tratando de ir —respondió El Chato— y tres veces nos han dicho que está agotado; que no hay lugar.

—¿Quién carajos ha dicho eso?

—Pues la persona que responde el teléfono.

La información era suficiente, de modo que, después de decirle al Chato que fueran esa misma noche al Casablanca, en cuya entrada habría alguien encargado de recibirlos, me apresuré a marcar el número telefónico del cabaret, acción que tuve que repetir un buen número de veces (porque sonaba ocupado) antes de que me contestaran:

—Casablanca a sus órdenes —dijo una amable voz femenina.

—Buenas noches —respondí con la misma amabilidad, pero fingiendo la voz para no ser reconocido—. ¿Sería tan amable de apartarme una mesa para la segunda función de esta noche? Somos cuatro personas.

—Lo siento mucho, señor, pero no hay lugar.

—Eso sí que es mala suerte... Pero entonces para mañana.

—Está todo vendido, señor. Tal vez si intentara usted hablar la semana próxima.

—Mejor ahora mismo —dije entonces secamente y dejando de fingir la voz—. Pero le voy a decir quién habla: me llamo Roberto Gómez Bolaños y me dicen Chespirito.

Como respuesta obtuve un repentino silencio. Pero volví a tomar la palabra, otra vez con la mayor amabilidad, pero ya sin fingir la voz:

—¿Me podría decir por qué asegura que no hay lugar?

—Pues —balbuceó la telefonista— pues... pues porque me dijeron que dijera eso.

—¿Quién le dijo que dijera eso?

—Pues... pues no sé.

—¡Cómo que no sabe!

—Es que... es que me dejaron un recado aquí en mi máquina de escribir.

—¿Quién lo firma?

—Nadie. No está firmado.

—¿Y usted obedece órdenes de fantasmas que le dejan recados en cualquier parte?

Entonces la telefonista perdió la paciencia y, soslayando también la hipocresía, exclamó:

—¡Oh, ya estuvo bueno! ¿No le parece?

—¡Pues no —le dije—; no me parece! Y sólo me gustaría preguntarle si se da cuenta de que esto le puede costar el empleo.

Y su respuesta no pudo ser más expresiva, a la vez que contundente:

—¡Ptch, me vale! —dijo antes de colgar la bocina.

Entonces me enteré de que la experiencia del Chato no había sido un caso aislado, sino que había otros testimonios similares. Y uno de ellos fue nada menos que el de mi hija mayor, Graciela, quien asistió en compañía de su esposo Raúl y de un matrimonio conformado por un par de amigos. No habían intentado hacer reservaciones por teléfono porque yo les había comentado lo reducida que había sido la asistencia. Y los cuatro pasaron al interior del Conjunto Casablanca, pero...

—¿No que venía muy poca gente? —le preguntó alguien a mi hija— ¡Está casi lleno!

—Pues sí. ¡Qué bueno que pudimos encontrar lugar!

Y poco después empezaron a ver un espectáculo en el que la presentación de Florinda y Chespirito parecía retardarse más de la cuenta.

—Será porque primero va esto, que es un número de relleno —comentó alguien.

—Seguramente.

Pero no, no era eso lo que pasaba.

—Es que Chespirito no se presenta aquí —dijo un mesero que fue interrogado al respecto por los componentes del grupo—. Él está en el salón de junto: el Marraquech.

—¿Y nosotros dónde estamos? ¿No es esto el Marraquech?

—No. Lo que pasa es que los dos centros nocturnos son parte del Conjunto Casablanca— explicó el mesero con una sonrisa indulgente—; pero éste es el Madelón. Ja ja ja. Se equivocaron.

—¡No! ¡Nosotros no nos equivocamos! Ya sabemos que aquí en el Conjunto Casablanca no hay sólo dos cabarets, sino cuatro. Por eso en la puerta dijimos con toda claridad que veníamos a ver a Chespirito. Y nos condujeron a este lugar.

Sin embargo la discusión no pasó a mayores, pues el grupo abandonó el lugar y pasó al contiguo, que era donde estábamos nosotros, y en el que aún alcanzaron a ver la parte final de nuestro espectáculo. Pero este percance, aunado al del Chato y otros más, sólo podían estar incluidos en un término común: boicot.

Emilio Azcárraga no estaba en la Ciudad de México, de modo que en ese momento no podía presentarle una queja al respecto. Por lo tanto, di por terminada la corta temporada y esperé hasta el retorno del jefe para contarle lo que había ocurrido. Pero poco después de haber hecho esto, nuestro amigo y socio Gabriel García se puso en contacto conmigo y me preguntó:

—Oye, brother (como solía llamarme), ¿tú le contaste al señor Azcárraga lo que nos pasó en el Casablanca?

—Pues sí —le dije—. ¿Por qué?

—Porque acaba de poner de patitas en la calle a todo el personal.

—¿Qué quieres decir con eso de todo?

—Lo que significa la palabra: que despidió a todos los que laboraban ahí: ejecutivos, empleados, meseros, etcétera.

Era una manifestación del estilo personal que tenía Emilio para responder cuando se sentía agredido. ¿Una de las que habían contribuido a cimentar la fama de Tigre que le acomodaban como apodo? No lo sé, pero podría ser. De lo que no me queda la menor duda, sin embargo, es de que en esa ocasión había reaccionado en función de la amistad que nos unía.

No obstante, me apresuré a verlo para decirle:

—Yo te agradezco el apoyo, pero entre los despedidos puede haber muchos que no tengan ni un gramo de culpa.

—Por supuesto —me dijo con esa sonrisa que también mostraba con frecuencia y que se oponía por completo al concepto de Tigre—; pero no te preocupes, ya ordené dar marcha atrás: nadie va a perder ahí su empleo.

—¡Menos mal! —comenté con alivio.

—Lo hice para meterles un poquito de susto a estos cabrones. Porque, además, yo ya sabía que hacían ésas y otras cosas por el estilo. Y sé quiénes son los responsables, pero quiero darles otra oportunidad.

Volvió a sonreír y añadió en tono paternal:

—En cuanto a ti, te recomiendo que no intentes presentarte otra vez en un cabaret; no es un sitio adecuado para Chespirito.

Y le hice caso.

Al menos hasta la fecha.

* * *

Florinda y yo continuábamos tomando regularmente nuestras clases de baile, lo cual fue más que útil cuando al año siguiente llegó la experiencia definitiva, pues el tap era una de las muchas disciplinas que integraban un proyecto espectacularmente ambicioso: una comedia musical.

Llevábamos buen tiempo especulando acerca de la posibilidad de hacer algo así, hasta que, después de muchas cavilaciones, acordamos que el tema de la obra podría estar basado en el inolvidable Pinoccio de Carlo Collodi. La decisión tuvo aspectos que resultaron ser buenos y otros que no lo fueron tanto. Entre estos últimos figura el hecho de que se podía pensar (y de hecho así sucedió) que se trataba de algo dirigido a los niños. Pero nada más erróneo que eso, pues la pieza contenía variaciones que no sólo la diferenciaban del original, sino que, modestia aparte, la enriquecían con un mensaje de mayor valor. Porque, por una parte, el original no hace el énfasis necesario acerca de lo trascendental que resulta el premio que recibe el personaje: ¡nada menos que la vida! En mi obra, este desenlace se presenta notoriamente sublimado. Pero, además, el heroísmo de Pinoccio en el original consiste en la salvación de Gepeto, personaje que es el creador y "papá" del muñeco, mientras que yo lo hago sacrificarse también, pero no por alguien tan querido, sino por sus ¡enemigos!, los villanos a quienes salva del fuego cuando el populacho pretende quemarlos vivos. Esto, creo yo, es otra manera de sublimar el sacrificio.

La comedia musical se llamó *Títere* y en ella intervine como actor (en el papel de Pepe Grillo, maestro de escuela), como escritor del guión, director, y autor de la música y la letra de las canciones (me faltó vender billetes de lotería a la salida del teatro). Florinda intervino como actriz (era Bétel, diminutivo de Betelgeuse —por la hermosa estrella de la constelación de Orión— y ejercía las funciones de Hada Madrina Debutante). Su desempeño artístico fue insuperable como actriz, cantante y bailarina. Pero también tuvo a su cargo la complicadísima producción de la obra y todas las funciones de asistencia en la dirección musical, así como en el diseño de las coreografías. Éstas, por cierto, estuvieron a cargo de Carlos Feria, como corógrafo general, y de Gabriela Salá en lo referente al tap. La orquestación y dirección de la música (en grabaciones y en vivo) corrió por cuenta de alguien que, hasta ese momento, jamás había sido llamado para hacer algo semejante y que a partir de entonces se convirtió en arreglista y director de todo aquel que quería montar una obra musical de alta calidad. Me refiero al excelente maestro Willy Gutiérrez, quien contó con el auxilio de su hermano Nacho, destacado maestro de música y canto, así como los demás hermanos Gutiérrez, todos ellos músicos y cantantes de primera. Como si fuera poco, entre las voces femeninas del coro se encontraban chicas que llegarían a lucir ampliamente en el ámbito profesional, entre las cuales podríamos mencionar a Alejandra Ávalos, Fernanda Meade (del grupo Pandora) y Laura Luz.

En cuanto a la iluminación, escogimos al estupendo Sergio Treviño, quien no sólo hizo un magnífico trabajo en nuestra obra, sino que después de eso, sus servicios no sólo han sido disputados por muchos teatros, sino también por Televisa y Televisión Azteca.

Yo había planeado que María Antonieta interpretara a Pinoccio, pero ella rechazó el papel cuando supo que no llevaría el primer crédito. Y debe haberse arrepentido en grado máximo, pues entonces contratamos a un joven comediante cuya actuación fue insuperable: Rodolfo Rodríguez. Éste había sido uno de los integrantes *de Cachún cachún ra ra*, un programa juvenil de mucho éxito en la televisión, producido por Luis de Llano Macedo. Rodolfo tenía los dones del canto y el baile, aparte de una enorme simpatía personal. E igualmente enorme fue su lucimiento.

Para el papel de Gepeto teníamos un actor que ni mandado hacer: El Chato Padilla. Hasta podría decirse que Walt Disney lo había copiado para su película *Pinocho*.

Los villanos debían ser dos grandulones, a cargo de Rubén Aguirre y Arturo García Tenorio, pero ninguno de los dos llegó a participar, pues Rubén no aceptó el papel, mientras que Arturo nos comunicó que una dolencia le impediría trabajar. Fueron sustituidos por Ramiro Orcí, actor de gran experiencia y excelente presencia (fortachón como pocos) que había sido, además, amigo mío desde la infancia; y por mi hijo Roberto, entonces de 20 años, quien me pidió que le diera la oportunidad. Yo accedí a ello, y estuve lejos de arrepentirme, pues a pesar de que se trataba de su primera experiencia al respecto, su desempeño fue sorprendentemente bueno.

En el papel de Stromboli también teníamos un actor que parecía haber sido mandado hacer para encarnarlo: Edgar Vivar, pero a él tampoco le interesó hacerlo, de modo que recurrí a mi hermano Horacio, quien no tenía la experiencia actoral ni la pinta exacta del personaje como las tenía Edgar, pero que, finalmente, realizó un buen trabajo.

Para el papel del Hada Madrina que comandaba a sus colegas contábamos con Angelines Fernández, la cual tuvo un magnífico desempeño... hasta que un problema de salud nos orilló a cambiarla por Lily Inclán, la esposa del Chato Padilla, quien también se desenvolvió con gran acierto.

Pero la obra tenía, además, 32 bailarines (16 hombres y 16 mujeres) y, por supuesto, una estupenda escenografía que lucía esplendorosa. Todo el montaje requirió de una gran inversión, en la que colaboró durante algún tiempo nuestro buen amigo Gabriel García, a manera de inversionista (su esposa Carmelita, como ya dije, llevaba buen tiempo de participar en la producción y en la dirección de cámaras de mi programa).

Títere se estrenó en uno de los Televiteatros originales de Puebla y avenida Cuauhtémoc, pésimamente planeados pues, por ejemplo, no había manera de introducir determinados elementos de escenografía o utilería al foro: por tanto, tenían que ser construidos en el escenario mismo; los camerinos estaban en el fondo de un laberinto; y lo más destacado: una acústica de primera (de primera fila, porque en la segunda ya no se oía nada). Esto nos obligó a usar micrófonos inalámbricos todo el tiempo.

La temporada se inició a mediados del 84 con dos funciones diarias de martes a domingo (como se acostumbraba entonces). La concurrencia era bajísima, lo que nos producía enormes pérdidas económicas (solamente económicas, pues la poca concurrencia salía más que complacida, lo cual evitó que hubiera pérdida de prestigio, que es mucho más dolorosa que la económica). No obstante, el factor económico representaba una verdadera angustia, pues era necesario sacar dinero del banco diariamente para pagar con puntualidad a los actores y a los técnicos. Esto fue, quizá, lo que orilló a Gabriel García a dar por terminada su participación como inversionista, a pesar de que lo hizo en el momento en que la situación daba algunas señales de invertir el rumbo. Y así sucedió, pues poco después la publicidad "de boca en boca" se empezó a reflejar en la venta de boletos, al grado de que no tardamos en colgar en la taquilla ese hermoso letrero que dice AGOTADO. Esto se repitió muchas veces, lo que hizo que, en un teatro de mil 400 butacas, la recuperación se lograra en poco tiempo. Y después de la recuperación vino la ganancia, misma que fue incrementada cuando salimos de gira por el interior de la República, gira que terminó con 40 "agotados" consecutivos en la ciudad de Monterrey, donde, por cierto, hubo un par de anécdotas dignas de contarse.

Una de ellas aconteció, afortunadamente, en la última función que dimos en Monterrey, lo que significa que era también la última función de *Títere*. Lo anecdótico fue la ruptura de una vara de la que pendían cuatro bailarinas, suspendidas por cuerdas que semejaban ser los hilos que sostienen a los títeres. Y si dije que esto aconteció "afortunadamente" en la última función fue porque, de haber acontecido en cualquier otra función, no habríamos tenido tiempo para subsanar el desperfecto. Por otra parte, el hecho ocurrió atrás del telón, cuando éste había ya descendido para convertirse en fondo de un monólogo del Títere (Rodolfo Rodríguez), de modo que el público no se percató de lo sucedido. Además, las cuatro bailarinas no pasaron de sufrir el susto que les produjo el accidente.

La otra anécdota sucedió en una función previa, pero fue más trascendente. O por lo menos más inusual: se aproximaba el final del primer acto, el cual debía culminar con "La vida", canción tema de la obra, interpretada por el Hada Madrina (Florinda) y dedicada al Títere (Rodolfo) en presencia de Gepeto (El Chato Padilla) y el Profesor Grillo (yo). Todo iba saliendo muy bien, hasta que vimos aparecer en escena a alguien que no debía estar ahí. Y el desconcierto aumentó cuando nos dimos cuenta de que el recién llegado era un robusto mocetón que padecía ostensiblemente síndrome de Down. El Chato Padilla intentó tomarlo del brazo como invitándolo cortésmente a que abandonara el escenario, pero el muchacho rechazó la invitación con lujo de facilidad (por su fortaleza física). Yo vi esto y permanecí estúpidamente estático, sin tener la menor idea de qué se podría hacer para solucionar el problema, pues era obvio que, aunque no habían transcurrido más que unos cuantos segundos desde su inicio, el público ya había asimilado lo que pasaba. Lo único que estaba claro era que la solución debía estar condicionada a un principio de caridad, pero que, al mismo tiempo, no sería conveniente interrumpir la función. Y entonces surgió la providencial e inteligente intervención de Florinda, quien empezó a cantar "La vida", dedicándola de manera evidente al muchacho. Después alternó su atención dirigiéndose brevemente a Rodolfo Rodríguez, para luego regresar hacia el joven, quien sonreía extasiado y en la más tranquila inmovilidad, actitud que conservó hasta que descendió el telón acompañado por el más atronador y efusivo de los aplausos.

Me falta aclarar que la gira tuvimos que hacerla antes de tiempo, pues ya nos habían impedido permanecer en el teatro del Distrito Federal cuando estábamos consiguiendo taquillas que rebasaban 90 por ciento de su capacidad. Pero quizá esto obedeció a un designio del destino (que estaba obviamente de nuestra parte) pues apenas tres meses después, en septiembre, un inclemente terremoto derribo innumerables edificios de la Ciudad de México, entre los cuales se encontraban aquellos Televiteatros.

XV

Aquel 19 de septiembre llenó de luto a muchísimos hogares del país. La ciudad había resistido anteriormente bastantes sismos de fuerte intensidad, pero éste rebasó todos los antecedentes, provocando que grandes sectores dieran la apariencia de haber sufrido un bombardeo despiadado. Edificios enteros se habían desplomado como si fueran castillos de arena, y muchísimos más habían quedado terriblemente dañados. Los muertos y los desaparecidos eran incontables; indudablemente muchos más que los reconocidos oficialmente. La tragedia extendía su sombra por todos los rumbos de la metrópoli.

A mí me despertó Florinda sacudiéndome y pronunciando la patética frase que se ha hecho común:

—¡Está temblando!

Bueno, como acabo de decir, no era la primera vez que esto sucedía en nuestra ciudad, aunque en esa ocasión se presentaban aspectos que parecían diagnosticar algo más. Es verdad que no había derrumbes a nuestro alrededor, pero, entre otras cosas, había quedado interrumpido el servicio de corriente eléctrica, lo cual, por otra parte, impedía prender un televisor o un radio que nos proporcionaran información. Esto lo conseguimos hasta después, cuando llegó Esther, la hermana de Florinda que era vecina nuestra, con un radio de pilas. Por medio de él empezamos a tomar conciencia de la magnitud del fenómeno natural; sobre todo cuando Jacobo Zabludovsky decía:

—Estoy frente a lo que ha sido mi casa durante mucho tiempo —se refería a Televisa Chapultepec—, y ésta ya no existe. Se ha derrumbado por completo.

Luego, como todos los habitantes de esta gigantesca ciudad, poco a poco nos fuimos enterando de las diversas consecuencias que había tenido el terremoto, consecuencias que en muchas partes incluían la pérdida irreparable de parientes, amigos y toda clase de seres queridos. Aunque, afortunadamente, no faltaban las excepciones que narraban ocasionales toques de suerte, como puedo calificar el ejemplo de la sobrina de Florinda, quien había nacido apenas unos días antes, ¡y precisamente en las instalaciones del Seguro Social de la avenida Cuauhtémoc!, las cuales se vinieron abajo como si fueran una estructura de naipes. Pero tanto Fabiola (la recién nacida) como su madre (Ana Luz) resultaron ilesas.

El día del siniestro viajaban Rubén Aguirre y El Chato Padilla desde San Luis Potosí a la Ciudad de México, pero durante el trayecto, en plena carretera, un noticiario radiofónico les hizo enterarse de todo lo relativo al catastrófico terremoto; y entre las notas destacaba la destrucción de Ciudad Tlatelolco, conjunto de edificios de habitaciones particulares, muchos de los cuales se habían derrumbado en su totalidad. ¡Y daba la terrible casualidad de que El Chato Padilla vivía en uno de esos edificios! Yo no quisiera imaginarme siquiera la angustia que debe haber sufrido nuestro compañero y amigo durante el resto del trayecto, pues su familia había permanecido en México, precisamente en aquel edificio de Tlatelolco.

A su arribo, El Chato tuvo el particular alivio de constatar que su familia no había sufrido daños corporales, pues su departamento estaba en uno de los edificios que no llegaron a derrumbarse por completo. Aunque, eso sí: los perjuicios materiales habían sido enormes, al grado de que la familia tuvo que recurrir al auxilio de rescatistas para abandonar la semiderruida construcción. Y las pérdidas económicas, por supuesto, fueron cuantiosas. Por otra parte, alrededor había sangre, cuerpos mutilados y multitud de escenas patéticas que incluían lágrimas y lamentos de dolor.

Al mismo tiempo, el terrible suceso dio ocasión para que surgiera una infinidad de héroes anónimos: rescatistas que exponían su vida para liberar a quienes habían quedado atrapados por los escombros; voluntarios que, sin asomo de interés, barrían o apartaban dichos escombros para aligerar las tareas de rescate. Entre ellos cabe destacar al mismísimo Emilio Azcárraga, quien estuvo removiendo personalmente los desechos de lo que había sido Televisa Chapultepec, intentando el rescate de los empleados que pudieran haber quedado atrapados. Y lloró más de una vez al constatar que muchos de aquellos empleados habían perdido la vida como consecuencia del terrible sismo.

También hubo muchos, muchísimos, que donaban alimentos, mantas, cobijas, colchones y todo cuanto hiciera falta a los damnificados. Entre estos estuvo Florinda, quien acorde con su temperamento, formó parte activa de la legión de auxiliadores anónimos que tuvo la ciudad.

Por parte de nuestro grupo surgió una brillante idea que se tradujo en acto de solidaridad para con El Chato Padilla, pues se organizó una gira cuyas utilidades íntegras fueron entregadas a la familia de Raúl, a modo de que sirvieran como principal aporte para la adquisición de un nuevo departamento. Éste fue mucho mejor que el anterior y estaba ubicado en un barrio también de mayor calidad. Ahí, en compañía de su familia, El Chato vivió con merecida tranquilidad hasta el momento de su deceso, acaecido varios años después.

En medio del infortunio que produjo aquel terrible suceso, tampoco faltó, desgraciadamente, el corrupto que lucró con el dolor ajeno. Y no menos lamentable fue la negligencia mostrada por quienes más debían haber hecho lo contrario. Dos días después del sismo, por ejemplo, fui a buscar a Emilio Azcárraga para informarme acerca de las providencias que se debían tomar en cuanto a los planes de producción y para decirle que contara conmigo para cualquier cosa en la que yo pudiera ser útil... y el encuentro fue tristemente revelador.

Emilio estaba en el comedor de ejecutivos de Televisa San Ángel, en compañía de Miguel Alemán Velazco y Víctor Hugo O'Farril Ávila, de modo que me disculpé por la repentina intromisión; pero me disponía a retirarme prudentemente, cuando Emilio me dijo:

—Espera. ¿Qué se te ofrece?

Le expuse brevemente el motivo que me había llevado a buscarlo, y su comentario fue acompañado por un suspiro de desánimo e impotencia.

—Bueno, puedes llevar alimentos, cobijas y todo eso que necesitan los damnificados.

—Ya lo está haciendo Florinda —le informé—. Pero yo quería ver si puedo ayudar como persona pública; como alguien a quien conoce la gente.

Emilio me miró fijamente y me dijo:

—¿No quieres tomar una copa con nosotros?

Así fue como compartí la sobremesa con los tres grandes ejecutivos de la empresa, quienes se encargaron de ponerme al tanto de lo que sucedía: ellos también habían ofrecido su ayuda a nivel empresarial, pero su oferta no había sido aceptada. Por ejemplo: una de las peores consecuencias del sismo había sido el daño sufrido por las comunicaciones telefónicas, las cuales apenas podían funcionar a un bajísimo porcentaje de su capacidad. Pero el problema podía haberse resuelto en gran medida por medio de un enlace con sistemas telefónicos de Estados Unidos, enlace que sería muy fácil de realizar y que nuestros vecinos del norte brindaban de manera totalmente gratuita, gracias a gestiones que ya había realizado Emilio Azcárraga Milmo. Pero...

Pero los altos mandos del país dijeron que México no necesitaba ayuda ni de una empresa privada ni de Estados Unidos. De paso, la advertencia se hizo extensiva a todos los gobiernos extranjeros:

"México no necesita ayuda —se declaró solemnemente—. Nos bastamos a nosotros mismos para resolver todos los problemas y salir adelante." (¿¿??)

* * *

Mi mujer y yo llevábamos tres años sin tomar vacaciones, de modo que nos pareció maravillosa la idea de emprender otro crucero en compañía de mis hermanos y sus esposas. Pero el que esta vez proyectaban sería de mayor duración y lejanía, para lo cual viajamos primero a San Francisco, donde abordamos un avión que nos llevó a Sidney, Australia, después de haber hecho una escala en Hawai. Durante dicha escala se acercó un caballero muy amable, acompañado por su esposa, quien se presentó ante nosotros diciendo:

—Lo más probable es que ustedes ni me recuerden ni me reconozcan, pero yo a ustedes sí, pues no me pierdo uno solo de sus programas de televisión.

Pero sí lo reconocimos y lo recordamos, ya que se trataba de un político de primera línea: don Carlos Gálvez Betancourt, quien había sido gobernador de Michoacán, secretario de Agricultura y, por algún tiempo, el más probable de los "presidenciables", esto es, de los que tenían mayores probabilidades de alcanzar la presidencia en México. De él se decía que había sido el máximo "cardenista" del país, refiriéndose a su gran apego a la persona y a la política del general Lázaro Cárdenas. Además, por la proporción entre la edad de uno y otro, y por el enorme parecido físico que había entre ambos, no faltó quien asegurara que don Carlos era hijo natural de don Lázaro. Claro que esto jamás pasó de ser un rumor, a diferencia de lo que sí era fácil de constatar: que don Carlos era un tipazo en toda la línea: culto, preparado, amable y simpatiquísimo. A lo largo del viaje, que se prolongó por seis semanas, establecimos con él una franca y cordial amistad, que incluyó encarnizadas pero amables partidas de dominó, alternadas con discusiones (también encarnizadas pero amables) acerca de política.

Después de recorrer Sidney y sus alrededores en la masa continental de Australia, el crucero se detuvo en lugares como las Islas Salomón, Vanuatu, Papúa-Nueva Guinea, la exótica Bali, en Indonesia, para seguir por Singapur, Filipinas, Hong Kong, Corea del Sur, China y Japón, de donde volamos de regreso a San Francisco y luego a México.

Por demás está decir que el viaje fue un cúmulo de sorpresas, admiraciones y toda clase de experiencias. En las islas próximas a Australia, por ejemplo, compartimos los comentarios con veteranos de la Guerra del Pacífico, quienes recorrían aquellos lugares que fueron escenario de cruentas batallas, y que visitaban los enormes cementerios donde estaban sepultados los compañeros que, entonces en la flor de su edad, habían sucumbido en los fragorosos combates. En dichos cementerios fueron esculpidos los nombres de quienes habían perdido ahí la vida, y entre ellos, por cierto, era más que notoria la abundancia de apellidos como García, Fernández, López, González, etcétera, que evidenciaban su condición de hispanoamericanos.

Siguieron experiencias como la visita a Singapur, un lugar que es simultáneamente ciudad y país, que antiguamente se había distinguido, según decían, por la suciedad y el descuido de sus calles, y que entonces eran ya ejemplo de lo contrario: la ciudad más limpia y cuidada que pueda uno imaginarse.

Filipinas era, quizá, el mayor contraste con lo anterior. Los suburbios más sucios y los barrios más pobres, acumulados uno tras otro y esparcidos al lado de pocos pero magníficos palacios y hoteles de primerísima calidad, todo ello al servicio de aquel Ferdinand Marcos que entonces gobernaba dictatorialmente al país en compañía de su ambiciosa mujer, pero que en aquellos momentos ya comenzaba a enfrentar una rebelión popular que terminaría por despojarlo del poder. El contraste se hacía más notorio cuando, después de transitar por aquellos barrios que eran sede de la suciedad y la pobreza, llegamos a la cena del tour que se efectuaba en un hotel que podía competir en ostentación y lujo con cualquiera de París, Londres o Nueva York.

Por otra parte, también eran magníficos los paisajes aledaños a Manila, donde el conjunto de ríos y montañas sigue siendo escenario de incomparable belleza. En uno de esos ríos, por cierto, tuvimos la audacia de embarcarnos en frágiles canoas que deberían bogar por entre un buen número de "rápidos", y así fue como conocimos algo que debe ostentar un récord mundial: aquellos eran los "rápidos más lentos del mundo"... De cualquier manera, Florinda y yo los disfrutamos a plenitud.

Aún era posible encontrar a uno que otro anciano que hablara español, lengua que en Filipinas había sido usual y oficial hasta medio siglo atrás, cuando el rescate por parte de las tropas estadounidenses en la Guerra Mundial había esparcido e impuesto el uso del inglés como idioma del país. Algunos nativos hablan también en tagalo, lengua nativa de singular composición, pues a un lado de las palabras indígenas contiene vocablos franceses (como los nombres de muebles "buró", "chifónier", etcétera) y términos hispanos (como los números "uno, dos, catorce, 7 mil 800").

Hong Kong era otro lugar singular. Ciudad y país, al igual que Singapur, preparaba ya su integración a la nación china, lo cual debería suceder a punto de concluir el siglo xx, de acuerdo con el convenio establecido tiempo atrás. Ahí lo notorio es el poder financiero que ha adquirido la ciudad, entre otras cosas gracias a su condición de puerto libre (eso dicen, pues yo lo que más vi fue una acumulación de construcciones y de gente que termina por aturdir a quien se atreva a pasar por ahí).

Pero hay otra ciudad en la costa misma de la original: es la formada por los famosos "sampanes", construcciones que son simultáneamente embarcaciones y hogares. Más esto último que lo primero, pues aunque su apariencia es la de una embarcación su funcionamiento es el de un hogar, donde las personas habitan y viven comúnmente. (Si a eso se le puede llamar "habitar y vivir", ya que ahí no sólo duermen, comen, defecan y etcétera, sino que además van al mercado, a la escuela y a otros lugares comunes, por el sencillo método de pasar de un sampán a otro, pues también son simultáneamente calles y recintos. Todo ello, sin necesidad de pisar tierra en momento alguno. En resumen: una auténtica pesadilla en vivo y a todo —pero desvaído— color.)

Estuvimos después en Shangai, otra ciudad que, en cierto modo, también tiene algunas características de pesadilla, como el hecho de ostentar tal multitud de estacionamientos de bicicletas que produce vértigo. Los lugares no son fijos, de modo que no puedo imaginar qué hace la gente para identificar su propia bicicleta. Porque son miles y miles las bicicletas que descansan una al lado de la otra, sin que haya marcas que ayuden a localizar el sitio donde quedó cada una. Y como todas son prácticamente iguales, a pesar de que cada una tenga su propia placa, se antoja imposible andar revisando placa por placa. ¿O se valdrá agarrar la primera bicicleta que tengan a la mano? Porque, con eso del comunismo, no creo que haya inconveniente alguno. Y, por otro lado, si a los chinos se les dificulta saber cuál es su bicicleta, a las bicicletas se les dificulta más el saber cuál es su chino. Pero, ojo: si yo afirmo tal cosa basado en aquello de que todos los chinos son iguales, sépase que los chinos afirman que más iguales somos todos los occidentales: que todos tenemos ojos tan redondos que parecen de perro. Excuso decir que no eran los chinos quienes despertaban curiosidad; éramos nosotros los turistas quienes despertábamos la curiosidad de los chinos. Y a veces algo más que su curiosidad: su risa. Aunque aquí se hace preciso aclarar que en esto sí tenían razón muchas veces, pues entre los turistas andaba cada gringa nalgona y vestida como piñata, que ya se imaginarán ustedes.

En la ciudad de Shangai es difícil dejar de constatar el enorme gentío que transita por sus calles, tanto a pie como en bicicleta. Pero los de a pie impresionan tanto por su número como por su atuendo. Este último es marrón o azul en los hombres y azul o marrón en las mujeres. Los niños, en cambio, suelen ir todos en marrón o todos en azul, aunque también es común que vayan todos en azul o todos en marrón. Pero además: son tantos los que van por las calles, que todo el tiempo dan la impresión de ser aficionados al futbol que van saliendo del estadio Azteca al finalizar un partido América-Guadalajara. Los transportes automotrices, en cambio, son mucho más parcos en eso de andar transitando por las calles, pues sólo pasan de uno en uno y allá de vez en cuando, de modo que los de a pie no tienen que preocuparse por aquello de los posibles atropellamientos. Y hasta es probable que la cosa sea al revés: que los automóviles se cuiden de ser atropellados, pues bastaría con echarles montón para asegurar la victoria a favor de los peatones.

Debo dejar en claro que China era el país que más me interesaba conocer, sobre todo en aquel entonces (1986) en que llevaba muy poco tiempo de haber abierto sus puertas al turismo internacional. Esto se traducía en una frescura que, según me han comentado después, ya no es tan natural como en aquel entonces. Como referencia puedo citar el hecho de que nuestra visita se efectuó poco antes de la matanza de Tiananmen (nombre de la plaza monumental de Pekín). En esta ciudad, al igual que en Shangai, la diversidad de colores en el vestuario se reducía al azul y el marrón. Para el turismo, en cambio, había una diversidad mucho mayor, además de que gran parte de esta mercancía se podía adquirir a precios de regalo; por ejemplo, era factible conseguir una camisa de seda por el equivalente a tres o cuatro dólares.

En el campo se estaban erigiendo multitud de edificios que funcionarían como condominios para los campesinos y había zonas donde se podían ver auténticos "bosques" de grúas de los equipos de construcción. Esto formaba parte del propósito de mejorar la calidad de vida del campesinado. Pero los obreros, en cambio, seguían padeciendo de condiciones laborales punto menos que infrahumanas. En una fábrica de alfombras, por ejemplo, las obreras debían cubrir semanalmente seis jornadas de ocho a 10 horas diarias, durante 51 semanas al año. En el interior de la fábrica, como pudimos constatar personalmente, el ruido de las cortadoras eléctricas era un suplicio insoportable para los oídos, pero no era necesario conseguir protectores auditivos para quienes trabajaban ahí, pues al mes de haber ingresado ya se habían quedado sordos. Pero eso sí, la semana número 52 era para vacaciones, mismas que se utilizaban para ir... al sitio que hubiera designado el "comité" respectivo.

En China era (al menos en aquellas fechas) casi imposible tener hermanos, hermanas, primos, primas, tíos y tías. Esto se debe a la prohibición de tener más de un hijo por pareja; pues se entiende que si el tal hijo carece de hermanos y hermanas, se suprime la posibilidad de que se produzcan primos, primas, tíos y tías. Claro que no falta el descuidado que engendra un segundo hijo, quizá porque se le pasó la mano (u otro miembro), pero cuando sucede, el segundo crío tiene que ser cedido al estado, para que éste se encargue de buscar una pareja estéril que lo adopte.

Tuvimos un guía chino que hablaba muy bien el español. Lo había aprendido, nos dijo, en una universidad de su país, y había leído varias veces el Quijote, obra de la cual nos contó una curiosa anécdota: las sílabas de tal palabra

"Quijote" significan en chino, eufónicamente, algo así como "hombre valiente". Animado, por todo esto, Florinda quiso regalarle una novela que llevaba (escrita en español, por supuesto) pero el simpático guía nos dijo que no podía aceptar el obsequio, pues todo material escrito debe superar una revisión del comité, a modo de evitar la posible entrada de "propaganda subversiva" al país.

Entre las muchísimas cosas interesantes destacaba, por supuesto, la histórica, legendaria, kilométrica y súper famosa Muralla China. Sin embargo, para mi interés particular, la mano del hombre hizo en China algo superior: el Gran Canal. Empezado en el siglo IV, a.C. y terminado en el XIII d.C. es el canal artificial más largo del mundo. (¡Por algo tardaron 17 siglos en construirlo!) Es transitable a bordo de embarcaciones de diversos tamaños, de modo que se usa para el transporte cotidiano de miles y miles de personas, así como de miles y miles de mercancías. Es obvio que, exceptuando el atractivo turístico, este canal es más útil que la Muralla.

También me quedan muy hermosos recuerdos de todos los demás lugares que visitamos durante aquel viaje, pero cuya descripción no parece adecuada para ser incluida en este relato. Lo que sí resulta necesario mencionar es que el crucero incluía un privilegio más: la gran oportunidad de contemplar el paso del cometa Haley desde el mejor punto de observación: en altamar del hemisferio sur. Para hacer aún más relevante el acontecimiento, la compañía naviera había contratado los servicios del célebre astrónomo Carl Sagan, quien se encargaría de ampliar la información mediante conferencias al respecto. El científico, sin embargo, no pudo acompañarnos en el crucero y envío a un sustituto en su lugar. Lo peor de todo fue que hubo otro ausente que debía haber sido aún más importante: el propio cometa Haley. Bueno, a decir verdad, no era precisamente que hubiera faltado a la cita, sino que su presencia se distinguió por una desilusionante mezquindad, ya que sólo se dejó ver como una pequeñísima raya, que apenas daba la impresión de ser un guión tipográfico escrito en la enorme página del firmamento celeste. Esto, comparado con lo que se había pregonado durante largos 76 años, produjo una total desilusión para el mundo entero, pero más para quienes habíamos supuesto estar en el mejor de los observatorios. Habrá que ver como se presenta dentro de otros 76 años.

* * *

Mi cuarta hija, Marcela, también contrajo matrimonio. Su esposo, Enrique Penella, había adquirido la profesión de nutriólogo, actividad a la que añadió una mayor preparación mediante una beca obtenida para estudiar en París. Esto lo hizo en compañía de Marcela, quien también adquirió una beca para estudiar en Francia. Mi hija ya había vivido anteriormente en este país, como estudiante, en la ciudad de Besançon. Esto le había permitido alcanzar un estupendo nivel en el manejo de la lengua francesa, lo cual, a su vez, incrementó los amplios conocimientos que ya tenía en función de su profesión (la docencia). Y fue otro factor de colaboración en el desempeño de Henry (como llama todo mundo a su esposo Enrique). Y éste, por su parte, aprovechó excelentemente las ventajas que le proporcionaba la beca, de modo que a su regreso pudo aplicar diligentemente la instrucción adquirida.

Marcela y Henry han contribuido también, por supuesto, a incrementar el número de "los 12 mejores nietos del mundo" (los míos). Esto ha sido mediante la procreación de María y Andrés, otros dos extraordinarios ejemplares de la raza humana (suerte que uno tiene, ¿no?). Y la aportación familiar incluye también a mi simpatiquísimo consuegro, Antonio Penella, su mujer y sus hijos, todos excelentes personas.

* * *

Colombia había obtenido los derechos para constituirse en sede del campeonato mundial de futbol correspondiente a 1986, pero algunos problemas internos le impidieron la construcción de estadios y otras instalaciones que debían realizar para el evento, de modo que anunciaron su imposibilidad para organizar la magna competencia. Entonces México salió al quite bajo los auspicios de la única persona del mundo que podía comprometerse a algo semejante: Emilio Azcárraga Milmo, quien se encargó de construir, entre otras cosas, las magníficas instalaciones que funcionarían como centro de comunicación para la prensa, la radio y la televisión de un número de países que era mayor al de los países que conforman la ONU. Dichas instalaciones fueron diseñadas de tal modo, que después de cumplir su función en el mundial, serían fácilmente convertidas en oficinas, foros, comedores y espacios similares, todo ello levantado en los terrenos de Televisa San Ángel. Mis oficinas, por cierto, se ubicaron después en el segundo piso del enorme complejo.

Y así como 1970 había sido el más comentado y espectacular de los campeonatos efectuados hasta esa fecha, el de 1986 pasó a disputar esa relevante posición.

Al igual que 1970 había sido la consagración de Pelé como rey indiscutible del hermoso deporte, 1986 se vistió de gala para la coronación del dignísimo heredero de la corona: Diego Armando Maradona.

* * *

Florinda y yo llevábamos ya algún tiempo viviendo en uno de los pequeños pero agradables departamentos de la privada de Porfirio Díaz, el cual era propiedad de ella. Hasta que un buen día Florinda advirtió que estaba en venta, como terreno, el taller de reparación de automóviles que había estado siempre a un costado de la privada, y sugirió la idea de que lo compráramos para construir ahí una casa para nosotros. La idea me pareció magnífica, pues no obstante que el terreno era relativamente pequeño (unos 260 metros cuadrados), pensamos que sería suficiente para una pareja. Por otra parte, estábamos más que satisfechos con su ubicación en un lugar a cuyo lado estaba la casa que para nosotros había sido el más bello nido de amor, lo cual puedo ejemplificar con una anécdota.

Florinda había salido de la Ciudad de México en compañía de su hermana Esther; y a su regreso yo fui por ella al aeropuerto, donde el encuentro fue acompañado por todos los besos que se recomiendan para casos semejantes. Luego nos trasladamos a la casa, pero apenas habíamos cruzado la entrada, cuando yo pegué la carrera para subir al baño, ubicado en el segundo piso del departamento. Esto significaba que Florinda debería esperar al segundo turno, pero antes de lo cual hubo algo que llamó la atención de mi mujer: al pie de la escalera estaban esparcidas algunas flores con sus respectivos tallos, de donde dedujo lo que no admitía duda: "Roberto —pensó ella— compró un arreglo floral para recibirme, pero es tan torpe que ni cuenta se dio de que ya se le cayeron estas flores". Entonces las recogió e intentó iniciar el ascenso por la escalera, pero se detuvo al ver que también había flores en el siguiente escalón... y en el siguiente y en el siguiente... y en todos los que restaban para llegar al segundo piso. A partir de ahí ya resultaba obvio que las flores constituían un sendero que recorría el pequeño pasillo, seguía hasta entrar a la recámara y ¡ascendía! hasta la cama, donde los pétalos de las flores estaban alineados hasta formar un letrero que decía te amo. No hace falta decir que cuando ella vio eso yo ya la estaba espiando desde la puerta. Tampoco hace falta añadir que, un minuto después, el letrero quedó instantáneamente desbaratado.

Recién he dicho que nos habíamos interesado en comprar el terreno aledaño para construir un nuevo nido de amor, y eso fue lo que hicimos. Yo me encargué de diseñar el plano de la casa, para cuya construcción contratamos los servicios del arquitecto José Antonio Gaxiola, casado con la linda Vicky, hija mayor de mi hermano Horacio. Después, Florinda se daría a la tarea de escoger materiales para los acabados, así como la adquisición y el acomodo de todo aquello que contribuyera a la buena presentación del futuro hogar, objetivo que fue alcanzado con exquisito buen gusto.

* * *

Para escribir los episodios de Los Caquitos yo recurría frecuentemente a la ironía, pues los personajes tenían diálogos como éstos:

Botija: (suspirando con preocupación) Sí, Chómpiras: esta ciudad se está echando a perder a pasos agigantados.

Chómpiras: ¿Por qué dices eso, Botija?

BOTIJA: ¡Cómo por qué! ¿No te has dado cuenta de que las calles están cada vez más iluminadas? ¿Que cada vez hay más policías por todos lados?

CHÓMPIRAS: (triste y resignado) Es verdad. ¿Y sabes qué, Botija? para mí que el gobierno la trae contra nosotros.

BOTIJA: ¿Tanto así?

CHÓMPIRAS: Pos pa qué te digo que no, si sí... como dice la Chimoltrufia. ¡Si no los conociera!

BOTIJA: ¡Pues vaya cinismo! A ese paso, van a acabar con la profesión.

Etcétera, etcétera.

Era obvio que llamar "profesión" a la actividad de los rateros era una concesión al humorismo pero, ¿había la seguridad de que siempre fuera considerado así? Porque yo jamás había tenido una duda al respecto... hasta que vi en televisión una "entrevista" (de algún modo tengo que llamarla) que le hacían a un auténtico ratero.

Se trataba de un tipo experto en abrir las portezuelas de lo autos sin necesidad de usar ganzúas ni nada por el estilo. Y el hombre hablaba de su actividad usando el término "profesión" con la mayor naturalidad del mundo. Esto me hizo recordar la forma en que usábamos ese lenguaje en mis programas y reflexionar acerca del daño que podría causar a algún televidente que no fuera capaz de discernir entre ficción y realidad. La reflexión no fue muy larga, pues pronto llegué a la conclusión de que no debía correr el riesgo. Por lo tanto, determiné hacer un cambio fundamental en cuanto se refería a Los Caquitos: decidí que éstos dejaran de ser un par de rateros, para lo cual solicité y obtuve el auxilio del Chavo... ¿!Del Chavo?! ¡Sí!

En un programa de Los Caquitos a principios de 1987, el Botija, la Chimoltrufia y el Chómpiras están viendo en la televisión un programa del Chavo en el que éste era acusado, evidentemente sin razón, de ser un ratero, lo cual hace llorar intensamente a los espectadores (tal como sucedió en la vida real con mucha gente). La más afectada fue la Chimoltrufia, la cual, hecha un mar de lágrimas, hace ver al Botija y al Chómpiras hasta donde puede conducir la "estúpida actividad que ellos desempeñan"; y de ahí pasa a exigir la promesa de que nunca más volverán a robar, lo cual es aceptado con pleno convencimiento por su marido y su amigo. Y de ahí en adelante el Botija y el Chómpiras desempeñaron el papel de dos ex delincuentes que debían superar las barreras que esta condición impone a quienes intentan buscar un empleo. Y nunca jamás vuelven a delinquir.

Ahora bien: no sé si fue por esa razón (o "a pesar" de ella), pero la popularidad de los ex Caquitos siguió creciendo a tal grado, que no tardó en alcanzar la categoría de número estelar del programa. Había, desde luego, un factor que propiciaba de gran manera dicho crecimiento: el indiscutible aumento de experiencia y acoplamiento que habíamos acumulado todos nosotros.

Por ejemplo: si El Chato Padilla había destacado como Don Jaimito el Cartero, aquí realizaba un delicioso Licenciado Morales, agente del Ministerio Público, que se distinguía por su honestidad y, sobre todo, por la caridad que mostraba en el ejercicio de sus funciones, y por la infinita paciencia con que soportaba a todo mundo.

A su lado estaba el adorable sargento Refugio Pazguato, un policía tan cándido como honesto, interpretado por el mismo Rubén Aguirre que tanto se había distinguido en su papel de profesor Jirafales, y que aquí, a juicio mío, alcanzaba a distinguirse aún más. Su candidez era tal, que no encontraba falla alguna en el hecho de enamorarse de

Maruja (o Marujita, como la llamaba él con todo cariño), la cual no tenía empacho en mostrarse como lo que era: "una mujer de la calle".

Maruja, a su vez, estaba interpretada por María Antonieta de las Nieves; y yo podría jurar que es el único caso en que la televisión mexicana ha mostrado una comedia que incluya a un personaje de ese tipo sin incurrir jamás en el mal gusto o en la falta de respeto al público. La interpretación de María Antonieta era estupenda.

Lo mismo puede decirse acerca de Angelines Fernández, quien abandonaba por completo la posición de solterona venida a menos que ejercía como la Bruja del 71, para encarnar a la aguantadora vecina de los impredecibles Botija y Chimoltrufia.

Botija había sido el jefe "virtual" de la pareja de rateros conformada por él y el Chómpiras, dos ladronzuelos cuya torpeza había sido el obstáculo infranqueable que les impedía consumar el más simple de los robos; aunque aquél no tenía empacho en asegurar que su compañero había sido el causante de todos sus fracasos; mientras que éste, el Chómpiras, aceptaba de buena gana los cargos con tal de evitar posibles enfrentamientos. "Tómalo por el lado amable", decía siempre con intención conciliadora, sin tomarse la molestia de averiguar quién había tenido realmente la culpa.

Interpretar al Chómpiras era el mejor de los satisfactores que tuve en mi carrera de actor en televisión; y más con el privilegio que significaba el actuar al lado de Florinda, quien hacía el mayor derroche de talento, gracia y simpatía cuando daba vida al delicioso y adorable papel de la Chimoltrufia. Luchadora incansable, discutidora sin remedio, segura de sí misma, inculta pero inteligente, honesta en todos los sentidos, valiente, emprendedora, orgullosa cuando era necesario, pero dulce y tierna cuando las circunstancias lo exigían. Y, por si fuera poco, poseedora de una voz tan potente que cuando cantaba hacía peligrar los tímpanos de los vecinos próximos... y de los no tan próximos.

La Chimoltrufia se distinguió también por el uso de frases que luego serían frecuentemente repetidas: "Yo como digo una cosa digo otra"; "Pa qué te digo que no, si sí"; "Es como todo, porque hay cosas que ni qué", etcétera. Y lo mismo sucedió con los pleonasmos múltiples como: "Los restos del cuerpo de un cadáver difunto que ya está muerto porque desfalleció a mejor vida".

Entre las múltiples satisfacciones que ha recibido Florinda por su participación como la Chimoltrufia, ocupa un lugar muy importante el cúmulo de elogios expresados por la destacadísima poetiza y comentarista Margarita Michelena en la columna que escribía en *Excélsior*, donde se desbordó en alabanzas tanto para la actriz como para el personaje, enfatizando que el humorismo también sirve para dar buenos ejemplos.

* * *

Mi grupo, mientras tanto, seguía efectuando giras por todos los países de Hispanoamérica y por un buen número de ciudades de Estados Unidos. Entre estas últimas podría destacar a Nueva York, donde en dos ocasiones logramos abarrotar el enorme y legendario Madison Square Garden, en cuyo exterior quedó un buen número de personas que no alcanzaron a comprar boleto.

En una de esas ocasiones, nuestro grupo encabezaba un espectáculo que iba secundado por un estupendo complemento artístico, entre el cual había un niño que tiempo después llegaría a ocupar un destacadísimo lugar de popularidad: Luis Miguel. También iba Capulina, quien se presentaba acompañado por un trío de cantantes. (Todo su número, por cierto, giraba alrededor de una canción que era composición mía: "La Sotaca".) Y el espectáculo incluía también un encuentro de lucha libre, a cargo de los máximos exponentes del deporte de los costalazos: nada menos que el Santo y Blue Demon.

Yo había tenido la oportunidad de conocerlos en persona anteriormente, razón por la cual ya estaba al tanto de que ambos luchadores tenían sendas características que permitían identificarlos aunque llevaran puesta la máscara: al Santo lo denunciaba su voz, que era mucho más aguda (casi tipluda) que la que lucía en las películas, donde siempre era doblado por alguien de voz gruesa; y a Blue Demon lo denunciaban sus manos, pues éstas no sólo eran enormes, sino que, además, mostraban la terrible deformación que le había causado una artritis de grado mayor, enfermedad que lo obligaba a sujetarse a una continua y dolorosa terapia (de tres horas diarias) como única forma de subsistir en la lucha libre y en la vida particular. Por lo demás, ambos tenían un trato más que amable y cordial, aparte de una preparación que rebasaba ampliamente lo que uno podía suponer.

Todos abordamos el mismo avión en vuelo a la ciudad de los rascacielos, vuelo en el que esa vez habían quedado muchos asientos vacíos. Por esta razón se organizó algo así como un intercambio continuo de lugares, de modo que durante un buen lapso viajé sentado junto al Santo, quien llevaba puesta su inseparable y famosa máscara plateada. Conversábamos animadamente cuando vimos que la azafata había comenzado ya a servir el almuerzo, momento en que el Santo se puso de pie para ir al gabinete de baño.

Regresó pocos minutos después, pero luciendo otra máscara; digamos que similar a la anterior, sólo que incompleta, pues únicamente le cubría de la nariz para arriba, dejando al descubierto la parte inferior del rostro. El cambio se debía a una razón obvia: con esta máscara podría disfrutar mejor el almuerzo, ya que la anterior (la común y corriente) sólo tenía un agujero pequeño para la boca, lo que le permitía hablar pero no engullir un buen bocado. Luego, terminado el almuerzo, el Santo me avisó que iría nuevamente al gabinete para realizar un intercambio de máscaras, pero en "reversa" (es decir: para ponerse otra vez la original), y de paso me recordó que Florinda ya llevaba buen tiempo viajando sin mi compañía. Esto era verdad, de modo que regresé al lado de ella, justo cuando se anunciaba el arribo del avión a la ciudad de Miami, escala del viaje a Nueva York. Por lo tanto, no tardamos en tocar tierra.

Ahí debíamos pasar la revisión aduanal, de modo que nos formamos en la fila correspondiente. Pero yo notaba que faltaba algo que debía estar ahí. Ah, claro: lo que faltaba era un par de máscaras de luchador. Y mi mirada se paseó por todos los alrededores, sin alcanzar a ver ni el menor vestigio de máscaras. Pero al llegar a la ventanilla de migración oí una voz aguda idéntica a la que había charlado conmigo a bordo del avión. (Otro más observador se habría dado cuenta de que la ropa de quien hablaba también era la misma que llevaba puesta mi reciente compañero de viaje.) Aunque con una diferencia: faltaba la máscara. Esto era más que notorio, a pesar de que el hombre estaba formado delante de mí en la fila, por lo cual me daba la espalda. Para confirmar todo lo que iba yo deduciendo, el hombre estaba acompañado por otro, cuyas manos eran enormes y estaban notoriamente afectadas por la artritis.

Pues sí: eran el Santo y Blue Demon, quienes habían tenido que despojarse de sus máscaras para pasar la aduana, conscientes de que, en lugares como ése, los gringos son capaces de quitarle la máscara a Michael Jackson (aunque hay quien asegura que no es una máscara eso que trae éste en la cara). Por lo tanto, a los luchadores no les quedó otro remedio más que permitir que yo conociera su verdadera personalidad.

Después de haber cubierto el trámite nos fuimos por el pasillo que conducía al acceso del siguiente avión, trayecto durante el cual fueron varias las personas que me reconocían y me detenían para saludarme o pedirme un autógrafo, lo cual aproveché en varias ocasiones para decir, señalando al aludido:

—¿Por qué no aprovechan para pedirle un autógrafo al Santo? Porque ahí como lo ven, este señor es el gran luchador.

Excuso decir que estuve a punto de morir fulminado por las miradas que me lanzó entonces Rodolfo Guzmán, nombre verdadero del Santo. (¡Y menos mal que se limitó a lanzarme miradas en vez de patadas o yeguas voladoras!) Sobre todo cuando yo insistía:

—¡De veras es el Santo! Lo que pasa es que se quitó la máscara.

Pero la gente mostraba la mejor sonrisa de incredulidad que pueda uno imaginarse. ¡Como diablos podía ser el Santo ese inofensivo caballero, con cara de buena persona y cuyo aspecto general podía corresponder mucho más al de un burócrata!

Entonces el Santo se dio cuenta de que ésa era la realidad: nadie daba crédito a mis palabras. "Lo que sucede —debía suponer la gente— es que Chespirito le quiere ju-

gar una broma a ese señor, que seguramente es su amigo."
Y luego, siguiendo ya esa misma corriente, el Santo sonrío
y dijo:

—Sí: yo soy el Santo. Y éste —añadió señalando a su
compañero— es Blue Demon.

La gente, por supuesto, festejaba la "broma" y lo siguió haciendo cuando los luchadores mismos se detenían
para decir:

—¡Yo soy El Santo, el famoso luchador!

—¡Y yo soy Blue Demon!

Después, cuando ya no había gente en nuestra cercanía, alguno de los dos (no recuerdo cuál) comentó con un
suspiro que sugería un leve sentimiento de melancolía o
resignación:

—Esa es la inobjetable realidad: sin la máscara no somos nadie.

* * *

En Argentina volvimos a ser contratados nueve años después
de la primera gira, lo que nos hacía temer que no alcanzára-
mos el mismo éxito de la vez anterior. Este temor quedó
desechado desde que nos presentamos en el Luna Park, pues
si la primera vez habíamos establecido el récord de más días
consecutivos (siete) actuando ahí, la segunda vez superamos
tal récord, ya que nos presentamos durante nueve días consecutivos, con el boletaje totalmente agotado.

Un día, durante esa gira, fuimos a una estación radio-
fónica de Buenos Aires donde, al finalizar una entrevista,
nos tomaron una gran cantidad de fotografías (o "cualquier
cantidad" de fotos, como dirían los argentinos). Entonces
se nos acercó un grupo constituido por algo así como cuatro

o cinco señores, uno de los cuales me dijo: "Me gustaría tener una foto donde aparezca yo al lado de ustedes. ¿Se puede?" "Por supuesto", le respondí. Y luego, una vez tomada la fotografía, me dijo: "Esta foto pronto va a estar en la Casa Rosada". La afirmación causó risa entre muchas personas, incluidas las que lo acompañaban, debido a que la Casa Rosada es la residencia oficial del presidente en Argentina, lo cual era tanto como afirmar que él sería el próximo primer mandatario de su país... ¡Y sí lo fue, pues el señor en cuestión era nada menos que Carlos Saúl Menem! Ahora bien: ¿habrá cumplido su promesa?, porque no me extrañaría que al paso del tiempo hubiera preferido una fotografía de Cecilia Bolocco más que la nuestra.

* * *

Al final de aquella gira por Argentina, mi hermano Horacio sugirió la idea de pasar la navidad inmediata por aquellos lares. En un principio a mí no me agradó mucho la idea, pero después de haber ido a donde fuimos, quedé más que convencido de que aquello había sido un estupendo acierto. Pues resulta que el lugar escogido para pasar la nochebuena, la ciudad de Bariloche y alrededores, es punto menos que la reproducción actual del Paraíso Terrenal. La ciudad en sí es una deliciosa réplica de los poblados suizos, pero no sólo por la arquitectura tradicional que domina el paisaje de los Alpes, sino también por algunas costumbres de sus pobladores (muchos de ellos descendientes de las regiones helvéticas), entre las que destaca la fabricación casera de exquisitos chocolates. Esto, para mayor identificación con sus ancestros, se da en una región que carece de la materia prima, que es el cacao, al igual que sucede en Suiza.

Por otra parte, la belleza de los paisajes naturales no tiene par; multitud de lagos esparcidos entre montañas y colinas que lo mismo despliegan un abanico de florida vegetación que zonas tapizadas de espléndidos bosques, aire puro, cielo despejado, aguas cristalinas, en resumen: el Edén resucitado.

Nosotros fuimos en diciembre, como ya señalé, y es preciso recordar que en el hemisferio sur esa época corresponde al verano. No obstante, aun en esta temporada son heladas las aguas cristalinas a las que hice referencia, lo que impide nadar en los lagos, pero no resta belleza al imponente conjunto. En medio de uno de esos lagos (el Nahuel Huapí, al pie de los cerros Tronador y Mirador) hay una isla que parece extraída de una película de Walt Disney; aunque los habitantes de la región dicen que es al revés: que la película de Walt Disney fue extraída de la isla, ya que en ella se inspiró el célebre cineasta para dibujar los paisajes de su película Bambi. Y esto es muy posible, pues la isla está cuajada de bellísimos arrayanes y otros árboles de majestuosa presencia.

* * *

Esther, la hermana de Florinda, se había encargado de realizar la mudanza para que, al regreso de Argentina, fuéramos a vivir a nuestra nueva casa. El resultado fue más que estupendo, pues aunque está a muchísima distancia de poder competir con las enormes y suntuosas mansiones en que reside la mayoría de los actores, nuestra casa tiene lo suficiente para que Florinda y yo podamos vivir en paz y con la tranquilidad necesaria.

* * *

En México se acercaban las elecciones que habrían de convertirse en las más controvertidas de los últimos tiempos: las de 1988. Por el invencible PRI se postulaba como candidato Carlos Salinas de Gortari, seleccionado mediante el ya histórico método del "dedazo". Es decir: el emperador en turno (en este caso Miguel de la Madrid) había señalado a Salinas de Gortari como heredero al trono, para lo que, según cuenta Jorge G. Castañeda en su estupendo libro *La herencia*, había sido necesario rechazar a otros aspirantes. Pero éstos, por cierto, recibían generosas compensaciones por el sacrificio que significaba el no haber sido seleccionados.

—¿Qué le daremos a Fulanito para que no quede muy resentido? —decía más o menos el presidente en turno.

—Podría ser una embajada, ¿no? —sugería un asesor.

—¡Ándale! Creo que la de Bélgica está disponible.

—Así es.

(Este diálogo fue una versión mía, totalmente libre, de lo que cuenta *La herencia*. Pero el caso se repite de forma similar con todos y cada uno de los presidentes entrevistados por Castañeda, con la variante de que a algunos "sacrificados" les toca embajada y a otros les toca empleo en el gobierno, que puede ir desde burócrata meritorio hasta secretario en el gabinete; lo cual significa que para eso están los cargos públicos: para ser obsequiados como regalo de consolación a los que no alcanzaron algo más productivo.)

En la oposición recientemente formada (el PRD) destacaba un dúo formado por disidentes del PRI: Porfirio Muñoz Ledo y Cuauhtémoc Cárdenas, de los cuales se escogió al último como candidato a contender por la Presidencia. Luego se añadió un tercer candidato, como abanderado de la antigua oposición llamada PAN: Manuel J. Clouthier, poseedor de un envidiable carisma, pero que entonces estaba lejos de alcanzar la popularidad que exigía una empresa tan grande como la de aspirar a ser electo presidente del país. Esto quedó claro cuando los resultados oficiales de la contienda lo colocaron en un tercer lugar, a buena distancia del ganador. Lo que no quedó muy claro fue que el ganador hubiera sido realmente el ganador. ¡Y mucho menos por el margen de ventaja que señalaba el conteo: 31 por ciento de Cárdenas contra 51 por ciento de Salinas de Gortari! (Clouthier alcanzó algo así como 17 por ciento). Lo más probable era que la votación real indicara un empate entre Salinas y Cuauhtémoc, aunque los partidarios de éste, posiblemente con la razón de su parte, aseguraban que el hijo de don Lázaro había sido el ganador. Hubo algo más que se hizo totalmente evidente: chanchullo mata voto.

No obstante, por alguna razón particular (que jamás se hizo pública) el ingeniero Cárdenas se abstuvo de capitalizar el disgusto de sus seguidores, cuyo número disminuyó entonces de manera notoria.

Por su parte, don Manuel J. Clouthier (a quien apodaban "Maquío") competiría no mucho después por la gubernatura del estado de Sinaloa, dejando ver que su natural carisma estaba creciendo a pasos agigantados. Luego, algún "maléfico designio" determinó que el carismático Maquío falleciera en un trágico accidente automovilístico.

Y lo mismo, por cierto, le había sucedió a Carlos Loret de Mola, periodista y ex gobernador de Yucatán, quien pereció víctima de un accidente similar.

* * *

Nuestro trabajo seguía siendo tan gratificante como siempre; pero otra vez habíamos acumulado un buen número de años sin tomar vacaciones, por lo que decidimos aventurarnos en un nuevo crucero. Esta vez el barco navegaba por la región septentrional del planeta, con desembarcos en lugares tan remotos como El Cabo Norte, Berguen, Oslo, Estocolmo, Helsinki y Leningrado (ahora nuevamente San Petersburgo), pasando por Londres, Copenhague, Hamburgo, etcétera.

El crucero incluyó muchos otros lugares de interés, como las heladas estepas escandinavas, que son cotidianamente holladas por grandes manadas de renos, y donde pueden verse eventuales asentamientos de lapones ataviados con sus pintorescos ropajes, ofreciendo diversos artículos de artesanía al paso de los turistas. Pasamos también por los espléndidos fiordos noruegos, cuyas aguas son remanso y panorama, sendero y paisaje. Luego, el Cabo Norte, helado y majestuoso. Después, en la cubierta misma del barco, la fotografía clara y nítida tomada a las dos de la mañana con la luz natural, pues en los veranos de esas latitudes el sol no llega a ocultarse; desciende en diagonal, y cuando parece que va a hundirse en el ancho océano, vuelve a cobrar altura trazando una diagonal simétrica a la anterior.

Durante buena parte del trayecto contamos con la compañía y la amistad de María Victoria Llamas, periodista y comentarista de radio y televisión, quien viajaba con su esposo Dick y el simpático hijo de ambos. Dick y yo, por cierto, tuvimos una pequeña controversia a raíz de que yo abandoné un show en el que un comediante narraba las mortificaciones sufridas por un turista en Cancún, entre

las cuales incluía "la imposibilidad de encontrar un baño"…
¡En Cancún! ¡Hágame usted favor! Al oír eso yo me levanté
de la mesa comentando (en mi pobre inglés) que en todo caso
sería más difícil encontrar un baño en Europa (incluida la
Gran Bretaña, de donde era originario el comediante), pues
sólo así se comprendía el mal olor de muchos europeos. Dick
me hizo ver que había yo exagerado (y tenía razón) aparte de
haber mostrado el deficiente nivel de autocrítica que acusa-
mos los mexicanos (también tenía razón). ¡Pero ni modo que
uno cambie de temperamento así como así!, ¿no?

De cualquier manera, la controversia quedó reducida
a ese pequeñísimo desacuerdo, pues al instante volvió a
prevalecer la amistad con Dick y María Victoria, amistad
que hemos mantenido con ella hasta el momento de escribir
estas líneas (como lo fue con Dick, quien acaba de fallecer).
Y ya me disponía a decir que, fuera de aquel incidente con
el comediante inglés, el viaje había transcurrido sin contratiempo alguno, pero recordé que sí se presentó uno que
reunía todas las características de la tragedia y el desastre:
se me infectó una muela.

De ninguna manera se trataba de una simple infección
de muela. ¡No! Se trataba de una señora infección como las
que solía yo sufrir, con hinchazón de la mandíbula hasta
convertirme en versión mexicana de Popeye el Marino, y
debiendo soportar un dolor que sugería la invocación del
Diablo como único remedio posible, aunque fuera al precio
de un alma (como la mía, pequeñita pero, al menos hasta
entonces, sin la mácula que pudiera suponer la venta de mis
derechos patrimoniales). Y lo peor de todo era que mis encuestas particulares iban señalando un incremento en dirección a la fatalidad, principalmente cuando recurrí al
médico del barco y éste me dijo:

—El antibiótico que usted trae es lo mismo que una royal shet (una real quién sabe qué), pues su organismo ya se hizo resistente a la fucking medicine (algo así como "la méndiga medicina".) Ahora bien: yo le voy a dar una pastilla que contiene un antibiótico diferente, pero si no le hace efecto usted tendrá que desembarcar en la próxima fucking city (Leningrado) para ser atendido por un soviet dentist (un dentista que agarra parejo).

Esto me alarmó sobremanera, pues no me imaginaba como podría darme a entender. "Porque —me preguntaba yo—, ¿qué tan adecuado podría ser el que me presentara ante el dentista ruso y exclamara algo así como: "¡Estoyff hasta la Matrushka!"?

Afortunadamente, la pildorita que me dio el médico funcionó de maravilla, pues mi quijada se deshinchó con una más que reconfortante rapidez, al tiempo que mi dolor pasaba a ser un simple detalle de carácter anecdótico para la bitácora del viaje. Esto me permitió, además, disfrutar de los atractivos turísticos que tiene la histórica ciudad, entre los cuales destaca el enorme y magnífico museo del Hermitage, hogar de obras de arte que conforman un espléndido tesoro. Y no menos interesante es el suntuoso Palacio de Invierno, con las esculturas doradas que flanquean la larga rampa de agua que desemboca en el mar Báltico.

Antes, en el mismo Leningrado, ya me había sucedido algo que también puedo calificar como anecdótico: nuestro autobús se detuvo frente al edificio que era sede del Ministerio de Turismo, situado frente a un enorme parque público; en esa parada quise aprovechar para ir al baño. ¿Pero donde encontrar un baño? Quise preguntar, para lo cual recurrí al inglés, pero me fue imposible encontrar a alguien que entendiera esta lengua (¿una oficina de turismo donde nadie habla inglés?) Recurrí, pues, a la jovencita española que llevábamos como guía del tour, quien me auxilió haciendo las veces de intérprete; pero entonces mi sorpresa fue mayor, pues la respuesta que le dieron a la muchacha era que "el baño no se podía usar porque estaba en reparación". "¿Pero acaso no había más que un solo baño en un edificio de tres o cuatro pisos que ocupaba toda una manzana?", inquirí al respecto, recurriendo nuevamente al auxilio de la guía; pero la persona consultada, una gruesa matrona que parecía arrancada de una novela de Dostoievsky, respondió con gestos y ademanes bruscos algo que parecía decir "si le parece, bien, y si no, ni modo". Fue notorio que la españolita soslayó la brusquedad del tono y los ademanes, pero no podía cambiar el sentido de la respuesta, de modo que optó por señalar el enorme parque que estaba enfrente, diciéndome que ahí había baños públicos.

—Pero hay que pagar 10 kopeks por usarlos —añadió.

—Eso es lo de menos —dije yo al tiempo que echaba a correr en dirección al parque, temeroso de que mi vejiga fuera a reventar a consecuencia del esfuerzo.

Entonces pude al fin entrar a la rústica construcción que albergaba el baño... pero en la puerta había una matrona similar a la anterior, quien me detuvo haciendo gala de otra clase de brusquedad (la física), para luego vociferar algo que parecía decir: "Usted no puede entrar aquí". ¿La razón? Era un baño exclusivo para mujeres, como pude constatar cuando señaló un letrero en el que estaba pintada una silueta femenina. Luego me dio a entender que el baño para hombres era el que estaba en el extremo opuesto del parque, al que me dirigí a paso de marcha forzada (la vejiga me dijo con toda claridad que me sería imposible soportar una carrera).

El baño de hombres tenía pintada la silueta de un hombre y estaba atendido por hombres. Era fácil suponer que pertenecían a un estrato social inferior al de la matrona que nos atendió en la oficina de turismo, no obstante lo cual los dos que estaban ahí se dieron cuenta de que yo era un extranjero y se apresuraron a decir con bastante claridad:

—You pay money —dijo uno.

—Ten kopeks —completó el otro mostrando los 10 dedos de la mano para que no hubiera dudas al respecto.

Yo no llevaba ni kopeks ni rublos ni nada por el estilo, de modo que extraje un dólar de mi bolsillo y lo mostré con un gesto de interrogación. La respuesta fue un hábil e instantáneo arrebatón del billete por parte de uno y la amable sonrisa por parte de los dos.

Y entonces, por fin, hice lo que tenía que hacer.

Pero luego, al salir, todavía fui objeto de otra demostración de cortesía, pues uno de los señores me detuvo sin abandonar la amable sonrisa, al tiempo que me decía:

—Change.

Y me entregó el cambio: 20 kopeks (que entonces representaban 20 centavos de dólar, según la apreciación cambiaria del gobierno soviético. Actualmente, por cierto, se necesitan más de 1000 kopeks para comprar un dólar).

El tour nos proporcionó muchas otras experiencias. Por ejemplo: pasamos también frente a los laboratorios donde el famoso químico Dimitri Ivánovich Mendeléiev diseño su célebre tabla periódica de los elementos. Por otra parte, en medio de todas estas visitas había algo que llamaba poderosamente nuestra atención: que tanto en los muros de las ciudades como a la vera de los caminos, frecuentemente encontrábamos una palabra que entonces a nosotros no pasaba de causarnos curiosidad: Perestroika.

Lo cual merece sección aparte.

* * *

Al frente de la Unión Soviética se encontraba uno de los políticos que quizá debería ser considerado entre los de mayor trascendencia del siglo xx: Mijail Gorbachov. Tal apreciación podría estar determinada por dos palabras que definieron su quehacer político: Glasnost (Transparencia) y Perestroika (Restauración). Y aunque él permaneció al frente del partido dictatorial que lo había llevado al poder, sus reformas iban abriendo los ojos a los muchos que permanecían aferrados a un sistema que ya daba clarísimas señales de putrefacción. El comunismo se estaba derrumbando estrepitosamente, en armonía con la enorme inconsistencia que le había dado fundamento y que le había permitido sobrevivir solamente por la fuerza del terror. Entonces cayó el tristemente célebre Muro de Berlín, símbolo de una reja que separaba al prisionero del hombre libre. El acontecimiento había sido llevado a cabo sin la violencia que podría haberse esperado, tal vez en prevención de lo sucedido poco antes (junio del mismo año) en la plaza de Tiananmen de Pekín, capital de China, donde el ejército había reprimido violentamente un movimiento de tendencia democratizadora organizado por los estudiantes.

Y muy poco después de la caída de aquel muro de nefasto recuerdo, en Rumania, el terrible Ceausesco perdería el poder y la existencia. Los países bálticos exigirían (y conseguirían) su independencia, y lo mismo haría un gran número de las demás repúblicas que conformaban la urss.

Algo similar sucedería con todos los estados de Europa oriental, países que aportaron una enorme cuota de cadáveres, tanto militares como civiles. Entonces quedó claro que si el mundo ya había identificado al verdugo de seis millones de judíos, ahora debía identificar al verdugo de algo así como 50 millones de personas, la mitad de las cuales fueron los humildes campesinos rusos cuya redención había sido el principal pretexto de la revolución bolchevique. La otra mitad estaba conformada básicamente por chinos y otros asiáticos que perdieron la vida en aras de la doctrina maoísta y de otras doctrinas similares a ésta.

Después Gorbachov quedó fuera de los grupos que determinan el derrotero por el que debe transitar el mundo, pero ya nadie le podrá quitar el mérito de haber sido quien hizo ver (Glasnost) la cloaca que inundaba a la dictadura, lo cual consiguió mediante la progresiva supresión de la censura, y quien introdujo los cambios iniciales (Perestroika) para suprimir aquella obsoleta administración económica y política que no había logrado más que empobrecer al pueblo, con el concurso de una bestial corrupción y el pesadísimo lastre de una abrumadora inercia burocrática.

Esto no significa, ni mucho menos, que el mundo se encuentre ya transitando por el sendero ideal. La tendencia opuesta, es decir: el capitalismo radical, representa otra enorme cloaca que, en mi personal opinión, quizá se encuentre a la espera del "Gorbachov occidental" que lleve a cabo las respectivas Glasnost y Perestroika (que en este caso deberán llamarse, Transparency and Restoration, como atención al lugar de donde deben surgir).

* * *

Florinda había comenzado lo que podría considerarse como una tarea irrealizable: escribir, producir y estelarizar una telenovela, lo cual era algo que jamás había sido hecho por alguien y que jamás volvería a ser intentado siquiera. (Tal vez porque jamás hubo quien tuviera la capacidad y la tenacidad con que ella enfrentó el formidable reto.) Por si los requisitos fueran pocos, además debía cantar y bailar una enorme cantidad de números musicales de diversas épocas.

Para conseguirlo tuvo que recorrer un camino que no estaba cubierto por cómodas alfombras, sino todo lo contrario. Para comenzar, no había una sola persona que confiara en que ella podría ser capaz de escribir una telenovela. De hecho, me apena confesar que yo mismo era uno de los que albergaban algunas dudas. Sabía que Florinda había escrito un buen número de diálogos que mostraban capacidad literaria y una excelente estructura dramatúrgica pero, ¿una telenovela? Este género, nacido en el siglo xx, está condicionado a factores que son de su total exclusividad; como su dimensión, por ejemplo: de 180 a 250 capítulos (a veces aún más) que deben conservar continuidad sin destruir la esencia del tema central, pero admitiendo la inclusión de una serie de subtemas; y todo constituido de manera que haya "crestas" de emoción, interés e incertidumbre que ayuden a capturar la atención de los espectadores. Por si fuera poco, dichas crestas deben ser de mayor fuerza cuando se colocan al final del capítulo, y más aún cuando se trata del capítulo del viernes. Etcétera, etcétera.

Pero luego, cuando tuve oportunidad de leer un buen número de los capítulos iniciales, constaté que eran excelentes. Tanto, que pedí ser yo quien dirigiera la escena de la telenovela, con la ayuda de mi hijo Roberto en la dirección de cámaras. Florinda estuvo de acuerdo con ello, de modo que empezamos a realizar los trámites necesarios, sin imaginar que esto se convertiría en algo semejante a un viacrucis. Por principio de cuentas, se objetaba que una sola persona (Florinda, en el caso) pudiera ser simultáneamente escritora, productora y protagonista de una telenovela. Es verdad que en mi programa yo ejercía tres funciones: escribir, actuar y dirigir, pero me abstenía de intervenir en la producción ejecutiva, a cuyo cargo estaba mi hermano Horacio (después estaría Florinda, auxiliada por Horacio). Y si la producción, justo es decirlo, requiere de una mayor dedicación, igualmente es justo decir que cualquier deficiencia al respecto sería ampliamente superada por el entusiasmo y la capacidad de Florinda.

Pero había otra objeción aún mayor: "¿Cuándo se ha visto —preguntaba más de uno— que una comediante pueda interpretar un papel 'serio'?" ¡Y los muy estultos decían en serio lo de "serio", como si en las comedias no se actuara en serio! "Si en los programas de Chespirito hace reír a carcajadas con el personaje de la Chimoltrufia —opinaban otros—, ¿quién podrá creer que está llorando en una escena de telenovela?" Sólo faltó que alguien dijera: "¡Cómo es posible que Richard Burton haya personificado a un homosexual, si él de lo que tenía fama era de macho sin mancilla!" O aún más: "¡Cómo es posible que se haya muerto Pedro Infante, si él estaba para hacer papeles de hombre eternamente sano y robusto!"

Podría citar un buen número de objeciones adicionales, casi todas basadas en razonamientos similares a los ya mencionados, pero prefiero soslayar los malos recuerdos e ir directamente a la narración de todo lo positivo que resultó después.

La telenovela, que se llamaba *Milagro y magia*, era diferente a todas las que la habían precedido. Y terminó siendo también diferente a todas las que se hicieron posteriormente, pues aunque hubo algunas que intentaron copiar más de un detalle, nunca lo consiguieron. Por principio de cuentas, *Milagro y magia* puede ser considerada como la primera telenovela musical, ya que este elemento (la música) no era usado ahí como simple fondo o refuerzo emocional, sino que era componente fundamental de la trama, pues la protagonista era una profesional del canto. El argumento relata precisamente su desenvolvimiento a través de muchas épocas, desde su más tierna infancia hasta su fallecimiento en edad avanzada. (En su condición de actriz, Florinda encarnó a Elisa, la protagonista de la historia, desde que el personaje tenía alrededor de 15 años hasta que fallece después de haber rebasado los 85.) Así pues, la historia despliega una extensa selección de números musicales, que van desde el chotís y la zarzuela de las épocas porfirista y revolucionaria, hasta las canciones que se hicieron famosas ya entrada la segunda mitad del siglo xx. Esto exigió, por supuesto, una enorme variedad de escenarios, ropa, confecciones, automóviles, mobiliario, maquillajes, caracterizaciones, etcétera, todo lo cual implicaba, a su vez, la más amplia y rigurosa documentación. Aquí cabe una observación importante: cuando la telenovela concluyó, después de haber mostrado el derroche que suponía todo ese despliegue de aportes, resultó ser la más barata de las telenovelas que se exhibieron en el año correspondiente. Pero esto no se consiguió mediante el milagro ni mediante la magia, sino mediante el ejercicio honesto e inteligente de la producción.

El trabajo requirió también de una fuerte inversión de tiempo y esfuerzo, principalmente en cuanto se refiere a la grabación de música y los agotadores ensayos de canciones, coreografías y escenas especiales. Pero, finalmente, todos los esfuerzos fueron compensados de mil maneras, entre las que destaca la delicia de contar con actrices y actores como Ofelia Guillmain, Miguel Palmer, Rafael Sánchez Navarro, Roberto Cañedo, Carlos Bracho, Juan Antonio Edwards, Tony Carbajal, Inés Morales y, por supuesto, Florinda Meza.

Milagro y magia tuvo además otro par de aportaciones que yo llamaría "familiares", pues también actuaron ahí mi hija Paulina y mi nieto Pedro. Paulina, la menor de mi prole, interpretaba a una niña consentida y, al paso del tiempo, al mismo personaje convertido ya en una adolescente. En ambas intervenciones dejó ver un talento histriónico más allá de lo común, pues superaba ampliamente lo que podía esperarse de una muchachita que tenía muy poca experiencia en lo relacionado con la actuación. Y mi nieto, Pedro, hizo el papel de un bebé que correspondía a la edad que tenía. En esta circunstancia no se puede saber si el "actor" lo hizo bien o mal, pero en el caso de Pedro se puede afirmar que mostró una insuperable imagen de bebé guapo y simpático.

Por otra parte, en la telenovela era un auténtico placer el ver y escuchar la escenificación de números como "El pichi", "La violetera", "La verbena de San Antonio", "Vino tinto con sifón", lo mismo que "Di por qué" y "El negrito bailarín" de Cri Crí, así como "Vereda tropical", "Azul" y muchas otras canciones, en las estupendas voces de Florinda y Alberto Ángel, El Cuervo, entre otros, más las excelentes coreografías de Carlos Feria, con escogidos bailarines de su escuela.

Pero *Milagro y magia* tenía otra particularidad que tampoco ha tenido parangón: ignorando las manidas "formulas probadas" que solían aplicar las telenovelas, en ésta ninguno de los "buenos" era ciento por ciento bueno, así como ninguno de los "malos" era ciento por ciento malo. Elisa, la protagonista, mostraba las debilidades propias del ser humano, aquellas que hacen perder el buen camino en más de una ocasión. Y sus antagonistas, hombres o mujeres, estaban muy lejos de ser la encarnación absoluta del demonio. Tenían, también como todo ser humano, destellos de bondad y arrepentimiento, por ejemplo.

La telenovela tuvo que soportar aún otra serie de embates, como su exhibición en horarios inadecuados y cambiantes, menor promoción que otras telenovelas y, sobre todo, acorde con lo que habían anticipado, el ataque despiadado y doloso del sector más rastrero del periodismo de espectáculos. Aquel que pergeña cuartillas deleznables porque ni siquiera consigue vender elogios. El triste iletrado que desconoce los más elementales rudimentos de lo que es la actuación, y que desde esa paupérrima perspectiva insistió en decir que Florinda seguía interpretando a la Chimoltrufia. El zafio que nunca supo distinguir un suspiro de un bostezo.

Desgraciadamente, los patanes consiguieron, al menos en parte, su propósito, pues a pesar de que *Milagro y magia* alcanzó un excelente rating, los elogios le fueron burdamente escatimados por ese tipo de prensa, tanto escrita como televisiva.

Por fortuna no sucedió lo mismo con el público, el cual manifestó de mil maneras su predilección por la telenovela. Inclusive, como tardía compensación, Florinda y yo continuamos aún encontrando gente que muchos años después sigue deshaciéndose en alabanzas por el recuerdo de *Milagro y magia*, al tiempo que pregunta donde podría conseguir los videos respectivos, así como la música que éstos contenían. (Estos videos, por cierto, fueron grabados por algunos espectadores y ahora son objetos de colección.)

* * *

Entre las anécdotas surgidas durante la grabación de la telenovela me gusta recordar la que tuvo lugar en un pasillo de la xew, "la voz de la América Latina desde México", añorada estación de radio para la cual había yo escrito mi primer guión profesional. En cierta ocasión me encontraba supervisando la grabación en un monitor instalado frente a mi silla, cuando fui interrumpido por un jovencito que se acercó a pedirme un autógrafo.

—¡Soy su más grande admirador! —me dijo—. ¡He visto sus programas desde que yo empezaba a hablar!

Accedí con gusto y estreché la mano que él me extendió con abierta franqueza. Y luego, cuando se hubo retirado, me di cuenta de que Janete, la simpática y eficiente continuista de la telenovela, me miraba con una sonrisa ligeramente burlona en sus labios. Después se acercó y me dijo:

—Yo sé que usted no se dio cuenta, ¿pero se podría imaginar que hay miles y miles de muchachas que darían lo que fuera por conseguir un autógrafo del muchacho que acaba de pedir el de usted?

—¡No me diga! —comenté auténticamente sorprendido.

—Pues sí le digo. Ahora canta solo, pero quizá lo haya visto usted cuando el muchacho formaba parte del grupo Menudo.

—Bueno, claro que vi al grupo, pero...

—Se llama Ricky Martin —me interrumpió—, y apunta para convertirse en el máximo ídolo juvenil.

Janete tuvo razón: Ricky ha alcanzado alturas insospechadas, no sólo en Puerto Rico (su patria), sino también en toda Latinoamérica, Estados Unidos, Europa y otras latitudes.

Tiempo después, por cierto, yo fui objeto de un homenaje en Televisa en el que recibí gentiles felicitaciones de personajes famosos, una de las cuales iba firmada por Ricky, quien para entonces ya se encontraba instalado en la cima de la popularidad. En ese momento yo no podía imaginar que pocos años después Ricky Martin volvería a ser protagonista de una más de mis anécdotas, tal como lo narraré un par de páginas más adelante.

Mientras tanto, volviendo al tema de la grabación de *Milagro y magia*, debo decir que también tengo un recuerdo desagradable de aquellos días: estábamos grabando algunas escenas en los estudios América, cuando mi hijo Roberto (que era el director de cámaras) recibió una llamada telefónica en la cabina de la unidad móvil que conducía la grabación, por medio de la cual le informaban que se acababa de incendiar la casa de su hermana Cecilia. No suspendimos la grabación porque mi hija Cecilia nos explicó personalmente que nadie, ni de la familia ni extraños, había sufrido daños físicos. Pero la pérdida material era cuantiosa y el susto inmenso.

El siniestro había sido provocado por la explosión de un camión repartidor de gas, cuyo efecto se extendió por la casa de mi hija y por otras dos. Después, como se ha vuelto costumbre, entre la compañía de seguros y la repartidora de gas se las arreglaron para no pagar más de un 15 o 20 por ciento de lo que representaban las pérdidas.

***

Roberto, ocupante del quinto lugar de mi prole y único representante del género masculino en el mismo conglomerado, decidió también abandonar la soltería. Se casó con Kim Bolívar, portadora de sangre colombiana (por parte de Tacho, su padre) y holandesa (por parte de Marielka, su madre), muchacha que conjuga su belleza natural con muchos otros atributos, entre los cuales destacan su integridad, su simpatía y, por si fuera poco, su conocimiento del español, el inglés, el francés, el holandés, el italiano, el alemán y algunas otras lenguas.

Roberto y Kim tuvieron después dos hijos tan guapos como diligentes: Roby y Tamara. ¡Y tan buenos deportistas! Pues, por ejemplo, a los cuatro años de edad, Roby podía atravesar nadando, sin mayor esfuerzo, los 50 metros de una piscina olímpica. Y poco después inició su participación con el equipo escolar de futbol, ayudando a que éste ganara los dos primeros juegos con marcadores de 4-0 y 5-l. ¿Que qué tanto contribuyó el Roby a dichos triunfos? Bueno, él "solamente" anotó los nueve goles de su equipo (¡claro: con los genes futboleros de un abuelo como yo!) ¡Y qué decir de Tamara, esquiando también a la edad de cuatro años! (aunque aquí debo reconocer que no fue producto de mis genes, pues en toda mi vida no he sabido lo que es ponerme unos esquís).

El destino, sin embargo, se encarga muchas veces de trazar derroteros imprevisibles, pues Kim y Roberto decidieron dar por terminada su relación y recurrieron al divorcio. ¿A qué se debió esto? Sólo ellos dos lo saben. El caso es que Kim (a quien sigo queriendo entrañablemente) vive ahora en San Diego, California, en compañía de sus adorables hijos. Y Roberto debe realizar frecuentes viajes hasta allá para compartir con ellos el mayor tiempo posible. Pero yo me debo conformar con encuentros mucho menos frecuentes, aparte del orgullo de saber que Tamara y Roby son otros dos componentes del selecto grupo calificado como "los 12 mejores nietos del mundo". (Por cierto, no estoy muy seguro de que este récord esté registrado oficialmente por Guinness, pero en el peor de los casos supongo que ya sólo será cosa de cumplir con algunos trámites.) Mientras tanto, creo que éste es el lugar apropiado para narrar la anécdota que prometí en páginas anteriores.

Mi nieto Roby, hijo de mi hijo Roberto, estaría tiempo después inscrito en una escuela de San Diego, California, donde los pequeños estudiantes debían responder varias preguntas, una de las cuales era: "¿Quién es tu personaje favorito?", y mi orgullo alcanzó alturas insospechadas cuando supe que Roby había respondido: "Mi personaje favorito es mi abuelo Rober" (que soy yo). Pero luego le preguntaron: "¿Y por qué es tu personaje favorito el abuelo Rober?" Y mi nieto respondió: "Porque es amigo de Ricky Martin".

* * *

Durante toda la grabación de *Milagro y magia*, Florinda había estado soportando más que estoicamente un cúmulo de intensos dolores, a pesar de la advertencia médica que enfatizaba la necesidad de un tratamiento inmediato. No obstante, esperó hasta que hubo terminado el arduo trabajo y sólo entonces se sujetó a lo urgente e inevitable: la intervención quirúrgica que le quitó matriz, ovarios, etcétera. El trauma se complicó con la dificultad de conseguir sangre con el factor RH negativo que ella requería, pero, afortunadamente, contó con la muy hábil y muy cordial atención del prestigiado doctor Óscar Mendizábal, cirujano y amigo que realizó una estupenda operación, lo que contribuyó a que, inclusive, la recuperación de Florinda fuera más rápida de lo esperado.

Como consecuencia de dicha operación, Florinda perdió toda posibilidad de alcanzar algo que podría haber sido la más cara de sus ilusiones: la maternidad. Porque si alguna vez he conocido a una mujer que posea un enorme instinto maternal, ésa es Florinda Meza. No hay bebé que no despierte en ella el deseo de hacerlo depositario de toda su protección y toda su ternura. Y esto no se limita a los bebés, pues de igual manera se desvive por cobijar a cuanto niño o adolescente requiere de alguna ayuda, sin distinción de color, raza, credo o posición social. "Hay ocasiones —dice ella— en que un niño rico necesita más ayuda que un pobre", con lo cual se refiere, obviamente, al auxilio en atención y cariño, mucho más importante que el auxilio económico. En síntesis: si hay alguien maternal, repito, es Florinda Meza.

Todo lo anterior hace que crezca sin límites el reconocimiento de lo mucho que debo agradecer a quien decidió unir su destino con el mío. Porque, desde antes de iniciar nuestra venturosa relación, Florinda sabía que yo había recurrido a la vasectomía a raíz del nacimiento de mi última hija (Paulina), a petición de Graciela y su ginecólogo, quienes consideraron que tal operación era un recurso necesario para la salud de ella. Así pues, Florinda sabía que conmigo se liquidaba toda posibilidad de alcanzar algún día el don inapreciable de la maternidad. Y, consciente de ello, se unió a mí.

* * *

En cierta ocasión el presidente Carlos Salinas de Gortari hizo una visita a las instalaciones de Televisa San Ángel, escoltado por Emilio Azcárra Milmo y un selecto grupo de la empresa. En ese entonces yo estaba dirigiendo la telenovela *Milagro y magia*, en cuyo foro fui presentado al primer mandatario, el cual me halago al decir: "¡Claro! ¿Quién no conoce a Chespirito?"

No mucho después hubo un desayuno, también en las instalaciones de Televisa San Ángel, donde volví a compartir el espacio con el entonces presidente (en honor a la verdad, puedo asegurar que a él le dieron más espacio que a mí). Pero en esa ocasión tuve también un breve encuentro que tiempo después habría de ser mucho más importante para mí: Emilio Azcárraga Milmo me presentó a un jovencito de quien ya me había hablado muchas veces: su hijo Emilio Azcárraga Jean, entonces de no más de 23 o 24 años de edad. En aquel momento yo estaba muy lejos de imaginar cuál llegaría a ser la trascendencia del muchacho para la empresa y, por lo tanto, para mí.

Todavía tuve un encuentro más con el presidente Salinas de Gortari; fue en una comida de los trabajadores de la Industria de la Radio y la Televisión, donde éstos me entregaron el trofeo anual (llamado Antena, creo) que fue depositado en mis manos por el presidente, a quien no he vuelto a ver personalmente. Por cierto, la aclaración de que no estoy seguro del nombre del trofeo no obedece, ni mucho menos, a una "pose" mía. Lo que sucede es que nunca me han interesado los trofeos cuando éstos se obtienen tras una competencia, aquellos en que se conforman ternas o un número mayor de competidores y que se otorgan después de que el animador dice "y el ganador es…" Aunque debo reconocer que he recibido algunos de ellos. Y los he agradecido, sí, pero sólo por la gentileza que han tenido quienes decidieron otorgármelos, mas no porque yo los haya apreciado como valiosos. También es preciso reconocer que hay una diferencia entre éstos y los muchos que no valen ni el pobre material con que fueron fabricados; pero ni aun los famosísimos Oscares son un reflejo fiel de la calidad de quienes los obtienen. En todos (absolutamente todos) los trofeos que se otorgan mediante una competencia en teatro, cine y televisión, los intereses creados representan el mayor acopio de votos a favor (o a "desfavor"). Por si fuera poco, las injusticias que se cometen son grandes y cotidianas. ¿Como es posible, por ejemplo, que un actor sea considerado el mejor del año, si sus innumerables colegas no tuvieron la oportunidad de interpretar el delicioso papel que a él le tocó en suerte? ¿O como es posible que un guionista haya sido ignorado porque su buen argumento fue dirigido por un patán o porque fue actuado por un galán que usurpa sin el menor recato el título de actor? Más aún: ni siquiera el aplauso debe ser considerado como el trofeo sin mácula... porque depende de quién provenga y de qué circunstancias se derive.

Como ejemplo de las injusticias cometidas al respecto, baste con citar que Charles Chaplin jamás ganó un Oscar en Hollywood.

XVI

Tiempo atrás yo había comenzado a escribir una comedia para teatro, diseñada para que fuera protagonizada por Mauricio Garcés, pero la interrumpí cuando el excelente actor tuvo problemas de salud que harían imposible su participación en un escenario teatral, el principal de los cuales era una crónica e irreversible afonía. Finalmente, el insuperable comediante falleció, dejando en los espectáculos un vacío imposible de llenar. Yo, por supuesto, archivé el proyecto teatral.

Varios años después Florinda le echó un vistazo a *El injerto* (como yo había titulado inicialmente a la obra inconclusa) y me hizo un comentario que luego se tradujo en elemento fundamental de nuestra trayectoria artística:

—¿Por qué no terminas esa obra —me dijo— adaptando el personaje del chofer de modo que quede apropiado para ti, y entonces montamos la obra en un teatro?

La idea me tomó inicialmente por sorpresa, pero muy pronto caí en cuenta de que el hecho no sólo era posible sino que, además, dejaba vislumbrar buenas posibilidades de acierto; así que me di a la tarea y en un corto plazo terminé la adaptación. Pero entonces recibí una nueva sorpresa por parte de Florinda, quien me dijo cuando hubo leído dicha adaptación:

—Oye: ¿no sería posible añadirle algo más?

—¿A qué te refieres?

—A aquella secuencia que hacíamos en el espectáculo del centro nocturno: la del código numérico.

De alguna manera intuí automáticamente que no sólo era posible sino que, además, abordaba un tema que se identificaba plenamente con la obra de teatro, de modo que podría ser un elemento estupendo.

—Lo voy a intentar y no creo que me sea difícil lograrlo —le dije—, pero me asalta una duda.

—¿Cuál?

—Aquel espectáculo en el centro nocturno fue un fracaso.

—No por nuestra culpa. ¡Y menos por culpa del guión! Recuerda cómo se reían durante esa escena los pocos espectadores que teníamos.

Lo recordaba fácilmente, pero el recuerdo me provocaba satisfacción y dolor simultáneamente. Satisfacción porque, efectivamente, el público siempre había festejado la escena riendo a mandíbula batiente. Dolor porque la experiencia duró un mínimo de tiempo, sin que tuviéramos oportunidad de demostrar que era algo bueno. Afortunadamente, el recuerdo positivo superó al negativo, de modo que inmediatamente me di a la tarea de realizar una nueva adaptación que no se limitó a incluir aquella escena sino que, además, el nuevo segmento pasó a ser, inclusive, parte estructural de la pieza. Y no paso mucho tiempo para comprobar que llegaríamos a tener el mayor de los éxitos... con un apoyo surgido del mayor de los fracasos.

La comedia tenía otras características que se podían traducir como elementos favorables; por ejemplo, el montaje de un escenario único para los dos actos que conformaban la pieza, el uso de vestuario común y corriente, de la época actual, y el requerimiento de sólo cinco actores (cuatro hombres y una mujer), dos de los cuales ya estarían cubiertos de salida: Florinda como Cristina, único papel femenino, y yo como el chofer del tráiler, papel cuya adecuación me había inducido a terminar el guión. Ya sólo haría falta cubrir los roles de Cristóbal, marido de Cristina, del doctor Arenas y de Fernando Lobo, el comodino playboy que había diseñado inicialmente para Mauricio Garcés.

Pero antes de contratar el reparto era necesario el aseguramiento de un teatro donde montar la obra. Y esto no fue fácil. El proyecto fue presentado inicialmente a Víctor Hugo O'Farril, a la sazón autoridad máxima en Televisa San Ángel, a cuyas órdenes había un equipo encargado de supervisar y evaluar los proyectos teatrales, pero creo que este equipo ni siquiera llegó a leer la obra. Después llevé el proyecto a Fela Fábregas, esposa del sin par Manolo Fábregas, a cuyo cargo estaba todo el trabajo de producción de Manolo, la cual me dijo que la obra era buena, pero que el tono "picante" de la misma la hacía inadecuada para sus prestigiados teatros. Ella hacía bien en sujetarse a las condiciones que juzgaba necesarias para conservar ese prestigio, de modo que no insistí. (Después, sin embargo, Fela tendría que adaptarse a los cambiantes tiempos, mismos que sugerían criterios más amplios para calificar una pieza teatral.) Luego le llevé mi obra a doña Angélica Ortiz, quien tenía a su cargo la administración de otro teatro, pero ella, sin haber leído el texto, me dijo:

—No necesito leerla. Yo contrataría a Chespirito a ojos cerrados... pero para actuar en las matinés con obras dedicadas a los niños.

—Es que yo jamás he hecho algo pensando exclusivamente en los niños —le dije—, yo escribo para toda la familia. Y da la casualidad de que, precisamente, ésta no es una obra apta para menores de 11 o 12 años.

—Pues adáptela para niños de todas las edades.

Y me tuve que despedir (eso sí, con toda amabilidad) de la señora Angélica. Después acudí a Silvia Pinal, poseedora de un espléndido teatro que entonces era administrado por Ramiro Jiménez (a cuyo cargo había estado durante mucho tiempo la administración del teatro Insurgentes) y que además había sido mi compañero de escuela en la primaria. Ramiro, como es su inveterada costumbre, se deshizo en elogios hacia mí (igual que lo hace ante cualquier persona que esté frente a él) y prometió leer inmediatamente mi obra, aparte de asegurarme que haría el informe correspondiente a Silvia Pinal. Poco después, sin embargo, me dijo que Silvia no se había interesado en mi obra a pesar de que, en opinión de él, se trataba de una buena comedia. Luego añadió que, casualmente, su hijo Pablo tenía a su cargo la administración de otro teatro, el Libanés, que estaba a la búsqueda de una pieza para montar en su escenario. Y fuimos a ver a Pablo Jiménez.

Pablo ya había leído *El injerto* y me aseguró que tanto a él como a su socio, Jorge Nahum, les había encantado. Entonces establecimos rápidamente las condiciones contractuales, después de lo cual Florinda y yo comenzamos la selección de los actores que completarían el reparto. (Posteriormente, Nahum y Pablo tendrían diferencias personales que los llevarían a dar por terminada su asociación, de modo que Nahum quedó excluido.)

Juan Antonio Edwards acababa de actuar con nosotros en *Milagro y magia*, de modo que teníamos fresco el recuerdo de su desempeño y de su presencia física, encontrando que reunía lo necesario para interpretar a Fernando Lobo, el playboy que no llegó a representar Mauricio Garcés. No hubo inconveniente alguno respecto a su contratación, a diferencia de lo sucedido con el actor que habíamos seleccionado para el papel de Cristóbal: el excelente Moisés Suárez, pues éste tenía un compromiso que debía cumplir, a pesar de que había quedado fascinado con la lectura de *El injerto*. Entonces recordé a otro actor que podría tomar su lugar: Arturo García Tenorio, un hombre cuya elevada estatura (1.98 metros lo convertía en un buen contraste conmigo (1.60 metros antes de que los años cumplidos fueran reduciendo milímetro a milímetro mi ya de por sí exigua estatura). Arturo, casualmente, había debutado en mi programa de televisión, primero como "extra" y luego había realizado, también en mi programa, el primer papel en que tenía algunos parlamentos. Finalmente quedaba el personaje del doctor Arenas, para el cual había dos prospectos: Edgar Vivar (médico, por cierto, en la vida real) y Rubén Aguirre, ambos estupendos actores de mi grupo de televisión. Pero Rubén estaba encarrilado y comprometido con un circo, donde se presentaba caracterizando al profesor Jirafales, mientras que Edgar tenía problemas de salud que igualmente le impedirían aceptar el trabajo. Estos contratiempos fueron, por lógica, tema recurrente de mis conversaciones, por lo que no fue extraño que, al comentar esto en las instalaciones de la SOGEM, encontrara al actor que finalmente se quedaría con el papel: Mario Casillas. Éste no era escritor, pero a veces iba a la Sociedad de Escritores para jugar dominó, entretenimiento que había propiciado mi contacto con él. El tipo físico de Mario, además, era el adecuado para el personaje.

La conjunción del reparto, sin embargo, no agotaba el número de problemas que debíamos solucionar, entre los que destacaba la fama de "frío" que tenía el teatro Libanés. "Es cómodo y funcional, se decía, pero por equis o por zeta, el público no acude a él." Pero no había opciones, de modo que decidimos arriesgarnos, con la fe depositada en la obra misma. Y había algo más que no terminaba de gustarme: el título. Y no porque "El injerto" fuera un mal título, pues contenía las ventajas de brevedad y referencia a la trama pero, ¡no sé! Podía haber algo mejor. ¡Y lo encontré! Entonces, ante el desconcierto inicial de mis compañeros, les anuncié:

—El título de la comedia será *11 y 12*.

—¿Qué? ¿Cómo? ¿Cuál? —me preguntaban, pensando que quizá habían oído mal.

—*11 y 12* —repetí—. Pero, además, escrito con números, no con letras.

Los compañeros conocían la comedia, razón por la cual comprendieron el significado y su relación con la trama, pero no por ello dejaron de mostrar recelo al respecto.

—¿Será atractivo para el público? —preguntaban unos.

—¿No se hará necesario hacer aclaraciones o dar explicaciones? —cuestionaban otros.

También hubo quien apoyo inmediatamente la idea; de modo que ése fue el título definitivo: *11 y 12*. Y pronto nos dimos cuenta de que había sido un acierto.

* * *

La aventura dio comienzo el 9 de abril de 1992, aunque, como es común en la mayoría de los teatros, los días previos se habían efectuado los llamados ensayos generales, que son funciones completas con escenografía, iluminación, cambios de vestuario, etcétera, pero con un público que no paga, sino que está conformado por invitados (en nuestro caso, una función con alumnos de secundaria y otra con alumnos de preparatoria). Luego, en la función oficial de estreno, el público solamente paga a medias, pues también hay muchos invitados, sólo que ahora son invitados especiales, entre los que destaca la prensa. Esta vez, la función de estreno constituyó todo un éxito. ¿Pero al día siguiente?

¡Un rotundo fracaso! Sí, porque el número de espectadores no llegó a 20 por función. En otras palabras: se repetía mi estilo personal de estrenar una obra de teatro, tal como había sucedido con *¡Silencio, recámara, acción!* 26 años antes y con *Títere* ocho años antes. Luego, el primer día en que había dos funciones (un viernes) la venta de boletos era algo patético: siete lunetas vendidas para la primera función y nueve para la segunda. Y debo confesar que esa vez recurrimos a un engaño, pues a los siete espectadores de la primera función se les dio una explicación que decía más o menos así:

—Uno de los actores nos acaba de informar por teléfono que no podrá llegar a tiempo para esta función. Es que, ya saben ustedes: con eso de las manifestaciones y las marchas... Les ofrecemos una amplia disculpa y les pedimos que pasen a la taquilla para obtener la devolución de su dinero, a menos que quieran esperar y cambiar su boleto por uno de la segunda función.

Y la estratagema resultó medianamente funcional, pues cuatro de los siete espectadores (dos parejitas) decidieron canjear su boleto por uno de la siguiente función, que sumados a los nueve de ésta, daban una asistencia de 13 espectadores. Y a éstos pudimos añadir todavía a un despistado que llegó tarde, con los que la representación pudo contar con 14 asistentes.

—¡Pues sí que debe estar frío el teatro! —comentó más de uno—, porque viene muy poca gente, a pesar de que los pocos que viene reaccionan de maravilla.

—¡Y no digamos lo que pasó en los ensayos generales! —comentaba otro—. Tanto los estudiantes de secundaria como los de preparatoria festejaron la obra a más no poder.

—Será que la gente no tiene dinero...

—¿Entonces con qué compran su boleto los que van a otros teatros?

—¡Y lo que pagan los que van al futbol!

Etcétera. ¡Pero aún había un factor más en contra: *11 y 12* se anunciaba en televisión. ¿No debería ser esto suficiente para abarrotar las 406 butacas del teatro Libanés? Esta última interrogante habría de encontrar luego la respuesta: no. La publicidad, aun por el espléndido medio que es la televisión, no es suficiente para hacer que triunfe un producto. Es necesaria, sí; pero insuficiente. Porque, finalmente, lo más importante es el producto mismo. Es decir: la publicidad hace falta, pero el producto debe confirmar las expectativas que dicha publicidad ha propuesto.

Y de eso sí estábamos seguros: *11 y 12* era un producto de calidad. Pero disponíamos, además, de otra ventaja: la publicidad de una obra de teatro (o de cine, por ejemplo) cuenta con un estupendo cómplice: el público mismo. (Mi hijo Roberto tomó nota de esto y luego lo llevó a la práctica, pues elaboró un "comercial" cuya imagen se limitaba a mostrar al público que reía a carcajada abierta.) Porque así como a veces nos resulta irresistible el participar en la divulgación de un chisme, igualmente mostramos la mejor disposición para ser los primeros en decir a parientes y amigos:

—¡No dejes de ver tal obra de teatro (o tal película)! ¡Está buenísima!

Esto no sucede con la publicidad de otros productos. Por ejemplo: no recuerdo a alguien que pareciera urgido por decir a sus parientes y amigos:

—¡No dejes de usar tal pasta de dientes!

De todo esto se pudo deducir algo incuestionable: tal proceso se estaba presentando en el caso de *11 y 12*. Al menos así lo confirmaba el constante incremento que había en cuanto al número de espectadores. Y muy pronto se invirtió el fenómeno, pues de los poquísimos espectadores que habíamos tenido inicialmente, pasamos a obtener el primer "agotado" el 25 de mayo. O sea: apenas un mes y medio después de haber estrenado la comedia. Y no sólo eso: a partir de esa fecha las funciones con boletaje agotado se fueron hilvanando de manera consecutiva (de martes a domingo) hasta implantar un récord que aún sigue vigente. (Y que seguirá vigente, pues ya nadie hace funciones de martes a domingo, como sucedía con *11 y 12*.) Pero éste sería solamente uno de los muchos récords que *11 y 12* llegaría a conquistar, entre los cuales cabe destacar el de siete años de duración de su temporada de estreno (en el mismo teatro). En ese sentido, la obra que ocupa el segundo lugar es la excelente comedia musical *El diluvio que viene*, que duró algo más de tres años en su temporada de estreno en el teatro San Rafael. Esto significa que *11 y 12* permaneció más del doble de tiempo que la obra que ocupa el segundo lugar.

¿Se imaginan la cantidad de reconocimientos y trofeos que hemos recibido por tal motivo? No hagan esfuerzos; la respuesta es cero. ¿Será porque se trata de una obra escrita por un mexicano, dirigida por un mexicano, producida por mexicanos y actuada únicamente por mexicanos? Sería muy raro, ¿no?

Y al igual que los éxitos, se iban acumulando las anécdotas que surgían alrededor de la obra; aunque la primera incluye una circunstancia previa a los éxitos. Me refiero a la invitación que hice formalmente a quienes se encargarían de develar la placa conmemorativa de las primeras cien representaciones de la obra, pues dicha invitación la hice varios días antes de que estrenara *11 y 12*. Los elegidos fueron mi amigo y presidente de SOGEM José María Fernández Unsaín, su bella y talentosa esposa Jaqueline Andere y la hermosa hija de ambos, Chantal, actriz y cantante. Los tres aceptaron de buen grado, aunque con el lógico recelo que mostró José María al preguntar:

—Óyeme: ¿como te atreves a invitarnos para develar una placa de cien representaciones de una obra cuando ésta ni siquiera se ha estrenado?

—Bueno —respondí—: fe que uno tiene...

Sobra decir que la placa conmemorativa de las 100 representaciones fue develada por José María, Jaqueline y Chantal.

Han sido muchas las anécdotas surgidas alrededor de la exitosa *11 y 12*. Entre ellas, por ejemplo: la frecuencia con que repetían su asistencia algunos espectadores, entre los cuales hubo quien había ido muchas veces a ver la comedia, como fue el caso de Alex Aguinaga, uno de los mejores futbolistas de todos los tiempos que han sido contratados para jugar en México, quien ha visto *11 y 12* algo así como 11 o 12 veces; la estupenda cantante y compositora Crystal ha sido otra asidua concurrente, a cuyo estupendo sentido del humor se debe la frase que ha usado:

—Vine otra vez a ver la obra —dice siempre, consciente de que el verbo "ver" no es el adecuado para su condición de invidente.

Ese caso, por cierto, no ha sido aislado, pues han sido bastantes los invidentes que han asistido, algunos de los cuales han llegado en compañía de los amaestrados perros que los acompañan y les sirven de guías.

Asiduos concurrentes fueron también muchos otros personajes del ambiente artístico y del ambiente político. Entre estos últimos cabe destacar la muy frecuente asistencia de doña Carmen Romano, ex esposa de José López Portillo (ambos QEPD).

Las anécdotas son tantas que sería imposible darles cabida a todas, pero no puedo resistir la tentación de contar una:

—Acabo de estar en la primera función —dijo un espectador que emprendía la retirada en compañía de su familia—. Pero fue tanta nuestra risa —añadió—, que a mi papá se le salió la dentadura postiza, la cual cayó al suelo. Y debe estar bajo el asiento de adelante, pero mi papá dice que le daría mucha pena entrar a buscarla. ¿Me permite que sea yo quien entre a ver si la encuentro?

Se le concedió el permiso, por supuesto... y por supuesto que el joven encontró la dentadura bajo la butaca delantera, tal como habían supuesto. El muchacho agradeció el permiso y salió muy ufano con la dentadura, se la entregó a su padre, y éste se apresuró a colocarla nuevamente en su boca.

* * *

Emilio Azcárraga me invitó a formar parte de un comité que se encargaría de evaluar los proyectos que se presentaban para conformar la producción de Televisa. Esto incluiría la revisión de ideas, guiones, etcétera, para programas de entretenimiento, es decir: humorísticos, musicales, telenovelas, concursos y demás. Poco después también serían evaluados los programas piloto que se habían grabado.

Entre los miembros del comité se encontraba Emilio Azcárraga Jean, quien hacía poco tiempo me había sido presentado por su padre. Y, por coincidencia, también estaba Miguel Alemán Magnani, hijo de otro amigo mío: Miguel Alemán Velazco. El grupo estaba integrado además por Víctor Hugo O'Fárril, Jorge Eduardo Murguía, Alberto Ciurana, Max Arteaga, Pepe Bastón, José Luis Eroza, Luis de Llano Macedo, Félix Cortés Camarillo, Luis Reyes de la Maza, Roberto Gómez Bolaños y algunos más, todos comandados por Emilio Azcárraga Milmo. Por regla general, las reuniones se efectuaban los miércoles por la tarde, aunque eventualmente se seleccionaba otro día de la semana. Nuestra participación no era remunerada.

Los análisis de evaluación desembocaban frecuentemente en acalorados debates, a pesar de lo cual nunca se llegó a poner en peligro la amistad o el compañerismo que nos unía. Aunque es preciso reconocer que todos concordábamos siempre en una premisa inobjetable que rezaba así: "Al final de cuentas se hará lo que diga el señor Azcárraga Milmo." En este sentido es probable que yo haya sido el más afectado de los participantes, pues siempre fui quien más veces se atrevió a mostrar su desacuerdo con las opiniones del jefe (claro, cuidándome de no exagerar).

También tuve la satisfacción de alcanzar logros positivos, pues más de una vez pude evitar la grabación de telenovelas o series humorísticas que rebasaban ampliamente los extremos del morbo, del amarillismo, de la pobreza dramatúrgica, de la falta de originalidad, por nombrar algunos. Cierta vez también conseguí que no le dieran el papel protagónico de una telenovela a cierta "actriz" cuya carencia de capacidad histriónica sólo podía ser compensada con el excedente de nalgas. En otras ocasiones, en cambio, no logré convencer a nadie cuando me empeñé en afirmar que un cantante debía tener afinación y voz. O por lo menos afinación, aunque faltara la voz. O siquiera tantita voz, aunque no fuera muy afinado que digamos. Pero no. Lo único que necesita un cantante es ser bien parecido y muy sexy.

* * *

Hay dos cosas que han distinguido siempre a Edgar Vivar: su enorme capacidad histriónica… y su enorme volumen físico. Lo primero es altamente plausible, pero lo segundo puede ser altamente peligroso. Y éste era el estado que había alcanzado de manera alarmante durante algunas etapas de su existencia, entre las cuales sobresalió la de 1992, cuando Televisa misma decidió tomar cartas en el asunto.

Ya en una ocasión habíamos tenido que intervenir de manera directa, cuando el doctor Roberto Monroy nos había advertido acerca del peligro que podía representar la inclusión de Edgar en una gira a Argentina.

—El simple hecho de abordar aviones —nos había dicho el doctor Monroy— puede representar un serio peligro. La actividad propia de una gira, la tensión emocional, el ajetreo, son factores que pueden ser fuertemente dañinos.

Como consecuencia de semejante diagnóstico, Edgar se vio privado de formar parte de una de las giras que efectuamos a Argentina, lo que le provocó una gran frustración. Pero la medida fue necesaria, tal como se comprobó durante una junta del Comité de Evaluación en la que se analizó el problema personal de nuestro compañero. Fue ahí donde el mismo Emilio Azcárraga Milmo tomó parecer a todos los que conformábamos el comité, hasta determinar que se hacía necesario intervenir en forma directa.

—¿Cuál es la clínica de mayor prestigio en cuanto al tratamiento de la obesidad? —preguntó el jefe.

No recuerdo el nombre del establecimiento que fue recomendado por alguno de los presentes, pero sí recuerdo que se habló de una terapia múltiple que incluía, por supuesto, un importantísimo tratamiento psiquiátrico. La clínica estaba ubicada en California, a regular distancia de Los Ángeles, y tenía fama por la alta eficacia de sus terapias y por el alto costo de las mismas. No obstante, Emilio decidió enviar ahí a Edgar, por cuenta de Televisa. Y no sólo eso; además ordenó que, mientras estuviera sujeto a dicha terapia, Edgar debía seguir cobrando en la empresa tal como si estuviera actuando en el programa. Ante dicha medida, yo sentí orgullo de pertenecer a tal institución.

Como comentario final sólo debo añadir que la terapia se prolongó por cuatro meses (de junio a octubre de 1992) durante los cuales tuve que ingeniármelas para escribir los programas sin contar con la participación de nuestro querido e importantísimo actor. Y quizá sea éste el lugar adecuado para comentar que algo similar ocurrió después con otro elemento de nuestro grupo: Angelines Fernández, quien sufrió un padecimiento diferente pero que también la retiró de los foros de Televisa. Ella también se vio favorecida por Televisa con el pago ininterrumpido de lo que correspondía a una actuación que no podía realizar, situación que terminó tiempo después, cuando nuestra querida y admirada compañera pasó a mejor vida.

* * *

Un día de abril de 1993, al concluir una de las tantas funciones de *11 y 12* en el teatro Libanés, tuvimos que comunicar al público una noticia muy triste: acababa de fallecer el incomparable Mario Moreno, Cantinflas. Esto parecía no tener sentido para quienes habíamos seguido y disfrutado su carrera durante tanto tiempo; como si pensáramos que debía haber alguna incongruencia en el hecho de afirmar que había muerto un inmortal. Sobre nuestro escenario, todos los actores mostrábamos los ojos más que humedecidos.

* * *

Apenas un mes después hubo otro deceso que también conmovió al país entero, pero de forma diferente, sobre todo porque había sido producto de un hecho sangriento que no tenía precedentes en México, como lo fue el asesinato de don Juan Jesús Posadas Ocampo, arzobispo de Guadalajara.

El crimen se efectuó a plena luz del día en el estacionamiento del aeropuerto de Guadalajara, donde se supone que el prelado esperaría la llegada del nuncio apostólico Girolamo Prigióne. Ahí fue sorprendido en el interior de su automóvil y acribillado arteramente por sicarios que luego, según se comentó, contaron con las más amplias facilidades para poner tierra de por medio.

Casi nadie dio crédito a la versión oficial esparcida poco tiempo después, pues ésta se inclinaba a suponer que los hechos habían sido consecuencia de una "confusión" entre dos bandas rivales de narcotraficantes, una de las cuales habría intentado matar al Chapo Guzmán, miembro relevante de la otra banda. En los asientos del automóvil quedaron los cuerpos ensangrentados del arzobispo y su chofer, reconocidos hasta después de que terminó la balacera que se prolongó a su alrededor.

Eran muy débiles los argumentos expresados en apoyo de la tesis de la confusión, pues entre ellos destacaba el supuesto parecido del automóvil del arzobispo con uno de los tantos vehículos que solía usar el Chapo Guzmán. E igualmente increíble resultaba la suposición de que los asesinos pudieran haber confundido al alto prelado con el narcotraficante. Por lo tanto, éstas y muchas otras dudas convirtieron al caso Posadas en uno más de los innumerables casos sin resolver por la justicia. Esta situación prevalece al momento en que son escritas estas líneas.

* * *

Por aquellos días nos dimos el lujo de descansar un par de semanas, lo que Florinda y yo aprovechamos para embarcarnos en otro crucero. Esa vez íbamos acompañados por un buen grupo compuesto por parientes y amigos: mi hermano mayor, Paco, con Marta su esposa; Ramiro Jiménez con Elsi, Pablo Jiménez y Lety (que había sido asistente de mi programa y se había casado recientemente con Pablo); mi hijo Roberto con Kim; y mi hija Marcela con su esposo Henry, ¡y con el hijo de ambos, Andrés, quien apenas tenía algo así como dos o tres meses de nacido!

El viaje salió de Civita Vechia, Italia y terminó en Madrid, después de haber pasado por lugares como Sicilia, Corcega, Pisa (por vía terrestre, claro), Montecarlo, Mallorca, Málaga, el Peñón de Gibraltar, Marruecos, Lisboa...

A bordo del crucero siempre hay múltiples razones para pasarla de maravilla, entre las cuales cabe destacar la excelencia de las comidas, los vinos, el caviar (para quien le guste semejante cosa, porque a mí no), los espectáculos, los bailes, el juego en los casinos, etcétera. En los casinos, por cierto, nos trataron de maravilla, pues todos ganamos. El único contratiempo al respecto fue el sucedido a mi hijo Roberto cuando se dio cuenta de que habían desaparecido varias de las fichas que constituían su ganancia... hasta que, tiempo después y ya de regreso en la Ciudad de México, encontró las fichas... en un bolsillo de su esmoquin.

Nos habría gustado prolongar nuestra buena suerte en el juego cuando llegamos a Montecarlo, pero ni siquiera nos permitieron entrar a conocer el célebre casino, demasiado lujoso para soportar a unos desarrapados que, aparte de llevar pantalones de mezclilla o bermudas de muy cuestionable elegancia, llevaban un bebé (¡Andrés!) con todo y carriola. Nos tuvimos que conformar tomando un café o una cerveza en un local que tenía mesas al aire libre. Y tuvimos el orgullo de constatar que las cervezas de mayor demanda eran mexicanas.

En el Peñón de Gibraltar hay unos monos que, de acuerdo con la tradición, permanecerán ahí mientras el célebre islote siga perteneciendo a Inglaterra, de modo que los consienten como si fueran de la Familia Real. Pero también cuidan a los turistas, advirtiéndoles que esos monos suelen ser agresivos, por lo que se recomienda evitar el contacto con ellos. No obstante, el desmedido atractivo que representan muchos animalitos para Florinda hizo que ésta se les acercara imprudentemente, sólo para comprobar que el desmedido atractivo es recíproco, pues una mona brincó y se asentó sobre la cabeza de mi mujer, y en vez de agredirla se puso a jugar con su cabello. Luego se despidieron muy afectuosamente una de la otra.

El crucero terminó en Lisboa, ciudad que nos pareció una delicia, tanto por sus calles arboladas y sus construcciones legendarias como por la amabilidad y la simpatía de sus pobladores.

Pero debo recordar que antes, a bordo del barco, mi familia tuvo un comportamiento más que destacado. Por un lado, destacó de gran manera el comportamiento sin tacha del pequeñísimo Andrés, quien dio la mejor muestra de lo que debe ser un bebé que guarda la compostura; y por el otro lado destacó el comportamiento de la mamá de Andrés, mi hija Marcela, quien dio la mejor muestra de lo que debe ser una señora joven que no tiene compostura posible, pues se soltó cantando a todo pulmón y gesticulando graciosamente, sin el menor complejo, haciendo la delicia de todos los turistas que tuvieron oportunidad de ver el improvisado e insuperable show.

* * *

En México todo parecía marchar sobre ruedas. Apenas faltaba un año para que concluyera un sexenio que proclamaba un buen número de aciertos, uno de los cuales era, indudablemente, la firma del ansiado Tratado de Libre Comercio suscrito por Canadá, Estados Unidos y México, que era como abrir la puerta de entrada a la antesala del Primer Mundo. Y la verdad es que eso quedó confirmado con el paso del tiempo, cuando se pudo ver que las ventajas del tratado superaban en buen grado a las desventajas del mismo, a pesar de las objeciones presentadas por quienes aún no se enteraban de que el Muro de Berlín había sido ya derribado. Pero, sea como sea, el tratado entró en vigor el 1º de enero de 1994. Sin embargo, no llegó solo; llegó acompañado.

* * *

En la madrugada de ese mismo día, 1º de enero de 1994, un grupo de guerrilleros acribilló a los destacamentos de policía que pernoctaban en varias poblaciones del estado de Chiapas. La sorpresa impidió que la agresión fuera debidamente rechazada, por lo que el número de bajas fue considerablemente mayor entre los policías que entre los guerrilleros, a pesar de que éstos, como se pudo ver después, sólo iban parcialmente armados (muchos llevaban réplicas de madera en vez de fusiles auténticos).

El grupo agresor se identificó poco después como el EZLN (Ejército Zapatista de Liberación Nacional) y expuso que su objetivo era hacer valer los derechos indígenas, para lograr lo cual declaraban la guerra al gobierno de México encabezado por Carlos Salinas de Gortari. El gobierno federal respondió con el envío de algunas tropas a la zona en conflicto, mismas que sostuvieron enfrentamientos con el grupo rebelde, cuyo avance detuvieron. Sin embargo, el EZLN permaneció a la expectativa, refugiado en la intrincada selva chiapaneca, donde evidentemente contaban ya con campamentos previamente establecidos.

Entonces se hizo público que el grupo rebelde actuaba bajo las órdenes de un guerrillero que ocultaba su rostro tras un pasamontañas que hacía las veces de máscara, y que su nombre de batalla era Subcomandante Marcos. Su imagen se dio a conocer rápidamente por diversos medios, entre los cuales estaba incluido el moderno y sofisticado internet que, como muy pronto se hizo notorio, era hábilmente manejado por el guerrillero, tanto en su aspecto técnico como en el promocional. Esta imagen incluía, además del pasamontañas, una gorra y una pañoleta rasgadas que evidenciaban su prolongado uso, un cuchillo, un rifle, una pistola, cananas terciadas al pecho (que, al decir de los conocedores, portan balas de calibre distinto al que requieren sus armas) y, como sello distintivo, una pipa eternamente encendida que no se separa de sus labios más que para comer (se supone) o para hablar (consta). También es de suponerse que la deja a un lado de la cama cuando está durmiendo o cuando está ahí mismo haciendo alguna otra cosa.

Dotado de un carisma fuera de serie, el Subcomandante Marcos llegó a adquirir una notoriedad que rebasaba ampliamente las fronteras. Su popularidad se debía, se supone, al acierto de haber hecho coincidir su figura con la imagen de un nuevo mesías: el que redimirá no sólo a los pobladores autóctonos de Chiapas, sino también a los pobladores de todas las regiones del mundo que forman parte de las llamadas "naciones en proceso de desarrollo"; es decir: los pobres que conforman abrumadora mayoría en este planeta llamado Tierra.

Independientemente del significado que le demos a su figura, lo que es indudable es que hay incongruencias más que evidentes entre los términos que constituyen su reclamo, pues si por una parte se señala la urgencia de acudir al rescate de los pueblos autóctonos, por otra parte se exige que esto se lleve a cabo sin alterar los llamados "usos y costumbres" de dichas comunidades. Esto equivaldría a decir, por ejemplo: "Hay que proporcionar alimento a estos pobrecillos; pero debe ser un alimento que sea adecuado a sus usos y costumbres", sin olvidar que los pobrecillos llevan miles de años de ser antropófagos. ¿Exageré? Bueno, pongamos otro ejemplo: "Hay que enseñarles a respetar a la mujer", pero sin privar al marido del derecho que tiene a desbaratarle el rostro a su cónyuge cuando ésta cometa el menor error. ¿Nuevamente exageré? No; esta vez no. Tan sólo me atuve a lo que establecen los "usos y costumbres" en algunas regiones de nuestro país. Y podría añadir una multitud de ejemplos semejantes, pero creo que será suficiente con recordar uno de ellos: el que establece que sus autoridades no pueden ser elegidas mediante votaciones secretas ni personales; es obligatorio votar de manera abierta (a la vista de todos) y como parte de un conglomerado que debe apoyar al cacique correspondiente.

Pero entonces, ¿qué? ¿No hay manera de hacer algo en pro de los millones de indígenas que necesitan ayuda para ser rescatados de ese "inframundo" en que se encuentran empantanados? ¡Claro que sí! Y el primer paso tendría que ser el rechazo de quienes echan mano del fácil recurso de la demagogia para constituirse en supuestos defensores de los desamparados, cuando en realidad lo que buscan es exactamente lo contrario: que los indígenas permanezcan en el atraso que los obliga a seguir formando parte de una manada que se deja conducir con docilidad; en ese atraso que les impide conocer los beneficios que se obtienen cuando se cuenta con carreteras que comunican a unos con otros; cuando se tienen instalaciones eléctricas que proporcionan energía (ésa que no se puede conseguir sin la tecnología que ha sido vetada por sus "usos y costumbres"). Y, de manera muy especial, cuando se puede hablar, leer y escribir en español, primer recurso que se tiene —al menos en Hispanoamérica— para iniciar el recorrido que conduce a la superación, tal como lo hicieron, por ejemplo, Ignacio Manuel Altamirano, Andrés Henestrosa y Benito Juárez.

No obstante, es necesario reconocer que Marcos y sus émulos no han tenido que hacer muchos esfuerzos para justificar su rebeldía; de esto se ha encargado el mal trato que han recibido los indígenas por parte de los gobernantes federales, estatales y municipales que hubo durante muchos años, y por parte de los caciques que sigue habiendo... muchos de los cuales, desgraciadamente, son también indígenas.

La situación habría de prolongarse convertida mucho más en una contienda de declaraciones que en una confrontación militar, que sería inconveniente para ambas partes, pues un ataque frontal por parte del ejército federal haría que éste adquiriera la condición de represor inmisericorde, mientras que una acción similar por parte del EZLN lo convertiría en un simple ejecutor de prácticas terroristas.

Parte relevante del conflicto ha sido don Samuel Ruiz, quien fue durante mucho tiempo obispo de San Cristóbal de las Casas. Su participación ha sido largamente controvertida, pues lo mismo cuenta a su favor con legiones que lo catalogan como santo, que aglutina en su contra a detractores que lo consideran artífice del terrorismo. Pero también es probable que todos sus actos, acertados o desacertados, estén regidos por un espíritu de caridad.

En mi particular opinión, ninguna de estas consideraciones es suficiente para justificar el uso de la violencia como método para la consecución de un objetivo, sea cual sea.

* * *

Pero 1994 fue un año que no se conformó con la rebelión de Chiapas, pues aún deparaba muchas sorpresas, algunas de las cuales serían brutalmente violentas.

En medio de sordas luchas internas del partido, el "dedazo" presidencial había designado como heredero de su cargo a Luis Donaldo Colosio, un político que no sólo parecía representar la mejor opción para el PRI, sino que además dejaba entrever características que lo podrían ayudar a ser un buen presidente para la gran mayoría de los mexicanos. Esta conjetura parecía ser confirmada por algunos conceptos vertidos en discursos del candidato, entre los cuales destacaba la insinuación de que buscaría una mayor democracia, no sólo en cuanto a la participación nacional sino también en el manejo interno del propio PRI. Esto incluía necesariamente una sana ruptura con el bochornoso pasado, lo cual difícilmente podía ser bien visto por los muchos que corrían el riesgo de ser afectados. Pero todo esto quedó en la palabra que usé renglones atrás: "conjeturas", pues dos balas acabaron con la vida del prometedor político.

Colosio acababa de pronunciar uno más de sus discursos (que resultaría ser el último) ante una multitud que se había congregado en Lomas Taurinas, un barrio popular de Tijuana. Entre la gente se encontraban, por supuesto, los grandes grupos de "acarreados", aunque también se hallaban ahí asistentes por voluntad propia. El caso es que unos y otros conformaban una multitud que se arremolinó alrededor de Luis Donaldo cuando éste hubo terminado su discurso, dificultando obviamente su desplazamiento. Pero esto es común en esa clase de mítines, de modo que alguien aprovechó la circunstancia para acercarse hasta disparar a bocajarro al candidato.

Muy difícilmente se podía dudar de que el autor material del crimen había sido Mario Aburto, un joven que fue detenido y puesto a buen resguardo, aunque luego abundaron las versiones de quienes señalaban la posible intervención de un segundo ejecutor. Esto ha sido motivo de infinitas especulaciones con sus respectivas discusiones;

aunque parece difícil suponer que un turbio personaje de la política contratara como pistolero a alguien como Aburto, en vez de conseguir los servicios de un pistolero experimentado, a quien, además, le habrían proporcionado cualquiera de las armas altamente efectivas que tan fácilmente se pueden conseguir, en vez de la ridícula pistola que usó Mario Aburto; por otra parte, el turbio personaje de la política que hiciera una contratación con tal objetivo, lo primero que habría hecho sería asegurarse de que el asesino material falleciera también ahí mismo, única manera de evitar la posible delación en su contra; y si el ejecutor no fallecía ahí mismo, no habría cárcel que pudiera evitar que dicho ejecutor fuera ejecutado posteriormente por otro ejecutor. Y ya han pasado muchos años desde entonces; al menos los suficientes como para que ya se hubiera presentado la oportunidad de actuar en consecuencia. A manera de duelo, en el teatro Libanés, suspendimos las funciones de *11 y 12* correspondientes a la fecha en que fue sepultado Luis Donaldo Colosio.

Y no pasaría mucho tiempo antes de que otro crimen político sacudiera a la nación mexicana: al salir de un desayuno efectuado en céntrico restaurante de la capital, fue ejecutado a mansalva Francisco Ruiz Massieu, distinguido político que había sido gobernador del estado de Guerrero y que a la sazón ejercía el liderazgo político del PRI. El asesinato tendría consecuencias de enorme trascendencia en el país.

* * *

Pero la vida sigue su curso, y para nuestra comedia *11 y 12*, por fortuna, ese curso siguió generando una gráfica ascendente, ya que el boletaje continuaba agotándose con cotidiana perseverancia. Con la misma perseverancia vigilábamos que continuara el buen desempeño de quienes participaban en aquel trabajo.

En los costados interiores del teatro hay sendas cabinas a las que se llega por cómodas escaleras y que tienen diversas utilidades, entre las cuales destaca la colocación y el mantenimiento del equipo de iluminación. Esto se hace a través de una abertura en forma de ventana, la cual se cubre con una cortina durante las funciones. Pero muy pronto descubrí que todos estos elementos se conjuntaban para dar a dichas cabinas la condición de inmejorables atalayas, pues desde ellas se podía ver perfectamente tanto el escenario como al público. Esto lo hacía yo asomándome por una rendija de la cortina sin riesgo de ser visto, pues las luces que estaban a un lado impedían dirigir la vista en esa dirección. Por si fuera poco, yo realizaba el "espionaje" cómodamente sentado en una silla que mandé poner ahí. Y a un lado de la silla mandé colocar una alfombra, sobre la cual hacía un poco de ejercicio (sentadillas y lagartijas) durante lapsos apropiados de cada función.

Esta vigilancia me permitía, entre otras cosas, certificar que cada función se llevara a cabo adecuadamente; esto es: que no hubiera anomalías en el desempeño de técnicos y actores. Respecto a los primeros vigilaba que se efectuaran a tiempo los cambios de iluminación, coordinados con las entradas y salidas de fondos musicales, el volumen de éstos (incluyendo el de posibles micrófonos), la colocación precisa de muebles, utilería y demás componentes del decorado. Respecto a los actores, supervisaba que jamás se perdiera el respeto que se debe al público, a la obra y a los compañeros de escena. Son muy diversas las formas en que un actor suele perder el respeto que merece el público; y la mayor es la representación hecha sin entrega, la hecha únicamente por salir del paso o sólo para "cubrir el expediente". Esto puede ser debido al fastidio (momentáneo o crónico), a la falta de concentración producida lo mismo por problemas personales que por la presencia de alguien en especial entre el público, al desánimo que generan marchas de protesta, lluvias intensas o cualquier otra causa que genere una reducida asistencia de espectadores y a muchas otras razones. El respeto a la obra se pierde, por ejemplo, cuando el texto se altera, se aumenta, se recorta... a menos que los cambios hayan sido previamente planeados y aceptados por el autor y/o el director de la obra. Y las faltas de respeto a los compañeros de escena son aún más diversas; baste con señalar como ejemplos, la burla que hace evidente la equivocación del otro, el obstruir la atención del público a un compañero, ya sea tomando posiciones inadecuadas, efectuando desplazamientos alterados, llamando la atención cuando no le corresponde hacerlo. Finalmente me gustaría señalar que, a juicio mío, reír intencionalmente en escena (cuando la obra no lo exige) es una falta de respeto al público, a la obra y a los compañeros.

Como ya dije, mi atalaya me permitía igualmente observar al público, lo cual fue muy útil para pulir la puesta en escena, pues me daba la gran oportunidad de observar las reacciones de la gente. Pero eso, además, se convirtió en un regalo exquisito que me era entregado cotidianamente: el obsequio invaluable de la risa del público. Los oídos defectuosos (como los míos) captan mejor los sonidos cuando uno se sitúa a mayor altura, de modo que ahí pude disfrutar mejor las carcajadas que escuchaba. Y las vistas defectuosas (como la mía) mejoran totalmente con el auxilio de los anteojos que no podía usar cuando estaba en escena. Y estoy seguro de que pocas cosas me han sido tan gratificantes como ver y escuchar a tantas personas que, literalmente, se doblaban de risa con una obra que yo había escrito precisamente para eso: para divertir a la gente.

* * *

Algunos párrafos más arriba hablaba yo de las faltas de respeto que suelen cometer algunos actores; pero creo que debo resaltar a quien fue ejemplo preciso de lo contrario durante toda su trayectoria artística, ya fuera en teatro, en cine, en televisión o lo que fuera. Es decir, de quien se distinguió, entre otras cosas, por una conducta impecable, de absoluta honradez y entrega a las tareas asignadas, de respeto total hacia sus compañeros, hacia el público y hacia su profesión. Me refiero a Raúl El Chato Padilla.

No era posible, por ejemplo, recordar una sola ocasión en que El Chato hubiera llegado tarde a un llamado de teatro, de cine, de televisión o de lo que fuera. Se daba por hecho que llevaba memorizadas las líneas que le correspondían. Por supuesto, jamás obstaculizaba la actuación o el desempeño artístico de sus compañeros. Por si fuera poco, Raúl hacía gala de un estoicismo que muchas veces rayaba en lo increíble, como la vez en que realizó la interpretación impecable del delicioso Gepeto en *Títere*, a pesar de que, recién empezada la función, había sufrido un accidente de considerables proporciones. La representación tenía lugar en un teatro de provincia, cuyos vericuetos eran obviamente desconocidos por nosotros, cuando nuestro compañero tuvo la mala suerte de caer en una "trampa" cuya ubicación no estaba advertida por señal alguna, lo cual le provocó fuertes y dolorosas heridas. Pero fue hasta terminada la función cuando nos enteramos del accidente sufrido por el Chato, pues éste había continuado con su actuación como si nada. Fue uno de los técnicos que laboraban con nosotros quien comentó el hecho, pues había sido el único testigo casual de lo sucedido. Pero en la pierna de Raúl había otro testimonio: la impresionante y enorme desgarradura que sangraba profusamente.

Pocos años después (en 1992, para ser precisos) mi hijo Roberto me habló por teléfono a la casa para darme la triste noticia de que El Chato Padilla acababa de fallecer víctima de un ataque cardiaco. Fue una pérdida irreparable, pero no sólo para nuestro programa, sino para todo el ámbito del arte dramático en México. Lo mismo se puede decir respecto a su encantadora esposa, Lilí Inclán, aunque la partida de ella sería tres años después de empezado este tercer milenio.

Ramón Valdés había muerto anteriormente, pero el fallecimiento aconteció cuando Ramón tenía tiempo de haberse desligado del programa. Por tanto, El Chato fue el primer miembro activo de nuestro grupo que emprendía el viaje sin regreso, lo cual representaba el adiós de una multitud de personajes que él interpretó magistralmente, entre los cuales se hace inevitable destacar al licenciado Morales, el probo, recto, sufrido y tolerante agente del ministerio público que supo soportar y encauzar por el buen sendero al Botija y al Chómpiras, al tiempo que derrochaba indulgencia ante los desatinos de la Chimoltrufia. Y, claro está, también se hace necesario destacar al delicioso Jaimito el Cartero, el berrinchudo pero adorable viejito que sufría las travesuras e imprudencias del Chavo del Ocho y amigos que lo acompañaban. Y lo más probable es que, para

Jaimito el Cartero, morir haya sido una forma de "evitar la fatiga".

Meses después, a finales del mismo 1992, también falleció Angelines Fernández, la estupenda actriz que durante muchos años había formado parte de nuestro grupo y que, como señalé líneas arriba, llevaba algún tiempo de soportar una enfermedad que le impedía actuar. Angelines interpretó a muchos personajes que dejaron amplia y positiva huella en el recuerdo de los espectadores, como Doña Nachita, la aguantadora vecina de la Chimoltrufia, y la deliciosa Bruja del 71, que tanto brilló entre los huéspedes de aquella comunidad de la que todo mundo decía: "¡Qué bonita vecindad… es la vecindad del Chavo!"

* * *

Faltaba sólo un par de días para que terminara el agitado año de 1994, cuando salí de mi casa rumbo a la del Pollo Ramiro Jiménez, donde solíamos reunirnos para jugar algunas partidas de dominó; pero a la mitad del camino me di cuenta de que sólo había un cigarrillo en la caja que llevaba en el bolsillo de mi chamarra. Al mismo tiempo recordé que no había sacado del refrigerador una o dos cajetillas de repuesto, como acostumbraba hacerlo todos los días. No obstante, el descuido no me causó ninguna preocupación, pues sabía que en la casa de Ramiro había muchos empleados de servicio a quienes podía pedirles que me hicieran el favor de ir a comprarme una cajetilla. Lo único que hice, a manera de prevención, fue conservar el cigarrillo que me quedaba, hasta que me hubieran conseguido los de repuesto.

Después de haber llegado a casa del Pollo, se me ocurrió pensar que no era tan fatídico pasarme un rato sin fumar;

y que por lo tanto, no era preciso que me consiguieran al instante los cigarrillos de repuesto… Además, en caso de que me sintiera presionado por el implacable acoso del vicio, aún permanecía en su caja el solitario cigarrillo que sería suficiente para ayudarme a soportar los padecimientos que podría generar la espera. Pero, sobre todo, ¿no era vergonzoso consentir que ni por un lapso tan breve pudiera ser yo mismo quien tomara decisiones acerca de mi comportamiento, que todo el tiempo debía sujetarme a lo que dispusieran unas pinches virutas de tabaco envueltas en un tubo de papel?

Cuando se someten a una terapia, los alcohólicos no prometen que jamás en su vida volverán a probar un trago de licor. Ni siquiera prometen que lo dejarán durante un mes… ni durante una semana… ni durante un par de días. A lo único que se comprometen es a "dejar de tomar durante el día de hoy". ¿Y mañana? ¡Quién sabe!

Podrían volver a beber una copa… o dos… ¡o ninguna! En este último caso podrían repetir el juramento de "no tomar durante el transcurso del día". ¿Y mañana?… ¡Quién sabe! Y etcétera.

Eso me lo había contado —sin brizna de fariseísmo— un amigo a quien quiero y respeto mucho. Entonces yo intenté hacer lo mismo cuando acababa de sentarme a la mesa de dominó: "Durante el día de hoy —me dije en secreto— no voy a fumar. ¿Y mañana? ¡Quién sabe!" ¡Pero no solamente lo conseguí, sino que pude hacer lo mismo al día siguiente! ¡Y también al siguiente del siguiente! ¡Y al siguiente del siguiente del siguiente! Y así hasta el día en que escribo estas líneas… lo que sucede a mediados de julio del año 2005. Es decir: cuando ya cumplí 10 años y medio de haberme apartado de la más estúpida y dañina de las adicciones: fumar.

La calificación de dañina está más que reconocida en estos tiempos; pero si además la califico como estúpida es debido a mi experiencia personal, ya que me resulta casi imposible saber de alguien que haya empezado a fumar por necesidad. Más aún: la gran, gran mayoría nos iniciamos después de haber tenido que luchar arduamente para superar la repugnancia y el rechazo que manifiesta nuestro organismo cuando empezamos a forzarlo (ésa es la palabra) a que adquiera el vicio, hasta que éste, quizá como venganza por el rechazo padecido en un principio, se instala dentro de nosotros como lo haría el más despiadado de los invasores.

Pero entonces, ¿qué nos indujo a iniciarnos en la terrible práctica? La estupidez, claro está. La estupidez de imaginar que un cigarrillo en la boca sería suficiente para darnos la apariencia de adultos… en vez de dejar esa tarea en manos de quien la realiza inexorablemente: el tiempo. ¿Que éste parece transcurrir con demasiada lentitud cuando se es joven? Sin lugar a dudas, ¿pero acaso es una razón suficiente para confiar el futuro de nuestra salud al arbitrio de un asesino? ¡Y por supuesto que es un asesino! No importa si en algunas ocasiones no logra matar a la víctima, pues el intento de asesinato basta para calificar al agresor como asesino. Es verdad que a mí no logró matarme; pero me dejó un enfisema en el pulmón del que no podré deshacerme durante el resto de vida que me quede, así como no podré eliminar muchas de las múltiples secuelas que me dejó la estúpida práctica: la bronquitis crónica, por ejemplo, que alguna vez ya alcanzó la calificación de aguda (y a la que pude superar en aquella ocasión, pero cuya amenaza de reincidencia sigue pendiente sobre mí). Todo esto, aparte de las cotidianas flemas que obstruyen mi garganta y, por consiguiente, mi respiración. Sin embargo, yo sé que no es más que el costo de mi estupidez.

No obstante, aun reconociendo que mi reacción fue muy tardía, yo sé que de cualquier modo estoy mucho mejor que hace 11 años. Y seguro de que, de no haber tomado tal decisión, mi autobiografía habría constado de muchísimas páginas menos.

Es decir: más vale tarde que nunca (pero entre menos tarde, mejor).

No puedo cerrar este apartado sin repetir lo que he empezado a responder cuando algunos entrevistadores me preguntan: "¿Cuál ha sido tu mayor éxito? ¿Y cuál ha sido tu mayor fracaso?" Mi mayor éxito ha sido, por mucho, el haber dejado de fumar. Y por supuesto, mi mayor fracaso fue haber empezado a fumar.

Mi respuesta ha sido absolutamente sincera; y no ha llevado ni el más leve intento de parecer original o diferente al resto de mis colegas.

* * *

Transcurría el mes de septiembre de 1995. Pero yo esperaba con dulce ansiedad, con regocijo interior y con legítimo orgullo, la llegada del día 14 del siguiente mes. ¿Por qué? Porque ese día se cumplirían 25 años de que mi programa había salido al aire por primera vez. ¡Nada menos que 25 años! ¡Todo un cuarto de siglo de aparecer semana a semana en las pantallas de televisión! (durante varias temporadas se proyectaron dos ¡y hasta tres veces! por semana). Esto no lo había logrado nadie... y tampoco lo logré yo. ¿Por qué?

Porque un buen día de... ¿dije "buen" día? ¡Pues dije mal, porque lo correcto habría sido decir "pésimo" día, ya que fue un pésimo día de ese mes de septiembre cuando me enteré de que el programa dejaría de proyectarse a partir de octubre. Ese próximo día 14, por lo tanto, ya no podía ser esperado con dulce ansiedad ni con regocijo interior ni con legítimo orgullo. Al contrario: yo sabía que la llegada de ese día 14 no haría más que lastimarme, destacando que sólo habían faltado dos semanas (¡dos pinches semanas, dije entonces!) para que el programa celebrara su aniversario número 25.

—¡Jamás me dijiste algo al respecto! —me dijo Emilio Azcárraga Milmo cuando me quejé de lo ocurrido—. De habérmelo dicho, yo podía haber retrasado los cambios para un par de semanas después.

—No te dije nada —respondí— porque yo no tenía la menor idea de lo que planeaba hacer la empresa. Aunque, claro, yo no tenía por qué estar enterado de todo lo que planeara hacer Televisa.

Sucedió que la empresa decidió suprimir todos los programas llamados "unitarios" (humorísticos, musicales, de concursos y similares) para que en su lugar se proyectaran únicamente telenovelas.

—Mala medida —comenté imprudentemente cuando Emilio me explicó lo anterior.

—Es mi riesgo —señaló en tono que no daba oportunidad de réplica. No obstante, un par de días después me mandó llamar para decirme:

—Sólo hay dos programas unitarios con los que puedo hacer una leve excepción: el tuyo y *Mujer, Casos de la Vida Real* (producción, este último, de Silvia Pinal).

—¿En qué consiste la leve excepción? —pregunté.

—En que podrían pasar los sábados, a eso de las cuatro o cinco de la tarde.

Yo agradecía la distinción que significaba la oferta pero no acepté, pues no me gustó el horario. Por otra parte, pensé que quizá me conviniera disminuir un poco mis actividades y darme algo de descanso. Pero no un descanso total, pues, afortunadamente, *11 y 12* continuaba su exitosísima y estimulante temporada en el teatro del Centro Libanés y en las giras que efectuábamos por el interior de la república.

Cuando califico como "estimulante" a la temporada teatral no me refiero al éxito económico (que no era despreciable, ni mucho menos), sino a lo que representaba para mí como actor. Se trataba de algo que había empezado antes de que el programa saliera del aire, es decir: cuando decidí que *El Chapulín Colorado* y *El Chavo del Ocho* quedaran fuera del programa. Esto había sucedido por lo menos un par de años antes, cuando llegué a la conclusión de que ninguno de los dos personajes debía continuar en la cartelera del programa *Chespirito*, ya que ambos habían cumplido de manera más que sobresaliente un ciclo de vida que no debía prolongarse. Y ahora, al paso de los años, confirmo que mi decisión había sido acertada.

Lo fácil habría sido lo contrario: exprimir a los personajes de manera inmisericorde (sin misericordia para mí, pero sobre todo para el público) y prolongar su existencia como se hace con algunos enfermos hasta que su fase terminal está muy avanzada. Y no me estoy pronunciando a favor de la eutanasia, remedio que incumbe sólo a los directamente afectados; pero sí sé que éstos (los enfermos y sus parientes) se negarían en todos los casos a exhibir a quienes se encuentran en la fase terminal. En otras palabras, yo me opuse a correr el riesgo de que el Chapulín y el Chavo llegaran a dar lástima; que llegaran a exhibir los residuos en que se van convirtiendo, inexorablemente, todos los seres humanos.

Es verdad que al interpretar al Chavo del Ocho yo nunca había pretendido hacer creer al público que se trataba de un niño. No; yo sólo pretendía que aceptaran la realidad: que se trataba de un adulto que interpretaba a un niño, lo cual, estoy seguro, se logró cabalmente, sobre todo tomando en cuenta que la primera vez que aparecí como Chavo en la televisión yo tenía ya 42 años. Aunque de menor edad, lo mismo sucedía con todos los demás adultos que interpretaron papeles de niños en la serie, pues Godínez (mi hermano Horacio) tenía 40 años; Quico (Carlos Villagrán), 28; la Chilindrina (María Antonieta), 25; Ñoño (Edgar), 23 y la Popis (Florinda), 22.

En el momento de dar por terminada la serie, las edades ya no eran las mismas. Yo tenía 66 años; Horacio, 65; Carlos (que desde 1978 ya no formaba parte del grupo), 52; María Antonieta, 49; Edgar, 47 y Florinda, 46.

Hubo otros factores de orden secundario pero latentes que determinaron la cancelación de la serie, uno de los cuales fue sin lugar a dudas la creciente ausencia de actores. En momentos respectivos habían faltado ya Rubén Aguirre, María Antonieta de las Nieves y Carlos Villagrán, pero su ausencia no había repercutido en ningún momento en el funcionamiento del grupo. (Con excepción de este último, que nunca regresaría desde su partida en 1978, los otros habían vuelto con renovados bríos a incorporarse al equipo.) Otra separación, ésa sí definitiva, correspondió a Ramón Valdés, cuya muerte había ocurrido unos 10 años antes de que terminara el programa. Poco después de que yo había tomado esa decisión, El Chato Padilla y Angelines Fernández fallecieron también.

Con respecto al Chapulín Colorado, la ausencia se había debido principalmente a mi condición física, la cual había ido quedando únicamente en el arcón de los recuerdos. De manera paulatina pero inevitable se había marchitado esa agilidad que por fortuna me había acompañado hasta una edad mayor de la prevista para esos menesteres, pero cuya ausencia se iba haciendo cada vez más evidente, de modo que lo aconsejable era que mi querido personaje gozara también de la merecida jubilación.

No faltó el comentario generalizado de quienes daban también por muerto a Chespirito.

—Si no es el Chapulín o el Chavo, ¿qué otra cosa puede hacer?

Bueno, por el momento pude seguir interpretando al doctor Chapatín, a Chaparrón Bonaparte y, sobre todo, al Chómpiras. Éste, con la estupenda compañía del sargento Refugio Pazguato, el licenciado Morales, don Cecilio, el Botija y la adorable Chimoltrufia, siguió siendo una de las deliciosas y terapéuticas respuestas que pude dar a aquellas objeciones. Y con la aportación adicional que significó el haber escrito muchos libretos que, a mi modo de ver, han sido los mejores de mi extensa producción.

Todo lo anterior era para mí algo así como una prueba de que conservaba aún los arrestos necesarios para seguir en lo mío, pero había algo más: en el peor de los casos, ¿qué o quién me imponía la necesidad de demostrar algo? Y más aún: ¿qué era lo que debía demostrar? ¿Que yo era el mejor? ¿O que había sido el mejor y que por lo tanto debía seguir demostrando que era el mejor? No. Jamás ambicioné algo como eso. Y las clasificaciones al respecto, llámense Oscares, ratings o como sea, me siguen pareciendo tan estúpidas como inútiles.

Consideraciones aparte, todavía tuve la buena fortuna de que *11 y 12* llegara a pregonar por doquier que yo podía seguir escribiendo buena comedia y que también podía seguir actuando con el decoro y la entrega que siempre he procurado aportar a mi trabajo.

* * *

Hacía ya algún tiempo había empezado a escribir un libro, algo que no intenté jamás anteriormente. Se puede decir que, como escritor, yo constituía una excepción en este campo, pues habiendo escrito miles de cuartillas, éstas nunca habían sido utilizadas para conformar el contenido de algún libro (me refiero a libros impresos y editados para ser vendidos al público, lo cual excluye a los múltiples guiones de televisión, cine y teatro que habían sido encuadernados). La razón de esto debía encontrarse en la falta de tiempo, pero entonces, sin el compromiso de tener que entregar los libretos de televisión cotidianamente, me dediqué a terminar algo que se llamaría *El Diario del Chavo del Ocho*.

Era un libro en el que mezclaría pasajes destacados de la serie de televisión del mismo título con aventuras escritas ex profeso, todo narrado en primera persona (en voz del Chavo) y un relato previo en voz del autor que le daba unidad y forma a todo el contenido. Incluía, además, caricaturas de todos los personajes, dibujadas por mí. El trabajo se complementaba con una relación histórica de la trayectoria que había seguido la serie de televisión en México y en muchas otras partes del mundo, escrita por Florinda.

El libro fue publicado por la prestigiada Editorial Diana, cuyo dueño y director general es José Luis Ramírez Cota, a quien ya he mencionado en estas páginas, señalando que ha sido amigo mío desde la infancia y miembro destacado de aquella palomilla que se llamaba Los Aracuanes, que se sigue reuniendo con regular frecuencia en comidas y desayunos. José Luis organizó una estupenda presentación del libro en las instalaciones del elegante University Club, donde recibí entusiastas comentarios por parte de los muy eminentes presentadores, nada menos que la gran escritora y poetisa Margarita Michelena, la primerísima actriz y entrañable amiga Ofelia Guillmain y el querido José María Fernández Unsaín, a la sazón presidente de la SOGEM.

A la fecha se han vendido alrededor de 50 mil ejemplares de *El Diario del Chavo del Ocho*, lo cual me parece una cantidad muy pequeña. Pero los conocedores me dicen que no está nada mal para México, donde escritores de gran prestigio no pasan de vender más de 2 o 3 mil ejemplares de cada uno de sus libros.

* * *

Un día, a principios de 1996, Emilio Azcárraga me pidió que fuera a verlo a su oficina, donde me hizo una oferta que me tomó más que desprevenido: me pedía, ni más ni menos, que aceptara el puesto de Director General de Televicine, filial de Televisa que se encargaba de la producción cinematográfica y que, coincidentemente, había iniciado sus actividades precisamente con la filmación de *El Chanfle*, película escrita y protagonizada por mí, y que había producido también las demás películas en que intervine estelarmente.

—A través de los 27 o 28 años que lleva de existencia —me dijo Emilio—, Televicine sigue ostentando tus películas como las más exitosas. Pero además —añadió—, también has tenido el mayor éxito posible en televisión y en teatro, como autor, actor y director.

Yo agradecí ampliamente los elogios, pero señalé que entre mis actividades no destacaba de manera alguna la producción, que era lo que me estaba proponiendo.

—Fuiste el productor de tus programas —corrigió.

—Nominalmente —aclaré—. Tú bien sabes que en realidad la producción estaba a cargo de Florinda, con el auxilio de mi hermano Horacio. Sobre todo —tuve que añadir—, te aseguro que yo no tengo la menor idea de lo que puede ser la administración de un negocio.

—Eso ya lo sé —me respondió con una sonrisa que podía tener algo de burlona—. No te preocupes, ya está resuelto quién se encargará de realizar esa parte del trabajo. Tú lo único que harás será seleccionar qué proyectos fílmicos deberán ser aprobados y cuáles otros deberán ser rechazados.

Y así fue como me embarqué en una nueva y complicada aventura.

* * *

Televicine estaba íntimamente ligada a Videocine, empresa que se encargaba de la distribución de nuestras películas y de otras más, y que estaba hábilmente manejada por el joven pero experimentado Eckehart Von Damn (mexicano, a pesar del nombre y el apellido). Éste, a quien llamaban Equi en forma cariñosa, pasaría después a hacerse cargo también de la producción, cuando Televicine y Videocine llegaron a fundirse en una sola empresa. Pero esto sucedería posteriormente de modo que, mientras tanto, yo me tuve que enfrentar a un reto de respetables dimensiones.

Para comenzar, lo primero que encontré fue un rimero de argumentos cinematográficos que la empresa había comprado ya con anterioridad a mi llegada, lo cual podía parecer alentador para el recién llegado que era yo, y que terminó siendo algo que no sólo resultaba desalentador, sino que, en cierto modo, sugería algo peor: la posibilidad de una compra fraudulenta. Sin embargo, también cabía suponer que todo se debía a la falta de talento de quienes habían determinado su compra. Y, en última instancia, también habría sido necesario determinar si mi apreciación era mejor que la de mis antecesores.

Por otra parte, algo rescatable pudo surgir de aquel rimero de argumentos, como pude comprobar después de haber leído concienzudamente todos y cada uno de ellos. Pero conté, además, con la colaboración invaluable de quien habría de ser mi brazo derecho durante mi estancia en Televicine: me refiero al incansable y amplísimo conocedor del negocio, Pablo Martínez de Velazco. Sus conocimientos acerca de la producción cinematográfica abarcaban todos los aspectos de ésta, de modo que su colaboración fue más que determinante en el desarrollo de mis funciones al frente de la empresa. Y tanto, que después de que yo había leído aquellos argumentos que ya habían sido comprados, Pablo me llevó una pequeña lista de los pocos que, a su modo de ver, podrían ser rescatables… ¡y la lista coincidía en algo así como 90 por ciento de los que yo había considerado como rescatables! (sin que jamás nos hubiéramos puesto de acuerdo con anterioridad).

Así pues, nos lanzamos a la aventura de iniciar nuestras primeras producciones, conscientes de que el cine mexicano estaba sumergido en el más profundo de los baches. Por la baja calidad y por el número insignificante de las películas que se rodaban, se podía decir contundentemente que "no existía una industria cinematográfica mexicana". Es verdad que, ocasionalmente, se lograban aislados y discretos aciertos, pero no eran más que excepciones, dignas pero insuficientes, de la triste realidad. Realidad que estaba determinada en alto grado por un factor llamado Hollywood.

México no era, la única víctima de ese dragón insaciable que era el cine estadounidense. No; las víctimas eran casi todos los países del mundo, pues con excepción de cinematografías que eran autosuficientes por su consumo local, como podían ser Hong Kong, India o algún otro país del mundo oriental, todos los demás países ponían (y siguen poniendo) la mayoría de sus pantallas a disposición del dragón todopoderoso.

Claro que, aun siendo el factor determinante, Hollywood no es de manera alguna el único culpable de la triste realidad en que se encontraba sumergido nuestro cine. Pero no es éste el espacio apropiado para hacer un análisis al respecto, de modo que mejor pasó a narrar brevemente lo sucedido durante mi estancia en Televicine.

Empecé produciendo una película que constituyó un fracaso económico. Su título era *Última llamada*, original del actor y escritor Mario Cid, quien supo dar un enfoque estupendo al espinoso tema de la pena de muerte, pues entrelazaba un hecho local con las representaciones teatrales de la inolvidable *Bandera negra*, obra teatral del dramaturgo español Horacio Ruiz de la Fuente, a quien, por cierto, la película rinde un homenaje.

El reparto artístico de *Última Llamada* incluía a Alberto Estrella (en lo que era su primer papel protagónico), la estupenda actriz Arcelia Ramírez, el niño Imanol y varios más, todos ellos bajo la dirección de Carlos García Agraz. En opinión mía (y de muchos otros) fue una buena película. ¿Por qué, entonces, fracasó económicamente? ¿Sería porque en vez del clásico happy end mostraba la cruda realidad (es decir: la inhumana ejecución del sentenciado a muerte)? ¿Por múltiples y diversas razones que se conjugan aleatoriamente? Debo confesar que no soy yo quien tiene la respuesta.

Por contraste, tuve la suerte de continuar con un éxito: *Elisa antes del fin del mundo*, película que incluyó el lanzamiento estelar de una niña cuya carrera artística puede llegar a ser sobresaliente. Me refiero a Sherlyn, tan bonita como buena actriz. Estaba acompañada por diversos actores entre los que destacaban Susana Zavaleta y el niño Imanol (el mismo de *Última llamada*). El argumento era original de Paula Markovitch; la dirección era de Juan Antonio de la Riva. El éxito fue tan amplio, que no hago más comentarios al respecto (porque los éxitos, se dice, no requieren explicaciones). Sólo mencionaré que, al igual que en la película anterior, ésta tampoco tiene un happy end; al contrario, aquí quien muere es la dulce, linda y pequeña protagonista.

Produje varias películas más: *¡Que vivan los muertos!*, que contiene el lanzamiento de ese magnífico comediante que es Mauricio Herrera, y que si no alcanzó el éxito esperado se debió, entre otras cosas, a la paupérrima promoción que se le hizo a la comedia; y sucedió exactamente lo mismo con *Un baúl lleno de miedo*, donde la oportunidad estelar corrió por cuenta del simpatiquísimo y buen actor que es Carlitos Espejel, quien iba acompañado por estrellas de la categoría de Diana Bracho y Julián Pastor, además de otro lanzamiento que pronto destacaría por su belleza y sus facultades de actriz: Patricia Llaca.

E hicimos otras películas, entre las cuales me gustaría destacar la titulada *En un claroscuro de la luna*, filmada en coproducción con Rusia, escrita y dirigida por Sergio

Olhovich, también con la actuación estelar de Arcelia Ramírez. Esta cinta tuvo mayor éxito en el extranjero que en México.

Otro éxito superó incluso al de *Elisa antes del fin del mundo*. Me refiero a una película cuyo reparto estuvo constituido por jóvenes que entonces eran prácticamente desconocidos, pero que fueron hábilmente dirigidos por Alejandro Gamboa. El argumento era original de Benjamín Cann y se titulaba *El despertar*, pero yo le cambié dicho título por el de *La primera noche*, que, pienso yo, fue más sugestivo. Y resultó tan grande el éxito de esta cinta que después el mismo Alejandro Gamboa filmó *La segunda noche*, película que superó inclusive el éxito de la otra, a pesar de que no era una secuela de aquélla (el posible carácter de secuela se encontraba únicamente en el título).

Mi gestión al frente de Televicine duró exactamente dos años y medio (del 1º de febrero de 1996 al 1º de agosto de 1998), tiempo durante el cual produje 10 largometrajes. Mi lugar fue ocupado después por el joven cineasta Diego López (nieto del afamado muralista Diego Rivera), pero por tan breve lapso que no tuvo oportunidad de filmar ninguna película. Después se realizó la fusión, que ya mencioné, de Televicine con Videocine, a cuyo frente quedó Eckehart Von Damm. Fue ya bajo su gestión cuando se filmaron, entre otras, *La segunda noche* y *La última noche*, ambas dirigidas también por Alejandro Gamboa.

* * *

La señora Alejandra Lajous, entonces directora del Canal 11, tuvo la gentileza de invitarme a algo que debía tener una importancia más que relevante: el Congreso de la Lengua

Española, que tendría como sede la bella ciudad de Zacatecas. ¡Acepté de mil amores!

Hubo, eso sí, un buen número de personas que cuestionaron sin miramientos los méritos que podía tener Chespirito para codearse, departir (y hasta discutir, dado el caso) con la flor y nata de los escritores de España e Hispanoamérica. Esto último (la flor y nata) estaba más que justificado con la presencia de tres premios Nobel de Literatura: Camilo José Cela, Gabriel García Márquez y Octavio Paz (aunque este último no pudo asistir personalmente por razones de una enfermedad que lo aquejaba, pero envió una grabación mediante la cual expuso sus valiosas aportaciones). Y por si no hubiera sido suficiente la asistencia de tan distinguidos exponentes de la literatura española, el congreso se vio enriquecido con la augusta presencia de sus majestades, los reyes Carlos y Sofía de España.

En una de tantas ceremonias yo me aproximé para ver más de cerca a la pareja real que se desplazaba por el pasillo de un jardín, pero iba tan embobado que me tropecé con el borde del césped, a consecuencia de lo cual estuve a punto de chocar con su majestad, la reina, aunque, afortunadamente, fui detenido a tiempo por uno de los guardias de seguridad, el cual se interpuso rápida y eficientemente, pero con una prudencia y una caballerosidad que no pude menos que agradecer (y admirar). No recibí más reproche que la mirada de desaprobación de Jacobo Zabludovsky, quien marchaba al lado de sus majestades. (Sólo faltó que dijera: "¡Tenía que ser el Chavo del Ocho!")

Decía que mi presencia había sido cuestionada por ciertas personas, entre las cuales había algunos periodistas y uno que otro escritor. Sin embargo, no voy a mencionar ni a los unos ni a los otros; que ellos solitos se las arreglen para conseguir publicidad. Y sí voy a mencionar, en cambio, la gentil atención de Alejandra Lajous, de don Belisario Betancourt, literato y ex presidente de Colombia, del muy destacado lingüista Raúl Ávila, y del mismísimo Gabriel García Márquez, con quien sólo pude departir escasos minutos, pero cuyo trato simpático y amable fue de agradecerse.

Por cierto que Gabo (como le dicen con cariño al insigne escritor colombiano) presentó en el congreso una propuesta tan revolucionaria como descabellada. Quizá más descabellada que revolucionaria, pues no es el primero que propone suprimir los signos ortográficos y un buen número de letras del alfabeto castellano; pero, en este caso sus propuestas eran tantas y tan drásticas que, a mi modo de ver, impedirían leer sabrosamente... al mismísimo García Márquez.

* * *

Estábamos de gira con la obra *11 y 12* en alguna ciudad de la república cuando recibimos una noticia muy triste: acababa de fallecer don Emilio Azcárraga Milmo. Para mí, particularmente, la noticia era más que desconsoladora, pues significaba la pérdida de un amigo querido, un jefe extraordinariamente capaz y un defensor apasionado de todo lo mexicano.

Emilio había creado una enorme cantidad de empleos; había sido el modelo a imitar por parte de empresarios e inversionistas, había impulsado y protegido a muchos representantes de diferentes disciplinas artísticas, deportivas e intelectuales; había dado prestigio a México y a lo mexicano. Y claro, habiendo generado todo esto, era inevitable que generara también algo más: envidia. Y ya se sabe que la envidia, a su vez, genera enemigos. A algunos de ellos me parece estarlos viendo en el momento de leer estas líneas (siempre y cuando me concedan el inmerecido y muy improbable favor de leer estas líneas). Y me imagino el tono despectivo con que preguntarían: "¿cuáles fueron los supuestos exponentes artísticos, deportivos e intelectuales que impulsó y protegió ese señor? ¿Alguien como María Félix, Hugo Sánchez y Jacobo Zabludovsky?" Y se podría responder: "Sí; y a mucho orgullo". Pero habría que añadir a Plácido Domingo, Octavio Paz, Enrique Krauze y muchos otros. Y destacar la creación de becas de estudio, las donaciones a museos y a múltiples fundaciones de ayuda social, por mencionar algunos.

Pero, ¿habría servido de algo el dar a conocer lo anterior? Lo dudo. Lo más probable es que siguieran existiendo los difamadores gratuitos o mal intencionados. Los que se han quejado, por ejemplo, de que Emilio haya dicho que "los mexicanos están jodidos", como si la frase hubiera sido pronunciada con sentido peyorativo, cuando la verdad es que la pronunció con el más hondo sentido de tristeza, dolor e impotencia, como me consta a mí personalmente y como lo hago constar aquí públicamente.

Del mismo modo en que hago constar la desilusión total que sufrió el señor Azcárraga respecto a la situación política que privaba entonces en el país. Después de que años atrás había confesado, con sinceridad, que él era "un soldado del PRI", Emilio manifestaba el temor de que este partido estuviera fabricando ya su propio mausoleo.

Cometió también errores, por supuesto. Y muchos, quizás. Pero, en todo caso, lo positivo superó con creces a lo negativo. Y es inevitable la reflexión: de haber contado con 20 o 30 Azcárragas, ¿hasta donde podría haber ascendido nuestro país?

Bueno, yo creo que sería mucho pedir el encontrar a 20 o 30, pero al menos ya hay uno: su hijo Emilio Azcárraga Jean, a quien dejó al frente del enorme consorcio y del cual se hicieron comentarios semejantes a los que se habían hecho con respecto a su padre. Pero, no obstante su corta edad al momento de escribir estas líneas, el timón de la empresa lleva ya más de ocho años en manos de Emilio.

* * *

Nuevamente estaba yo de gira con la comedia *11 y 12* cuando, por coincidencia, recibí la noticia de que había fallecido otro buen amigo mío: José María Fernández Unsaín, prolífico argumentista de cine y teatro, director de lo mismo, inspirado poeta y habilísimo directivo, durante muchos años, de la SOGEM. Nos habíamos conocido durante las asambleas de la Sección de Autores del STPC cuando ambos aspirábamos apenas a que nos concedieran el derecho de hacer adaptaciones cinematográficas. O más bien dicho: que nos concedieran el derecho de cobrar por esas adaptaciones, ya que, de hacerlas, siempre las habíamos hecho —pero quien cobraba por ellas era un productor o un director o… en fin—. Después, José María ascendió rápidamente como escritor y como directivo de los escritores, hasta alcanzar la presidencia de la Sociedad, y lograr que ésta unificara a las diferentes ramas (teatro, cine, televisión, libros, etcétera).

Después de su muerte surgieron algunas dudas respecto a la ortodoxia habida en el manejo de la SOGEM, pero la opinión más generalizada concluyó que las fallas habían sido producto de la inercia que había generado, paradójicamente, el rápido y eficiente ascenso de la Sociedad. Y, en última instancia, el platillo de lo positivo superó con mucho al posible platillo de lo negativo.

* * *

Tiempo después empezó a relajarse la disciplina que siempre había prevalecido en el grupo que conformaba *11 y 12*, por lo que Florinda y yo decidimos contratar a Moisés Suárez (el cual había sido uno de los prospectos iniciales) y a Óscar Bonfiglio, ambos excelentes actores que aportaron sus grandes facultades histriónicas para hacer que nuestra obra de teatro alcanzara la plenitud a la que siempre estuvo destinada.

11 y 12 ha seguido presentándose con insuperable éxito a lo largo de todos los estados de la República Mexicana y en lugares del extranjero como Los Ángeles, Las Vegas y Puerto Rico. Al terminar el siglo xx la cantidad de representaciones superaba ya las 3200.

* * *

Mercedes de la Cruz y Pablo Leder habían puesto en escena algunos años atrás una obra cuyo título original no recuerdo, pero que esa vez decidieron llamarla *La ronda de las arpías* (excelente título, pienso yo). El teatro había sido el Polyforum Siqueiros; la dirección era compartida por Mercedes y Pablo, y el reparto, compuesto exclusivamente por mujeres, estaba encabezado por Rosita Quintana y Helena Rojo. El octavo y último lugar de los créditos estaba ocupado por un nombre que abarcaba toda la marquesina de mi interés particular: Paulina Gómez Fernández, la más pequeña de mis hijas.

Sería fácil imaginar que fue mi amor paternal lo que me hizo suponer que, a pesar de ese último lugar en la lista de participantes, Paulina era quien más sobresalía. Pero lo que pasó fue que se conjugaron dos factores muy importantes: por un lado, el personaje que ella representaba va creciendo en importancia durante el transcurso de la obra, hasta culminar con un emotivo y largo monólogo que da remate y explicación a la trama; el otro factor se llama talento: el talento natural de una muchacha que la llevó a desempeñar su papel con gran solvencia, a pesar de la mínima preparación que había tenido al respecto. Y cabe añadir que el talento de Paulina no se limita, ni mucho menos, a la actuación, sino que es extensible a muchas otras disciplinas, entre las cuales destaca la escritura, principalmente en la especialidad de la dramaturgia.

En 1998, mi hija volvió a la escena con la misma obra y con el mismo papel, pero con algunos cambios respecto a la vez anterior. En esta ocasión el teatro fue uno de los que conforman el excelente complejo de "Los Fábregas", manejado por la infatigable y capaz Fela; también hubo cambios en el elenco, donde cabe destacar la actuación de Alejandra Meyer y la ausencia de Helena Rojo; e igualmente cambió el financiamiento económico, que esta vez corrió por cuenta de… Florinda Meza y Roberto Gómez Bolaños. La aportación de Florinda no se limitó a los pesos y centavos (que fueron muchos) sino que se prolongó hasta la vigilancia, el cuidado y el decoro de la puesta en escena, todo ello con el aderezo de un entusiasmo sin límites. Sobra decir que Paulina volvió a ser la figura que sobresalió brillando con luz propia.

Ahora mi hija está centrada más en la dramaturgia que en la actuación. Pero también tiene algo que es más (mucho más) valioso que la dramaturgia, la actuación y todo lo demás: me refiero a Inés, su hija, quien desde muy pequeña ya dejó entrever que es heredera de todas las aptitudes de su madre, y que por supuesto forma parte del celebérrimo grupo llamado "los 12 mejores nietos del mundo".

* * *

Un día, a principios de 1999, me enteré de que varios actores estaban ensayando una obra que habrían de poner... ¡en el teatro Libanés! ¡Nada menos que en el teatro donde llevábamos siete años representando *11 y 12*. Pero dichos actores, entre los cuales figuraban Marga López y Erick del Castillo (ambos amigos míos) aseguraban con toda naturalidad que su obra se estrenaría sólo unos días después de la fecha en que me enteré de lo planeado (ellos pensaban, con toda lógica, que yo estaba enterado de todo, lo que no era así). Entonces busqué a Pablo Jiménez para preguntarle al respecto, ya que se suponía que él era quien tenía la concesión para manejar el teatro, pero Pablo me dijo que no, que el concesionario en realidad era su papá.

—Para el caso es lo mismo —le dije. Yo sólo quiero que me digan qué hay de cierto acerca de ese rumor de que se va a estrenar otra obra aquí, en el teatro que estamos ocupando.

—Pues parece que sí —respondió Pablo—. Pero el que está bien enterado de esto es mi papá.

Sobra decir que inmediatamente concerté una reunión con los dos Jiménez, padre e hijo, misma que se efectuó al día siguiente en el camerino del teatro que usaban ellos como oficina. Ahí me dijeron que "les daba pena, pero que la taquilla con *11 y 12* ya no era la misma de antes y que, por lo tanto, habían decidido sustituir la obra".

Y claro que había descendido la venta de boletos, como que la temporada de estreno de nuestra comedia llevaba ya siete años ininterrumpidos en cartelera; y también quedaba claro que lo procedente habría sido pensar en una posible obra que entrara al relevo. Pero había una serie de aspectos que no encajaban del todo bien: para comenzar, el hecho de que, si bien era cierto que los ingresos en taquilla habían descendido, también era cierto que esto no había sucedido, ni mucho menos, de una manera alarmante (de hecho, *11 y 12* continuaba siendo una de las obras menos afectadas por la crisis que sufrían todos los teatros de la ciudad). En segundo lugar, Pablo siempre se había mostrado vivamente interesado en otra obra mía como posible sustituta. Por si fuera poco, la notificación del cambio me la estaban dando un jueves, para que el domingo inmediato se diera por cerrada la temporada. Y así lo indicaba claramente el documento que ya llevaban previamente redactado, a pesar de que todos sabíamos que en el teatro estos arreglos se deben notificar con un mínimo de siete días de anticipación. Yo les hice ver esto, pero al mismo tiempo les dije que no importaba; de modo que firmé el documento. Tres días después, el domingo 31 de enero de 1999, dimos la función número 2 mil 739, que fue la última en el teatro que está ubicado en las instalaciones del Club Libanés (cuyos directivos, por cierto, nos brindaron siempre un trato insuperable, que seguimos agradeciendo amplia y profusamente).

Cabe aclarar que lo anterior no provocó una ruptura de la amistad que habíamos mantenido con los Jiménez. Aunque obviamente disminuyó el trato que siempre hubo entre nosotros, nos seguimos saludando como si no hubiera pasado nada. Porque el teatro es así.

Cuando se supo que ya no teníamos tal compromiso en la capital, la provincia de toda la república pareció ponerse de acuerdo en contratarnos para llevar la obra a sus localidades.

* * *

Y las contrataciones no se limitaron a la provincia mexicana, pues fuimos también a Los Ángeles, Las Vegas y San Juan de Puerto Rico. Lugar, este último, donde por cierto sufrí un fuerte contratiempo.

Yo había padecido una especie de alergia que, hasta entonces, no había pasado de provocarme molestias de pequeño o mediano grado. El problema se manifiesta por el brote de múltiples ronchas que me provocan una creciente comezón que en algunas ocasiones llega a tornarse casi insoportable y que van invadiendo diversas zonas, principalmente las ingles, las axilas, el cuello y la cabeza. Hasta el momento no ha sido posible detectar si dicha alergia se presenta como reacción contra algún alimento, bebida, aroma, roce o vaya usted a saber; y todo parece indicar que, como se ha observado cada vez con mayor frecuencia, se trata de algo provocado por la tensión, por el estrés o por... ¡vaya usted a saber! Pero nunca se me había presentado en forma tan contundente como en Puerto Rico.

Las temibles ronchas habían empezado a brotar acompañadas por la respectiva comezón, de modo que Florinda pudo darse cuenta de que esa vez el problema podía presentar características preocupantes. Sin pérdida de tiempo buscó la atención de emergencia por parte del hotel, lo cual no podía ser muy sencillo por razón de la hora: algo así como las tres y media de la mañana. Mientras llegaba el médico, la comezón crecía en intensidad hasta un grado en que tuve que meterme a la regadera para aminorar la sensación con el golpeteo del agua fría.

Luego, cuando por fin llegó el doctor, yo había sufrido ya algo cercano a un desmayo. O quizá algo más, pues no alcanzaba a darme plena cuenta de lo que acontecía, aunque, según me explicó Florinda después, había tenido ronchas también en la garganta, lo cual había representado dificultad para respirar. Ella me contó que el médico me había tenido que aplicar dos (¿o tres?) inyecciones, aparte de firmar la receta con la que al día siguiente tendría que adquirir medicamentos adicionales.

Después el problema se me ha presentado con una frecuencia un poco mayor, de modo que Florinda ha tomado todas las providencias necesarias, entre las cuales destaca el tener siempre a la mano las inyecciones que controlan la reacción alérgica. Esto ha sido tan riguroso, que ya una vez tuve que ser inyectado a bordo de un avión, en pleno vuelo. La encargada de hacerlo fue la misma Florinda, quien no sólo portaba medicinas, jeringas y demás implementos necesarios, sino que, además, tiene la facultad de saber inyectar excelentemente. El único inconveniente fue, quizá, que muchos pasajeros tuvieron la oportunidad de contemplar mis nalguitas sin restricción alguna y sin tener que desembolsar un solo centavo por el excitante espectáculo. (Luego, al llegar al aeropuerto, también conté con la espontánea y gentil intervención de la señora María Teresa Aranda, directora general del DIF, que iba a bordo del mismo avión y a quien habíamos conocido en Villahermosa, Tabasco, de donde regresábamos.)

* * *

El domingo 21 de noviembre de 1999, por la mañana, yo estaba en la cama, leyendo el periódico y en espera de que dieran las 12:00, hora en que habrían de pasar por televisión, simultáneamente, todos los partidos de futbol que conformaban la última jornada del campeonato. Después supe que, en su casa, mi hermano Horacio estaba en espera de lo mismo.

Yo, mientras tanto, seguía tumbado en la cama y leyendo el periódico, cuando sonó el timbre del teléfono. Florinda, como siempre, se apresuró a contestar.

—¡Vicky! —exclamó con expresión de agradable sorpresa—. ¡Qué milagro!

No conocíamos a ninguna otra Vicky, de modo que al instante deduje que se trataba de la hija mayor de Horacio. Pero el siguiente sonido que emitió Florinda era esa especie de aspiración interrumpida que se hace manifiesta cuando acabamos de oír una noticia desagradable. Y no tuve que seguir oyendo más, pues yo estaba ya llorando cuando Florinda me dijo con la voz quebrada por el dolor:

—Rober… tienes que ser fuerte…

Yo lo sabía ya. Aquel sonido escapado de la garganta de Florinda había sido suficiente para indicarme que mi adorado hermano había fallecido.

Horacio había sido para mí algo más que un hermano. Tanto, que por momentos pienso que ni siquiera sería suficiente calificarlo como "hermano gemelo", ya que los gemelos suelen evitar el exceso de mutua compañía que pudiera mermar la identidad propia de cada uno; y, a diferencia de ello, Horacio y yo tuvimos una convivencia tan amplia y tan frecuentemente compartida en multitud de ambientes, que la mejor definición de nuestro parentesco podría ser la de "hermanos/amigos" (con todo el valor que encierra el término "amigos", que en muchas ocasiones supera por merecimientos propios al de "hermanos"). En este sentido, yo sé que mis dos hermanos, Paco y Horacio, fueron mis mejores amigos.

Qué lejos estaba entonces de imaginarme que sólo nueve meses después fallecería también Paco, mi hermano mayor. Al igual que otras noticias similares, ésta me llegó mientras estábamos de gira con *11 y 12*, de modo que tuve que experimentar aquella supuesta tradición que obliga a los actores a presentarse en el escenario como si no hubieran sido lastimados por pena alguna. Pero este caso era tal vez diferente, pues apenas tres meses antes había muerto también Marta, la dulce y tierna esposa de Paco. Ésa fue una ausencia que Paco no pudo soportar, de modo que había sido más o menos previsible que mi hermano iría pronto en pos de ella.

* * *

Cuentan que en cierta ocasión se acercó alguien al gran dramaturgo español Jacinto Benavente y le dijo:

—Maestro, ¿sabía usted que fulano de tal (no importa el nombre) anda hablando muy mal de usted?

—No, no sabía —contestó don Jacinto—. Pero me extraña mucho, porque a esa persona yo nunca le hice ningún favor.

Recordé esa anécdota cuando me disponía a narrar algo parecido. Pero no mencionaré nombres porque no me gustaría que este libro llevara impresa una manifestación de rencor (con lo cual no pretendo recibir diplomas de indulgencia ni nada por el estilo, pues estoy consciente de que es más fácil ser caritativo que justo). Lo que pasa es que Florinda y yo pasamos por una experiencia semejante a la de don Jacinto, después de haber realizado más de 3 mil 200 representaciones de *11 y 12*.

Nosotros habíamos separado del elenco a algunos actores por su continua indisciplina y, a uno de ellos en especial por una constante altanería que se hacía patente con un trato más que soez. Entre las formas de indisciplina de éste destacaba la de ignorar la norma de evitar la risa en escena, mientras que su trato soez había alcanzado ya el grado de enfermedad crónica. La separación se efectuó mediante la aplicación rigurosa de las normas que rigen la relación entre los actores y las empresas que los contratan; esto es, dando el aviso reglamentario de que el contrato sólo duraría siete días más. Después de esto procedimos a contratar a otros elementos para sustituir a los anteriores, y todo siguió su marcha sin alteración alguna hasta que, transcurrido ya un buen tiempo, recibimos la noticia de que uno de los anteriores nos demandaba laboralmente, ¡por incumplimiento de contrato!

Era algo que no tenía antecedentes en México y, simultáneamente, algo que no debería formar jurisprudencia, pues haría imposible cualquier clase de contratación. En pocas palabras: no podría existir el teatro, ya que ninguna de las dos partes, actor y empresa, se pueden comprometer a perpetuar la relación (porque no hay empresa que pueda garantizar la permanencia de una obra en escena, del mismo modo que no puede exigir que un actor permanezca a su servicio por una eternidad). Sin embargo, a pesar de lo absurdo y hasta lo risible que parecía ser una demanda de tal naturaleza, ésta llegó a una de las mesas de Conciliación y Arbitraje. Ahí se asentaba, entre otras falacias que parecían de caricatura, que el sujeto negaba que fuera suya la firma estampada en los recibos de pago, pero los expertos en caligrafía confirmaron que, sin duda alguna, la firma era auténtica (aparte de que esto ya había sido testificado por la delegada de la ANDA que había efectuado los pagos correspondientes). Por esto —y por muchas otras pruebas— surgió el único laudo que podía esperarse: el que determinaba la sentencia a nuestro favor. Pero…

Pero poco tiempo después fuimos informados de que… ¡el laudo se había extraviado! Tal como suena.

Entonces tuvieron la "amabilidad" de decirnos que estaban dispuestos a encontrar el laudo perdido, así tuvieran que buscar por cielo, mar y tierra, y que la búsqueda tan sólo costaría equis cantidad de pesos.

Claro está que Florinda y yo acordamos que no daríamos ni medio centavo; de modo que no encontraron el laudo y se reinició el juicio.

Todo nos daba nuevamente la razón. Y otra vez tuvieron la amabilidad de decirnos que el laudo volvería a ser favorable para nosotros… y que este "servicio tan sólo tendría un precio ligeramente mayor que el solicitado anteriormente para cubrir el costo de la búsqueda".

Es obvio que mi mujer y yo respondimos lo mismo que antes, lo que se tradujo en la expedición de otro laudo (el definitivo), que entonces daba la razón al sujeto demandante. Entre los datos que destacaban estaba el juicio de los expertos en caligrafía, quienes aseguraban que la vez anterior no habían podido ver bien las firmas (seguramente porque tenían chinguiñas en los ojos), pero que en esta ocasión se dieron cuenta de que habían sido falsificadas. La delegada de la ANDA insistió en que eran auténticas y que fueron ejecutadas en su presencia, pero la ANDA no le dio crédito a su honesta representante (quizá porque no se sujetaba a las normas acostumbradas).

Para no alargar la narración, sépase que Florinda y yo tuvimos que pagar una cantidad que, en números redondos, era igual a la suma de todo lo que había cobrado el actor durante aquellos siete años de trabajo (no es la única vez en que hemos sido víctimas del "Síndrome Benavente").

Después de eso ¿volveremos a gastar nuestros ahorros en dar de mamar a esa enorme cantidad de abogados que invaden las Mesas de Averiguación y Arbitraje para robar, actuando en contubernio con un gran porcentaje de sus funcionarios?

* * *

No obstante, ni mi mujer ni yo podíamos renunciar a la creatividad, de modo que no hemos permanecido inactivos. Y menos cuando empezamos a interesarnos en algo de lo que siempre habíamos permanecido prudentemente alejados, a pesar de que a últimas fechas había sido tema frecuente de nuestras inquietudes y motivo de múltiples comentarios e intercambios de opinión. Estoy hablando de todo lo referente a la política (pero con un interés de participación exclusivamente cívica, condicionada al rechazo total por nuestra parte de cargos o empleos políticos. Es decir: ni los buscaríamos ni los aceptaríamos, así como ni siquiera pretenderíamos figurar como candidatos a puestos de elección).

Cabe aclarar que si la política jamás había formado parte de nuestros intereses, esto no había sido por desprecio ni por ignorar su importancia. No; la abstención obedecía más que nada a ese reprochable pero comprensible fatalismo que regía la conducta de muchos mexicanos desde hacía un buen número de décadas. "¿Por qué tomarnos la molestia de ir a votar —solíamos decir— si ya sabemos quién va a ganar?" O bien: "¿De qué me sirve ir a votar en contra de tal candidato, si éste contará con los votos de miles y miles de acarreados?" Eran muchísimos los argumentos de este tipo que nos mantenían apartados de las urnas, hasta que dentro de nosotros empezó a germinar una semilla diferente.

Tal vez porque también eran diferentes quienes habían sembrado la semilla, pues se trataba de esos pocos (poquísimos) personajes que tienen la enorme virtud de no dejarse vencer por las adversidades. Pero eran personajes auténticos; tan auténticos que tenían apellido: Nava, Clouthier, Álvarez... Y entonces comenzamos a pensar: "¿Y si no fuera verdad eso de que las cosas no tienen remedio? ¿Si pudiéramos sacudirnos ese par de pesadísimos lastres que se llaman Desidia y Pesimismo?"

Un día Florinda y yo estábamos de vacaciones en Cancún cuando Esther, la hermana de Florinda, nos dijo:

—Fíjense que aquí en la ciudad va a haber un acto de campaña de Vicente Fox.

¡Era nada menos que el artífice de nuestro incipiente optimismo! El mexicano que empezaba a contagiarnos con la insólita idea de que podría haber un cambio inconmensurable. Pero, además, el contagio se esparcía mediante el uso de un lenguaje directo, valiente y emancipado de los viejos y caducos cartabones del discurso oficial, pues en vez de decir, por ejemplo: "Nuestra plataforma política se sustenta en los inmaculados principios emanados de la gesta revolucionaria", el discurso de Fox decía: "Ya estamos hartos de esa bola de funcionarios corruptos".

Entonces Florinda y yo acudimos al mitin. La concurrencia era enorme. "La mayor que ha habido aquí en un evento de esta naturaleza", nos dijeron. Y tan era verdad que la multitud arremolinada fue un obstáculo que al candidato le costó trabajo librar antes de llegar al entarimado que le serviría de tribuna. Una vez ahí, las ovaciones y las muestras de apoyo fueron incesantes. Luego, al descubrirnos a Florinda y a mí, el señor Fox nos invitó a subir a la tarima, lo que mi mujer y yo hicimos con mucho gusto y aplaudiendo abiertamente al candidato, el cual, con una gentileza que agradecemos en todo lo que vale, le dijo a la multitud: "Yo sé que no vinieron a verme a mí, que vinieron a ver a Chespirito; pero gracias de todos modos". Tanto la concurrencia como nosotros reímos de buena gana, pues era obvio y conocido que Florinda y yo estábamos ahí de vacaciones y que habíamos ido a Cancún sin haber tenido la menor idea de que coincidiríamos con la gira del señor Fox.

Poco después, ya en México, no faltó el estólido editorialista que escribiera que "Vicente Fox llevó a Chespirito y Florinda a Cancún".

Por cierto, tres años después Florinda y yo nos encontrábamos en el lobby de un hotel de Hermosillo, Sonora, cuando nos topamos casualmente con el entonces ya presidente Fox, a quien saludamos con el afecto y el respeto debidos, cuando tanto él como nosotros nos disponíamos a marchar de ahí (el presidente en dirección a Guaymas por una gira de trabajo, y Florinda y yo hacia el aeropuerto para abordar el vuelo que nos llevaría de regreso a México), pero luego, cuando íbamos rumbo al aeropuerto, oímos a un pobre comentarista radiofónico que decía algo así como: "por cierto: en el lobby del hotel se encontraban también Chespirito y Florinda Meza, quienes echaron porras a favor del presidente pero, claro, ¿qué otra cosa podían hacer si los transportan en el avión presidencial y los alojan en el mejor hotel de Hermosillo?"

No recuerdo ni me importa recordar el nombre del comentarista, pero a quien haya oído tal desinformación, le diré que Florinda y yo no conocemos ningún transporte presidencial, ni un autobús ni un automóvil ni un caballo ni (mucho menos) un avión; que habíamos ido a Hermosillo en un vuelo comercial pagado por la Universidad de Sonora, a cuyas instalaciones tuve el honor de ser llamado para dar una conferencia, lo cual hice el día anterior. Y fue también la universidad la institución que se hizo cargo de nuestros gastos de viaje (hotel, traslado y alojamiento por un día fueron la paga que recibí por la conferencia). Y sépase que hicimos el intento de hablar por medio de un teléfono celular a la estación de radio para desmentir lo dicho por el comentarista, pero que éste, apenas se enteró de que éramos Florinda y yo quienes hablábamos, simuló que "casualmente se había cortado la comunicación".

—¿Bueno, bueno? —decía el pobre diablo con la hipocresía que suelen usar los cobardes en tales casos. Para luego añadir—: Se cortó la comunicación. ¡Qué lástima!

* * *

Y ahora, regresando a lo que estaba narrando anteriormente (lo ocurrido tres años antes), es fácil recordar que la campaña política del señor Fox fue avanzando en medio de un mar de obstáculos, el mayor de los cuales seguía siendo el fatalismo: esa triste resignación que frena inclusive el más leve intento de levantar la voz para hacer pública nuestra inconformidad, y que fue también el primer obstáculo que Florinda y yo tuvimos que superar (fue ella quien lo consiguió primero y quien más influyó para que lo consiguiera yo también). No era ése el único obstáculo que se interponía; había otro que sería imposible de soslayar: el miedo. Aunque, en realidad, éste había sido ya uno de los cómplices más aguerridos del fatalismo, sobre todo en un país donde parecía axiomático que "vivir fuera del presupuesto era vivir en el error", por decir lo menos. Entonces tomamos la saludable decisión de contribuir con nuestro granito de arena.

A decir verdad, fue algo sencillo. Todo consistió en dos o tres grabaciones que hicimos para televisión y radio, en las cuales nos limitábamos a hacer públicas nuestras preferencias a favor de Vicente Fox como candidato para la presidencia de la república, incluyendo la información de que nosotros votaríamos por él en las elecciones que habrían de celebrarse el 2 de julio de 2000. "Un apoyo muy leve" —pensé yo—. Y aún más leve fue la pequeñísima frecuencia con que eran transmitidos nuestros modestos promocionales, a pesar de lo cual empezó a suceder algo sorprendente: la gente hacía múltiples y muy gratos comentarios al respecto. Pero ello no sólo sucedía, ni mucho menos, en referencia a los promocionales de Florinda Meza y Chespirito, sino que se iba convirtiendo en lugar común de todo lo relacionado con la campaña de don Vicente. Esto se fue haciendo cada vez más claro para nosotros, pues por aquellos días andábamos de gira con nuestra comedia *11 y 12*, a través de muchos lugares del interior de la república, lo que nos dio oportunidad de constatar algo que difícilmente podría haber sucedido algunos meses antes: la aceptación del señor Fox mantenía un constante y notorio incremento por donde quiera que íbamos.

Lo que sucedió después ya es ampliamente conocido: a pesar de la multitud de escollos que debió superar, Vicente Fox obtuvo una victoria que fue prácticamente arrolladora, haciendo que aquel 2 de julio del 2000 haya representado lo mejor que le ha sucedido al país desde hace muchos, muchos años.

* * *

No deja de ser significativo que haya escogido la narración de este acontecimiento para poner punto final a un libro mío, ya que se trata de un final feliz, lo cual se identifica plenamente con el tipo de dramaturgia al que he dedicado la mayor parte de mi existencia y a la que he usado como herramienta para tratar de brindar al público momentos de sano esparcimiento, pausas de descanso y por lo menos algunas migajas de felicidad. Todo, por supuesto, en la medida de mis posibilidades.

Pero, de cualquier modo, las biografías suelen incluir la fecha, la forma y las circunstancias en que aconteció el deceso del protagonista, y como yo sigo aferrado a este don sublime y maravilloso que es la vida… tendré que añadir un epílogo.

Epílogo

Es preciso recordar que siempre hay un futuro que es inexorablemente incierto. Con esto no quiero dar un mensaje de pesimismo, ni mucho menos, ya que la incertidumbre puede terminar tanto negativa como positivamente, con la ventaja de que el ser humano tiene facultades para inclinar la balanza a su favor. Es verdad que no siempre lo conseguirá (y peor aún: que habrá ocasiones en que alguna tendencia de tipo suicida lo haga recargarse en el platillo opuesto), pero de cualquier modo, la fuerza mayor radica en el simple hecho de que se puede (y se debe) luchar a favor de lo positivo. Sobre todo considerando que ha transcurrido algún tiempo desde aquel 2 de julio del año 2000 y que durante ese tiempo ha sucedido gran cantidad de cosas.

* * *

Para comenzar, todos sabíamos que el ansiado cambio provocaría cualquier tipo de reacciones entre la gente.

—¿Pero cuál cambio? —preguntan muchos. Algunos con sinceridad y otros con ironía. Aquéllos, porque realmente conspiran que los cambios han sido muy pequeños. Y los otros porque niegan haber advertido cambio alguno, pero lo niegan con tanta fuerza y con tanta frecuencia como

417

jamás pudieron hacerlo antes de que un cambio les permitiera expresarse de esa manera.

Es indudable que la libertad de expresión ha sido el mayor de los cambios pero, paradójicamente, también ha sido la mejor arma de quienes niegan su existencia; porque antes, ¿quién se habría atrevido a decir, por ejemplo, que "el presidente es un mandilón y un ignorante" o que "el Jefe de Gobierno del Distrito Federal es un protector de corruptos"? La respuesta es: nadie (o casi nadie, por lo menos). Ahora, en cambio, sí hay un cambio. Y es en el cambio que no sólo les permite expresarse públicamente con frases como las citadas, sino con muchas otras mayormente ofensivas, crueles y despiadadas.

Me parece que la paradoja tiene una interpretación adicional, ya que de ella, de la libertad de expresión, se puede decir que es algo tan grande, que no cabe en los cerebros estrechos. Por tanto, el excedente se desborda convertido en algo que es evidentemente nauseabundo.

Aparte de la política, también ocurren otras cosas.

Epiloguito

Entre las cosas que me han sucedido después, la más notoria es que cada día estoy más viejo. Ésta es una experiencia que puede ser buena o mala, según las circunstancias en que se presente. Por ejemplo, escribo esto cuando acabo de cumplir 75 años, lo cual me fue sorpresivamente festejado en casa de mi hija Marcela, en compañía de Florinda, mis hijos (con sus cónyuges), mis nietos y un buen número de mis amigos Aracuanes (también con sus cónyuges y/o sus hijos). Sería difícil tener una experiencia más placentera.

Un par de meses antes, en cambio, me había enfermado de manera alarmante (alarmante para Florinda y quienes me rodeaban, pues yo no me llegué a enterar de que el problema había sido grave, ya que perdí el conocimiento durante un buen lapso). Me sucedió en Cancún, donde mi bronquitis crónica se hizo repentinamente aguda, acompañada por una temperatura cercana a los 41 grados que me hacía decir un rosario de incoherencias, como me contaron después (creo que el decir incoherencias es muchas veces una manifestación de mi estado normal). De cualquier modo, por primera vez en mi existencia, fui llevado a un hospital en el que me atendieron muy bien, a pesar de que ahí mismo tuve un fuerte ataque de alergia. Y luego, ya de regreso en casa, se repitió el ataque, sólo que esta vez la pérfida alergia lo hizo con alevosía y ventaja, pues aprovechó que mi capacidad defensiva había sido mermada a tal grado por la debilidad, que por momentos pensé que ni siquiera llegaría a terminar el tiempo reglamentario, lo cual conseguí sin imaginar que aún faltaba lo peor: el suplicio que significa soportar tiempos extras bajo el acoso de un inmisericorde atacante conocido como "dolor en el nervio ciático". Sin embargo, podría jurar que no me moría a consecuencia de ello, sino que me he ido recuperando hasta encontrarme en condiciones de salud más que aceptables.

Y después el herpes, enfermedad de la que muchas veces había oído hablar, pero de la que no me imaginaba lo dolorosa que era. Claro, como dice Graciela, la mayor de mis hijas:

—Papá: si después de haber cumplido 40 años te despiertas por la mañana y notas que no te duele nada, quiere decir que ya te moriste.

Colofón

Después de 27 años de convivencia libre, voluntaria y regiamente amorosa, Florinda y yo decidimos formalizar nuestra unión ante la sociedad contrayendo matrimonio. O más bien dicho: decidimos añadir un testimonio legal a lo que ya habíamos decidido desde un principio. La ceremonia contó con la presencia de un reducido grupo de familiares (entre cuales estaban todos mis hijos y todos mis nietos que se encontraban en la ciudad), además de un selectísimo grupo de amistades que nos hicieron el honor de figurar como testigos: Emilio Azcárraga Jean, Pepe Bastón, Alberto Ciurana, Max Arteaga, Javier Labrada y Edgar Vivar.

Colofoncito

¡Muchas gracias!

Índice

Este libro terminó de imprimirse en Marzo de 2012
en Editorial Penagos, S.A. de C.V., Lago Wetter
núm. 152, Col. Pensil, C.P. 11490, México, D.F.